ÉTICA APLICADA

NOVAS TECNOLOGIAS

ÉTICA APLICADA

NOVAS TECNOLOGIAS

COORDENAÇÃO
MARIA DO CÉU PATRÃO NEVES
MARIA DA GRAÇA CARVALHO

70

Título original:
Ética Aplicada: Novas Tecnologias

Revisão: Cátia Loureiro

Capa: FBA

Depósito Legal n.º

Biblioteca Nacional de Portugal – Catalogação na Publicação

ÉTICA APLICADA

NEVES, Maria do Céu Patrão, 1959-, e outro

Ética aplicada: novas tecnologias / Maria do Céu Patrão Neves,
Maria da Graça Carvalho. – (Ética aplicada; 7)
ISBN 978-972-44-2131-5

I – CARVALHO, Maria da Graça Martins da Silva

CDU 172

Paginação:
EDIÇÕES ALMEDINA, S.A.

Impressão e acabamento:

para
EDIÇÕES 70

1.ª edição: julho de 2018

EDIÇÕES 70, uma chancela de Edições Almedina, S.A.
Avenida Engenheiro Arantes e Oliveira, n.º 11 – 3.º C – 1900-221 Lisboa / Portugal
e-mail: geral@edicoes70.pt

www.edicoes70.pt

Índice

II
TECNOLOGIAS EMERGENTES

III
QUESTÕES HORIZONTAIS

O mito da neutralidade axiológica

Maria do Céu Patrão Neves e
Maria da Graça Carvalho

Nenhuma tecnologia é axiologicamente neutra – este é um facto que ainda não foi suficientemente assimilado nem pelos seus criadores, nem pelos seus utilizadores, nem pelos seus financiadores, nem pelos seus gestores.

A pretensa neutralidade da tecnologia, decretada intencionalmente para a furtar a toda e qualquer classificação de sentido positivo ou negativo, soltando-a de quaisquer amarras e permitindo-lhe cavalgar livremente, corresponde também à rejeição da sua paternidade. Toda a tecnologia é obra do Homem e, como tal, traz em si, irredutivelmente inculcada, a marca do seu criador que se expressa sob o signo da finalidade. A supressão deste vínculo fundacional e justificativo despe-a da sua razão de ser.

Eis por que urge reconhecer o mito da neutralidade tecnológica, evitando também o risco – que já o filósofo alemão Hans Jonas denunciava em 1979[1] – de a tecnologia se substituir

---

[1] Hans JONAS, "Toward a Philosophy of Technology", 1979.

ao Homem, isto é, de se tornar a sua própria finalidade, caindo num círculo vicioso de autossustentação, em vez de se manter ao serviço da humanidade, em prol do bem-estar individual e do desenvolvimento social global.

Hans Jonas (1903-1993), também apelidado «filósofo da técnica», apontava[2], desde a década de 70, a evolução da técnica moderna como progredindo já não numa produção mais rápida, mais fácil e em maior quantidade, tal como acontecia com a designada técnica do passado, mas numa «auto-procriação cumulativa» ou «auto-proliferação», num processo «auto-justificativo». Jonas referia-se então à técnica do passado como caracterizada pela «posse» (*possession*) e como «estado» (*state*), porque se exercia tradicionalmente pela posse de instrumentos e visando um estado de equilíbrio entre meios, necessidades e objectivos. A técnica assumia-se então como um «conjunto de empreendimentos e capacidades». A técnica moderna, pelo contrário – afirmava –, desenvolve-se como uma «empresa» (*enterprise*) e um «processo» (*process*), não se exercendo mais simplesmente como satisfação de necessidades, mas como criação de outras necessidades numa relação circular entre meios e fins em que cada sucesso é origem para um novo progresso futuro. Apresenta-se, assim, como um «impulso dinâmico» (*dynamic thrust*), avançando como que autonomamente, por um insólito dinamismo interno que, como tal – acrescentaríamos –, já não é exteriormente controlável, se escapou do domínio do seu autor, emancipando-se.

Sob esta perspectiva, Hans Jonas denunciava a técnica moderna como tendo pervertido o seu estatuto originário e essencial de meio, a sua função instrumental na satisfação de necessidades ou resolução de problemas humanos, para se

---

[2] *Idem*, 34-35 pp.

arrogar ser objectivo da acção humana e usurpar a posição de fim em si mesmo, que só ao Homem pertence. Da invenção técnica em função das finalidades do homem passámos para a subordinação do homem ao progresso da técnica.

Não se suponha, porém, que Hans Jonas diabolizava a tecnologia... O filósofo, ao longo de toda a sua obra, destaca a importância da técnica na civilização contemporânea e valoriza a acção técnica do Homem colocando-a no centro da reflexão filosófica. A crítica a que procede acerca do modo como esta se exerce e se desenvolve não visa suprimi-la ou tão somente limitá-la, mas apresenta-se como propedêutica em prol de um diferente relacionamento, que preconiza, do Homem com as suas sempre novas capacidades técnicas. Simultaneamente, procura desalojar a técnica do «santuário da neutralidade ética»[3] em que esta vem estando tradicionalmente acomodada. Estes são, porventura, os dois mais destacados contributos de Jonas para a pensatividade do Homem sobre a técnica – em que o seu ineditismo se manifesta de forma incontornável.

Com efeito, até à contemporaneidade, a técnica jamais tinha suscitado o interesse da filosofia, a qual expressa, ao longo da sua história, a percepção humana sobre a sua acção técnica. Aliás, a relação do Homem com a técnica, de que ele próprio é o criador, terá de ser reputada como complexa: por um lado, o Homem nunca deixou de investir no seu progresso e desde sempre percebeu que a evolução técnica constituía um factor de desenvolvimento social e económico; por outro lado, sempre a classificou como uma actividade subalterna, valorizando invariavelmente o pensar face ao fazer. Eis o que hoje parece estar em causa, a vários níveis, no culminar de um longo processo em que o Homem negligenciou a técnica com indiferença ou a desdenhou mesmo como desprezível; até ao

[3] Hans JONAS, "Technology as a Subject for Ethics", 1982: 892 p.

século XX em que, também decorrente da evolução da própria técnica, começa por tentar desclassificá-la, contestando-a, para depois vir a reconhecer a sua importância, procurando compreendê-la na sua realidade transformadora; e, mais recentemente, investindo no aparente infinito potencial da técnica, por vezes sob a atracção encandeada da novidade.

Neste contexto consideramos pertinente sistematizar, apenas com pormenor caracterizador, as sucessivas etapas da relação do Homem com a técnica[4], estreitamente ligadas à própria evolução da técnica.

Numa breve retrospectiva histórico-filosófica, podemos afirmar que a técnica foi considerada uma modalidade inferior de acção, não merecendo atenção por parte da própria filosofia, a partir da enunciação de Aristóteles (século III a.C.), na Ética *Nicomaqueia*, dos três tipos de acção: *práxis*, prática ou acção moral; *techné*, técnica ou acção produtiva; e *theoria*, teoria ou acção contemplativa. A *techné*, designando, segundo Aristóteles, a arte de produção, de criação de uma obra (*poietike*), de habilidade manual do artífice, integrava o domínio das ciências poiéticas, sendo um tipo de conhecimento (do «como» e não do «porquê», das causas) inferior ao da ciência prática (acção, *praktike*), cujo resultado é uma acção imanente ao agente, e ao da ciência teórica (contemplação, *theoria*), que consiste na especulação pura, nas quais se fundamenta o desenvolvimento da filosofia ocidental. O primeiro olhar do Homem sobre a técnica exclui-a do seu horizonte reflexivo; a técnica não cabia, pois, no âmbito da filosofia, situação que se foi mantendo inalterada essencialmente até à contemporaneidade

[4] As diferentes etapas da relação do Homem com a técnica haviam já sido por nós sistematizadas em Patrão Neves, M., «Uma ética para a civilização tecnológica» (Hans Jonas), 2000: 108-111 pp.

– longo período em que o tema não ocupou qualquer posição de destaque na bibliografia filosófica.

É sobretudo a partir do século XVII que a arte em que verdadeiramente consistia a *techné*, ou a *ars* na sua mais genuína correspondente latina, sublinhando a sua dimensão criativa, se foi transformando no que hoje entendemos propriamente por técnica em virtude da mecanização então emergente. Este processo, que converteu uma habilidade criativa num manejo mecanizado (do artífice ao operário), foi decisivamente intensificado com a grande revolução industrial desencadeada desde os finais do século XVIII e alvores do XIX, que alterou os modos de produção humana, de artesanal para industrial, precisamente devido à passagem do recurso à energia humana, no manuseamento de ferramentas, para o crescente recurso à energia motriz, na utilização de máquinas.

Sem um impacto imediato no âmbito da filosofia, esta evolução da técnica constituiu condição essencial para a posterior problematização filosófica da técnica – tal como já havíamos sugerido –, a qual, em todo o caso, apenas se vem a formular consistentemente já no século XX.

Este é, com efeito, o palco temporal para o despertar da filosofia para a realidade técnica, o que acontece sob uma invariável perspectiva crítica que, desenrolando-se por diferentes vias, converge na acusação do efeito desumanizador da técnica sobre o Homem. Humanismo e técnica é o grande domínio temático em que a filosofia problematiza a técnica moderna, claramente sob o mote da característica leitura pessimista do filósofo alemão Oswald Spengler (1880-1936), na sua obra *O Homem e a Técnica* (*Der Mensch und die Technik*), de 1931.

Spengler – uma referência intelectual sobretudo pela sua obra *O Declínio do Ocidente* (*Der Untergang des Abendlandes*), de 1918, em que interpreta a história das grandes civilizações através de um ciclo de vida desde o nascimento, ao apogeu e à sua desintegração natural –, perspectiva a técnica como poder dos dominadores sobre os dominados, cuja mecanização exacerbou também uma visão mecânica do mundo com efeitos nefastos para o que hoje designaríamos como a sua sustentabilidade (ambiental): a técnica moderna provoca então efeitos contrários ao seu desígnio originário – considera o influente autor.

O Homem e a técnica tornam-se, pois, o mote da reflexão filosófica sobre a técnica, vindo a dar título a muitos comentários sobre a natureza da técnica e as suas implicações sobre o humano, decorrentes do seu desenvolvimento. Referimos alguns filósofos particularmente influentes, como sejam o espanhol José Ortega y Gasset (1883-1955), o francês Gabriel Marcel (1889-1973) ou o alemão Martin Heidegger (1889-1976), que privilegiam de forma significativa o tema da técnica, na preocupação comum de ponderar a possibilidade de o homem manter o domínio sobre as técnicas por ele criadas e os perigos de resvalar para uma progressiva alienação de si próprio por força da técnica.

Ortega y Gasset (1883-1955), em *Ensimesmamento e Alteração. Meditação sobre a Técnica* (*Ensimismamiento y alteración. Meditatión de la técnica*), de 1939, integra um texto dedicado à «meditação sobre a técnica» em que sistematiza as várias etapas da evolução desta. Insiste então sobre uma dupla restrição que se vai traçando: a de uma técnica exercida por cada vez menos comunidades e cada vez menos pessoas dentro de cada comunidade, já na diferenciação entre o artesão, o operário e o técnico; e a do paralelo distanciamento entre o que exerce a técnica e os outros homens, numa clara distinção entre o técnico e o não técnico. Acrescentaríamos que a técnica se vai perspectivando como poder restrito e elitista e, assim também, como factor gerador de desequilíbrios sociais.

Marcel exemplifica bem a chamada de atenção para os perigos decorrentes de um mundo moderno dominado pela ciência e pela técnica na denúncia da objectivação da vida, da funcionalização do homem e do esquecimento do humano, em obras como *Posição e Aproximações Concretas do Mistério Ontológico* (*Position et Approches concrètes du Mystère ontologique*), de 1949, e *Os Homens contra o Humano* (*Les Hommes contre l'humain*), de 1951. Importa rejeitar a problematização da existência e abrirmo-nos ao mistério do ser, em cujo recolhimento se estabelece a comunhão ontológica, expressão do verdadeiro humanismo – defenderá, numa via que sublinharíamos ter por objectivo impedir a redução da realidade do homem a uma qualquer sua função social, tecnicamente assistida.

Heidegger aprofunda e intensifica as preocupações que se desenvolvem sobre o modo como a técnica põe o homem em questão. Distinguindo decisivamente a essência da técnica da técnica e afirmando que esta é um modo de «desvendamento» se mantiver a sua relação com a *aletheia* (conservando então a acepção grega de *poiesis*), ele denuncia a técnica moderna como uma «provocação» da natureza, na medida em que a obriga a virar-se contra si própria. Isto é, a técnica moderna não se exerce no desvelamento da vocação da natureza, mas na sua intimação a produzir o que se deseje. Heidegger assume, pois, uma posição hostil em relação à técnica e ao mundo técnico, enquanto aquela atraiçoa ou desvirtua a relação do homem com a verdade. Na sua reflexão sobre a «essência da técnica», em *A Questão da* Técnica, de 1953 (*Die Frage nach der Technik,* incluído em *Vorträge und Aufsätze,* de 1954, mas também em obras como *Brief* über *den Humanismus,* de 1947), exprime o seu pessimismo em relação à técnica, na sua capacidade destruidora, e evidencia a correlação técnica e poder, particularmente na ameaça de destruição que a técnica faz pairar sobre a natureza e na escravização do homem pela técnica.

Este diverso mas convergente olhar profundamente crítico da filosofia sobre a técnica, que caracteriza a primeira metade do século XX, decorre da apontada crescente mecanização da técnica, na redução da sua originária dimensão criativa a uma preponderante dimensão instrumental. Entretanto, a técnica perfila-se, ainda e sempre, como pura exterioridade ao homem, de uma natureza basicamente instrumental (utilitária, funcional) e, portanto, essencialmente neutra: a técnica (instrumento) inerte pode ser utilizada para realizar o bem ou o mal, de acordo com a finalidade com que o homem a usa.

É esta percepção da amoralidade da técnica que se altera profundamente na segunda metade do século XX, no curso da segunda grande revolução industrial que cortou decisivamente o originário vínculo da técnica à arte (habilidade criativa) e assumiu hegemonicamente a tradicional ligação ao saber, à ciência. O extraordinário desenvolvimento do conhecimento científico, a que se assistiu sobretudo após a segunda guerra mundial, a par da sua revolucionária aplicação a uma diversidade crescente de actividades humanas (desde o quotidiano da pessoa comum a feitos inéditos da humanidade), estreitaram a relação entre o conhecimento e a acção, entre o saber e o fazer, tornando-a indissolúvel. Da aplicação de conhecimentos para a produção de meios exteriores ao homem para a realização das suas próprias finalidades – «técnica» – progrediu-se para um desenvolvimento científico intrinsecamente pragmático, isto é, sempre aplicável, numa irredutibilidade da teoria e da prática – «tecnociência», um neologismo que evidencia a dimensão eminentemente operatória da ciência, num horizonte de eficácia crescente.

Hans Jonas torna-se um dos primeiros intérpretes desta nova realidade, que é a tecnociência (qualitativamente distinta da técnica do passado), acompanhando a subsequente evolução para uma «tecnologia», a qual não se reduz a um saber ou ciência (*logos*) da técnica (*technê*) ou a uma sua genérica definição comum de aplicação de conhecimentos científicos a intencionalidades práticas. Numa minudente distinção conceptual capaz de dar conta da evolução do saber-fazer do Homem, diríamos que enquanto a «técnica» é um fazer exteriormente projectado pelo saber, a «tecnociência» é uma materialização da indissociabilidade do saber-fazer, no que, aliás, coincide com a «tecnologia». Porém, enquanto a «tecnociência» parte do saber, que se desenvolve, para o fazer, que se aperfeiçoa, a «tecnologia» parte do fazer, que o interroga, para o saber, que o assiste no fazer. A primordialidade da tecnologia está no fazer e não mais no saber, como na tecnociência: esta consciencializa que todo o saber tem uma vertente aplicada ineludível; a tecnologia investe no conhecimento para resolver problemas práticos. Além disso – acrescentaríamos – a tecnologia foi adquirindo um poder que lhe permite não apenas tocar e modificar a superficialidade do real, mas penetrar a realidade em que incide e transformá-la na sua constituição originária.

É, afinal, neste contexto que Hans Jonas não só destitui a tecnologia da sua imunidade moral como impõe a obrigatoriedade de previsão das consequências futuras e longínquas das nossas acções de agora e aqui... O filósofo reporta-se então, ao longo da sua obra, preferencialmente à ecologia, na exigência da sustentabilidade da natureza, e à engenharia genética, na obrigatoriedade de preservação da identidade humana – ambas comprometidas pelas novas capacidades tecnológicas.

No nosso presente, os imperativos éticos jonassianos mantêm a sua pertinência e estendem-se a todas as áreas que as novas tecnologias vão progressivamente cobrindo, estabelecendo a natureza ética também de uma designada acção técnica, isto é, do desenvolvimento de todas as tecnologias, e requerendo que o progresso destas se faça sempre e obrigatoriamente com um elevado grau de conhecimento das suas consequências. Trata-se, afinal, de um requisito ético único, do respeito pelo primado do Homem e consequente subordinação dos poderes tecnológicos às finalidades humanas. Assim também ecoam os alertas, eventualmente pessimistas, dos primeiros filósofos do século XX como uma «heurística do medo» jonassiana que visa prevenir e garantir o futuro do Homem.

Neste terceiro momento do relacionamento da filosofia com a técnica, dominado menos pela questão do «humanismo e técnica» e mais pela da «ética da técnica», o interesse da filosofia pela técnica intensifica-se e especifica-se na consideração ética das actuais tecnologias que, obviamente, não podem ser mais perspectivadas num ilusório carácter eminentemente neutro, mas antes reconhecidas como exercício do poder humano, isto é, uma forma de acção que, como tal, cai inexoravelmente sob a alçada da ética. Aliás, de facto, não só a perspectiva de reflexão da filosofia sobre a técnica é decisivamente ética, como também o progresso tecnológico terá de ser necessariamente ético, isto é subordinado às finalidades humanas. É este o mote da presente obra.

Ética Aplicada: Novas Tecnologias apresenta-se ao leitor privilegiando três destacados conceitos – «Ciência, Inovação e Sociedade», que constituem os pilares estruturantes da evolução tecnológica. Esta reflexão é da autoria de Carlos Moedas, Comissário Europeu da Investigação, Ciência e Inovação, que reitera estas três áreas como prioritárias para a Comissão Europeia na sua estreita relação aos princípios e valores do projecto Europeu. O artigo explica as complexas interligações deste triângulo: evidência científica, ética na ciência e integridade científica e como, na prática, a Comissão Europeia integra este triângulo na política científica. Com efeito – sublinha – a evidência científica juntamente com os valores intrínsecos da ciência, tais como a ética e integridade científica, contribuem para reforçar a confiança que a sociedade deposita na ciência e nos cientistas. A confiança é a base da nossa sociedade e a promoção da evidência científica, da ética e da integridade da investigação científica são os elementos centrais de uma política para a ciência e inovação.

Temos assim apresentado o mote do volume, o qual prossegue abrindo-se a uma secção sobre algumas das «Tecnologias facilitadoras essenciais». A «Biotecnologia» é a primeira privilegiada que Maria Goreti Sales, Eugénio Ferreira e Maria Ascensão Reis apresentam como tendo revolucionado a forma como vemos o mundo, evoluindo de uma simples produção de vinho por metodologias ancestrais até à manipulação da informação que condiciona a vida, com uma precisão à nanoescala. A biotecnologia permite oferecer, hoje, soluções extraordinárias, quase milagrosas, no domínio da saúde, do agro-alimentar e do ambiente. Paralelamente a esta vertente luminosa da biotecnologia, desenha-se uma outra sombria que urge também considerar e esclarecer com transparência, junto da comunidade em geral. Importa abordar, sem preconceitos, os benefícios, as incertezas e os riscos da biotecnologia, responsabilizando cada um pela identificação do melhor caminho para o progresso evolutivo que agora emerge e molda o nosso futuro. Procura-se assim também fomentar o espírito participativo de cada cidadão sobre as escolhas sociais a fazer no domínio da biotecnologia.

As «Nanotecnologias», introduzidas por João Rocha, são apresentadas como incidindo sobre fenómenos e manipulando materiais às escalas atómica, molecular e macromolecular, sendo a sua unidade de comprimento de referência o nanómetro, ou seja, a milionésima parte do milímetro. As nanotecnologias colocam problemas éticos, que este artigo apresenta e discute de forma breve e simples. Define-se aqui o termo «nanoética» como o estudo dos assuntos e das questões éticas, sociais, ambientais, médicas, políticas, económicas e legais suscitados pelas nanotecnologias e nanociências.

Dado que o assunto encerra uma dimensão científica importante, sem a qual é difícil compreender os dilemas que a nanoética estuda, a primeira parte do texto apresenta uma curta resenha histórica da relação da Humanidade com os nanossistemas contextualizadora do debate de ideias que se segue.

Elvira Fortunato e Rodrigo Martins centram-se nos «Materiais Avançados e Tecnologias de Produção: o nosso compromisso», apontando-os como presenças constantes na sociedade cada vez mais industrializada e digital em que vivemos. Neste contexto, importa ter em consideração não só os benefícios que nos oferecem e de que usufruímos, nomeadamente em termos de acesso à tecnologia, mas também o dever de procurar alternativas sustentáveis na área dos materiais utilizados em electrónica, pois não podemos continuar a comprometer o meio ambiente e a saúde de todos como se tem verificado nas últimas décadas. Na área da electrónica urge pensar na utilização de materiais sustentáveis e de origem renovável sempre que tal for possível e, sobretudo, reinventarmos a forma como fabricamos e utilizamos electrónica.

Esta primeira secção termina com um texto sobre «Tecnologias de Informação e de Comunicação» (TIC), em que Carlos Salema começa por apresentar uma breve história do desenvolvimento das TIC, no sentido de desmistificar aspectos mais obscuros que se lhe possam referir e também de identificar os principais aspectos éticos associados. Assim, inicia a história das telecomunicações começando pelo telégrafo, e depois o telefone, a rádio e televisão; com a digitalização inicia-se a era informação, o seu processamento e armazenamento; a internet e a rede móvel celular são as mais recentes etapas desta história. O sigilo das comunicações e o direito ao uso de recursos globais e escassos foram quiçá as primeiras questões éticas. Hoje, com a difusão da internet e das redes sociais, a privacidade dos dados pessoais ganha uma importância acrescida, como vem ficando evidente através de numerosos casos mediáticos (a aprovação do Brexit, a eleição do Presidente Trump).

A segunda secção do volume reúne a reflexão em torno de algumas das mais impactantes «Tecnologias Emergentes», sabendo-se que, actualmente, é sobretudo na convergência destas que os maiores progressos tecnológicos se perspectivam.

Isabel Trancoso e Ana Paiva dedicam-se à «Inteligência Artificial» (IA) e ao desafio desta de criação de máquinas que se comportem de forma inteligente. O crescimento exponencial que se tem verificado ao longo desta década na área de IA é indissociável dos avanços na ciência dos dados ou na área de robótica, obrigando-nos também a questionar o seu impacto em termos éticos. A Inteligência Artificial deve assentar nos mais elevados valores éticos garantindo que a sua utilização se processe de forma que respeite e preserve os valores morais da nossa sociedade. É neste contexto que se abordam os primeiros passos do desenvolvimento de sistemas inteligentes dotados de capacidade social e eventualmente de moralidade, alertando também para problemas de privacidade e segurança emergentes.

A «Robótica», que tanto captura actualmente o imaginário popular, é aqui apresentada por João Sequeira e José Santos-Victor. O grande investimento e os progressos na pesquisa científica nesta área, nomeadamente através de projectos europeus, tem permitido explorar a aplicação de robots e tecnologias associadas em áreas de eminente importância social e económica, como a saúde, a assistência a populações idosas ou a produção de variados bens através de robots que colaborem com trabalhadores humanos. Este texto apresenta alguns exemplos desses projectos e discute as principais questões que a integração social de robots está a suscitar, sendo que os desafios são enormes e requerem uma discussão ampla na sociedade.

Fernando Santana e Maria da Graça Martinho centram-se na «Produção circular», revendo aspectos essenciais que terão determinado a evolução para o conceito de produção circular, bem como a contribuição do posicionamento da União Europeia (UE) para a sua implementação. Apesar da produção circular ser o instrumento mais importante para a consecução do desenvolvimento sustentável, principalmente pela clareza da sua potencial concretização, é importante reconhecer a dificuldade inerente à imprescindível mudança de paradigma. Entretanto, a produção circular implica questões éticas de natureza diversa, associadas às diferentes etapas que compõem esse novo paradigma económico que procura reverter a utilização desmesurada de recursos naturais. A minimização do uso de recursos, embora não resolvendo o problema ético intergeracional, pode contribuir significativamente para reduzir o desperdício, podendo assim considerar-se que a sua prossecução se insere na ética possível para o compromisso entre bem-estar e natureza.

As "Tecnologias espaciais" foi o tema que Luís Braga Campos desenvolveu, não escamoteando os diferentes problemas éticos decorrentes do progresso destas tecnologias. Um primeiro será certamente o da urgência de travar a actual contaminação do espaço que, aliás, poderá ser, no futuro, o domínio de expansão que resta à humanidade quando se atingir os limites dos recursos terrestres, ou até antes que tal aconteça. Um segundo problema será a necessidade de limitar a acumulação de detritos em órbita (o «lixo espacial») que podem colidir com satélites ou estações espaciais, com consequências gravosas. Em terceiro lugar, considera-se a observação da terra a partir do espaço que, além das muitas e valiosas aplicações imprescindíveis (telecomunicações, navegação, meteorologia, etc. ...) que tem permitido, convida a muitas outras francamente questionáveis sob uma perspectiva ética.

Segue-se o tema dos «Veículos autoguiados», da responsabilidade de José Manuel Viegas que começa por salientar que, embora se espere que os veículos autoguiados eliminem muitas das causas actuais de desastres rodoviários, não deixarão de se verificar outros erros, ainda que menos frequentes. O texto considera a dimensão macro-ética, relativa aos benefícios de alargamento da base social que pode ter acesso à mobilidade automóvel, mas também aos custos associados aos muitos postos de trabalho perdidos; considera igualmente a dimensão micro-ética que se reporta aos limiares de segurança exigíveis para homologação dos veículos e os critérios de decisão entre opções perante o desastre eminente. O único relatório oficial neste domínio (do governo Alemão, em 2017) aponta alguns princípios interessantes. Por fim sublinha-se que a incerteza quanto à evolução tecnológica recomenda a adopção de políticas baseadas em linhas orientadoras mais do que regras rígidas.

Este volume de *Ética Aplicada* dedicado às *Novas Tecnologias* inclui ainda uma terceira secção que privilegia as «Questões horizontais». Entre estas, uma primeira, fundamental, é relativa às «Políticas de desenvolvimento e financiamento em inovação tecnológica». João Caraça, o seu autor, afirma que as modernas políticas de inovação tecnológica descendem das políticas científicas lançadas pelo governo federal americano a partir do fim da Segunda Guerra Mundial, tendo sido fortemente influenciadas pelos seus resultados. A função dessas políticas é a de permitir planear, gerir e avaliar o esforço científico, tecnológico e de inovação, alargando simultaneamente as bases sociais da sua aprendizagem bem como a sua prática. Afinal, os regimes de carácter democrático precisam de um nível mínimo de desempenho económico e de redistribuição da riqueza, sendo que os maiores perigos que os espreitam são a iliteracia, a ignorância e a desinformação. Com efeito, a ideia dos seres humanos «escravos das máquinas» e da técnica era o título de um cenário que se julgava morto e enterrado...; porém, as tendências de privatização do futuro que se desenham minam a própria capacidade inovadora intrínseca da sociedade.

A «Cooperação internacional em Ciência e Inovação e partilha de benefícios», da autoria de Pedro Lourtie, destaca que as questões de natureza ética que se colocam neste amplo domínio são diversas consoante se trate de cooperação global, planetária, a nível bilateral ou multilateral entre Estados ou, ainda, entre instituições de diferentes países ou regiões. O conceito de «partilha de benefícios» *(benefit-sharing)* tem um historial sobretudo ligado à investigação médica, embora se possa estender a outros domínios. Para que possa ser justa, a partilha dos benefícios deve ser regulada e clarificada à partida, na medida em que a capacidade de recurso à justiça, designadamente internacional, é desigual consoante a natureza, capacidade financeira, conhecimento ou estatuto das partes em litígio.

Helena Nazaré introduz o leitor nos «*Big Data*», expressão usada para designar a grande quantidade de dados, incluindo os pessoais, produzidos a nível global e cujo manuseamento requer técnicas complexas de processamento. As características típicas destes dados são o volume, a velocidade de aquisição e a diversidade. Os «desafios éticos» sobre que incide igualmente decorrem dos possíveis usos da informação/conhecimento extraída/o da fonte *Big Data*, usando sofisticados processos de análise. O simples uso da tecnologia fornece dados passíveis de serem transformados em informação sem que o cidadão comum se aperceba de tal. Este texto apresenta exemplos da utilização possível (bondosa ou não) do conhecimento obtido.

O volume encerra com as «Questões éticas no sistema de patentes de investigação científica» desenvolvidas por Paula Martinho da Silva. A autora começa por se interrogar sobre se existirá uma efectiva necessidade de princípios éticos de base, partilhados a nível europeu para o sistema de patentes de invenções biotecnológicas. E, caso afirmativo – acrescenta –, como se poderá e/ou deverá uniformizar conceitos abrangentes, como o da «dignidade humana»? Numa época em que se defende a necessidade de implementação de critérios éticos na proteção jurídica das invenções biotecnológicos, mas em que também se reconhece a dificuldade de uniformização dos princípios e dos conceitos, importa encontrar um equilíbrio entre os imperativos de natureza ética e a necessidade de proteger o investimento em novas tecnologias.

Ética Aplicada: Novas Tecnologias introduz-nos no mundo tecnologizado em que vivemos, um mundo configurado pelas actuais capacidades tecnológicas. Não há alternativa a este nosso mundo – como sublinha o filósofo alemão Jürgen Habermas em *Técnica e Ciência como Ideologia'* (*Technick und Wissenschaft als 'Ideologie'*), de 1968. Habermas considera que a tecnologia tem permitido ao Homem, ao longo da sua história, desenvolver as suas capacidades naturais e, mais recentemente, transferir as suas tarefas para o desempenho de máquinas o que – acrescentaríamos – nos deveria desobrigar do supérfluo e predispor para o essencial, reforçando o sentido de realização.

Teremos, em grande parte, ultrapassado o receio do novo, protagonizado pelas tecnologias, e a inovação tornou-se hoje o ideal apontado em praticamente todas as actividades humanas, desde as destacadamente meritórias, como as clínicas – na criação, por exemplo, de novos meios de diagnóstico e terapêuticos –, às de mera gestão de bens, como as comerciais – através, por exemplo, de novas modalidades de embalagem e de apresentação atraentes. As novas tecnologias são hoje predominantemente perspectivadas como rasgando horizontes para formas inéditas de realização das pessoas – facilitadoras, por exemplo, da invenção de actividades remuneradas que permitem também a satisfação pessoal, como acontece com os bloggers –, de promoção do bem-comum – na construção, por exemplo, de modalidades de comunicação rápida e simples, estreitando relações como acontece com a implementação de diversificados recursos digitais, como o skype – de cooperação entre os povos – na transferência, por exemplo, de novas tecnologias agrícolas de sucesso para condições edafoclimáticas adversas – e até de resolução de problemas provocados por técnicas anteriores – como, por exemplo, o recurso à nanotecnologia para combate da poluição.

A questão que se nos coloca neste mundo tecnologizado é a da nossa interacção com a tecnologia – insiste Habermas. É o Homem que usa a tecnologia ou a tecnologia que usa o Homem? – numa interrogação carregada de herança. A tecnologia permite-nos construir o futuro (liberta-nos) ou confina-nos à ordem social estabelecida (aprisiona-nos)? – numa interrogação prenhe de horizontes. Qualquer que seja o sentido das respostas e considerando a natureza das perguntas, confirmamos que qualquer vã neutralidade axiológica há muito se dissipou.

Para o filósofo, a verdadeira questão tecnológica é a do seu uso pelo homem, ou melhor, dos aspectos em que o homem cimenta a relação, num contexto cultural. E acrescentaríamos: como nos relacionamos com os nossos gadgets quotidianos? Libertam-nos, aprisionam-nos? Quais os indispensáveis e os acessórios? Como se ou como nos caracterizam culturalmente?

Ultrapassada a fase de desconfiança e crítica das tecnologias, convirá guardar o princípio da precaução como segurança da sua beneficência; vivendo numa época de crença e encantamento tecnológico, convirá recuperar o sentido ou razão de ser da inovação tecnológica como meio de realização do homem, no plano pessoal e no plano comunitário. Convictos do infinito poder tecnológico para a resolução de todos os problemas ou meros desejos do homem, convirá acautelar que a própria tecnologia se não torne um problema; fieis à nossa própria humanidade convirá que nos mantenhamos como criadores da tecnologia e não seus produtos, que nos mantenhamos como seu fim último e não servidores ocasionais. E esta quase ancestral mensagem parece-nos perene.

Referências e leituras recomendadas

JONAS, Hans, Toward a Philosophy of Technology, *The Hastings Center Report*, 9 (1), 1979: 34-43 pp.

JONAS, Hans, Technology as a Subject for Ethics, *Social Research*, 49, 1982: 891-898 pp.

PATRÃO NEVES, M., «Uma ética para a civilização tecnológica» (Hans Jonas), *Arquipélago/Filosofia*, 7, 2000: 107-128 pp.

Ciência, inovação e sociedade

Carlos Moedas

Comissário Europeu para a Investigação, Ciência e Inovação
Comissão Europeia

O desenvolvimento da ciência e da tecnologia é uma força motriz das sociedades actuais e afecta quase todos os aspectos das nossas vidas, dos cuidados de saúde, ao acesso e à divulgação do conhecimento e da informação, à qualidade e segurança alimentares e ao ambiente. A investigação científica e as aplicações tecnológicas desempenham também um papel fundamental na forma como as sociedades estão organizadas e são governadas, pois a evidência científica é essencial para o desenvolvimento de políticas públicas numa vasta gama de questões fundamentais para a sociedade. De um modo geral, a investigação científica não só produz novos conhecimentos e aplicações tecnológicas, mas também contribui para a emergência de novos modos de vida e pode ter impacto na forma como a democracia é exercida.

O ritmo rápido do progresso científico e tecnológico oferece oportunidades extremamente interessantes para o futuro, mas, ao mesmo tempo, confronta-nos com novas e complexas questões e desafios. A resposta a estes desafios exige que a ciência seja desenvolvida com base em evidência sólida e incorpore valores fundamentais. Estes valores consubstanciam-se essencialmente na ética da ciência e na integridade da investigação científica. Só através da adesão a estes valores se pode assegurar a confiança da sociedade em relação aos investigadores e às instituições de investigação científica. E é somente ganhando e mantendo a confiança da sociedade que a ciência pode progredir. Por esta razão, a promoção da ética na ciência e da integridade na investigação científica é uma prioridade para a Comissão Europeia.

Nas secções seguintes, será discutida a relação entre ciência e sociedade e como esta relação exige que a ciência seja aberta e baseada em evidência e em valores. A este respeito, será posteriormente descrita a forma como a Comissão Europeia promove a evidência científica e o papel fundamental do Mecanismo de Aconselhamento Científico na prossecução deste objectivo. Além disso, a importância da integridade na investigação científica será realçada e os esforços para promover uma cultura de integridade na investigação científica na Europa serão apresentados. Por último, a forma como a Comissão Europeia pretende promover a ética no domínio da ciência e tecnologia será ilustrada. Neste contexto, a tónica será colocada no papel dos dois instrumentos fundamentais, isto é, o procedimento de avaliação ética e o Grupo Europeu de Ética para as Ciências e as Novas Tecnologias (EGE, European Group on Ethics in Science and New Technologies).

1. Ciência na sociedade

A investigação científica e suas aplicações tecnológicas têm um papel determinante na forma como as sociedades se organizam e são das principais fontes de inovação e de crescimento económico a longo prazo, aumentando a produtividade e a criação de emprego. A este respeito, estima-se que cerca de dois terços do crescimento económico na Europa possam ser atribuídos, directa ou indirectamente, à investigação e à inovação[5]. Como tal, a ciência e a tecnologia são essenciais para melhorar a qualidade de vida das pessoas dentro e fora da União Europeia.

O progresso da ciência baseia-se, em grande parte, num contrato implícito entre os seus profissionais e a sociedade. Neste contexto, os cidadãos aceitam a atribuição de fundos públicos a instituições científicas e a investigadores, esperando que a obtenção de resultados fiáveis e baseados em dados concretos sirva para melhorar as condições de vida. Como consequência directa, o futuro da ciência depende, em grande medida, da manutenção da confiança e do apoio do público.

A este respeito, é crucial promover uma abordagem aberta e participativa à ciência e à inovação que permita o envolvimento da sociedade. A União Europeia (UE) assenta no princípio da abertura: às pessoas, ao comércio, ao investimento e às ideias. É esta abertura que lhe garantirá uma posição de destaque a nível mundial nos domínios da investigação, da ciência e da inovação nos próximos anos.

O Espaço Europeu da Investigação (EEI) é um espaço aberto ao conhecimento e ao crescimento e reúne os sistemas de investigação nacionais. A «inovação aberta», a «ciência aberta» e a «abertura ao mundo» estão no cerne do EEI. A inovação aberta procura o envolvimento de mais intervenientes no processo de inovação, incluindo investigadores, empresários, utilizadores, governos e a sociedade civil, tendo por objectivo

---

[5] European Commission, Directorate-General for Research and Innovation, *The economic rationale for public R&I funding and its impact*, 2017.

criar os ecossistemas correctos, aumentar o investimento e conduzir mais regiões, empresas e indivíduos para a economia do conhecimento. A ciência aberta compreende uma nova forma de pensar, realizar, avaliar e comunicar a ciência. A abertura é a chave para a excelência científica, que constituirá a base da prosperidade futura.

Além disso, de modo a maximizar os benefícios sociais, a investigação científica deve satisfazer as mais elevadas normas de ética e integridade. Os valores partilhados são a base sobre a qual a UE foi fundada. Mais especificamente, de acordo com o Tratado de Lisboa.

> A União funda-se nos valores do respeito pela dignidade humana, da liberdade, da democracia, da igualdade, do Estado de direito e do respeito pelos direitos do Homem, incluindo os direitos das pessoas pertencentes a minorias. Estes valores são comuns aos Estados-Membros, numa sociedade caracterizada pelo pluralismo, a não discriminação, a tolerância, a justiça, a solidariedade e a igualdade entre homens e mulheres.

Consequentemente, a fim de promover uma relação harmoniosa entre a ciência e a sociedade, a ética, a integridade na investigação científica e os princípios subjacentes à evidência científica são essenciais para o desenvolvimento da ciência.

2. Evidência científica

As nossas sociedades e economias e, por conseguinte, a nossa segurança, saúde e bem-estar têm vindo a tornar-se cada vez mais globalizados e interdependentes. As questões com impacto internacional, como as alterações climáticas, a energia, as epidemias ou as catástrofes naturais, exigem a recolha de dados, geração de consensos e acções a nível internacional.

As provas científicas sólidas constituem um elemento fundamental do processo de decisão política, e o aconselhamento científico deve ser integrado em todos os níveis de elaboração das políticas. O aconselhamento científico deverá também ser uma componente importante da diplomacia e das relações internacionais.

A independência e autonomia são requisitos fundamentais do aconselhamento científico, que deve ser desenvolvido e apresentado independentemente de qualquer influência política ou económica. Ao mesmo tempo, qualquer sistema de aconselhamento científico deve reconhecer a diferença entre a avaliação dos dados científicos e a decisão política final sobre o caminho a adoptar. Todo o aconselhamento científico deve ser objectivo e assegurar a transmissão fiel de conhecimentos, e os sistemas que prestam aconselhamento directo aos decisores devem garantir a responsabilização pública e a transparência nos seus processos.

A evidência científica está no cerne do objectivo «Legislar melhor» da Comissão Europeia. Foi por esta razão que a Comissão criou o Mecanismo de Aconselhamento Científico (MAC) para a prestação, em tempo útil, de pareceres científicos independentes e de elevada qualidade para a formulação de políticas. Tal contribuirá para melhorar a qualidade da legislação da UE, em conformidade com a agenda «Legislar melhor», sendo que a criação de um melhor ambiente regulador é uma componente essencial da agenda «Inovação aberta» da Comissão, para a qual o MAC dará um contributo decisivo.

O Mecanismo de Aconselhamento Científico é um sistema que reúne dados e informações de diferentes disciplinas e abordagens, tendo em consideração as especificidades do processo de tomada de decisões da UE e assegurando a transparência. Irá complementar o trabalho do Centro Comum de Investigação, da capacidade científica interna da Comissão e dos comités especializados já existentes. Mantém igualmente uma relação estruturada com os órgãos consultivos científicos dos Estados-Membros e de outros países.

O núcleo do Mecanismo de Aconselhamento Científico é constituído pelo Grupo de Alto Nível, composto por sete conselheiros científicos. Estes foram nomeados em Novembro de 2015, na sequência de um convite à apresentação de candidaturas e das recomendações de um comité de identificação independente. O Grupo de Alto Nível funciona em estreita colaboração com as academias europeias. Neste contexto, foi também criado o Science Advice for Policy by European Academies (SAPEA), um consórcio de cinco redes de academias europeias (Academia Europaea, ALLEA, EASAC, Euro-CASE e FEAM). O SAPEA é um componente essencial do Mecanismo de Aconselhamento Científico, tendo por objectivo geral reunir atempadamente pareceres científicos independentes, emitidos por mais de 100 academias europeias em mais de 40 países para os mais altos decisores políticos na Europa e para o público em geral.

A Comissão Europeia está empenhada em garantir o êxito do Mecanismo de Aconselhamento Científico e comprometeu-se a estabelecer ligações mais estreitas entre a ciência e a política. O objectivo final é a concretização de melhores políticas para a Europa, baseadas em evidência científica, que contribuirão para a resolução de desafios mundiais de forma consensual.

3. Integridade na investigação científica

A integridade na investigação científica é pluridimensional e apela ao respeito das mais elevadas normas éticas em todas as fases do processo de investigação. Diz respeito à concepção da investigação, à metodologia utilizada, à recolha e análise de dados, à interpretação e à apresentação dos resultados, exigindo que os investigadores em todos os domínios concebam e realizem a sua investigação tendo em conta o impacto social da mesma.

A má conduta na investigação, em casos como o plágio, a fabricação ou a falsificação de dados, pode, por conseguinte, prejudicar gravemente a confiança do público na investigação e conduzir a graves consequências socioeconómicas. Embora seja difícil determinar quantitativamente o impacto social e económico da integridade na investigação, há vários danos a nível pessoal, institucional e social. Estes podem incluir, por exemplo, a má utilização dos fundos públicos, os danos para a saúde e o bem-estar dos participantes na investigação e o prejuízo para a reputação das instituições de investigação, dos grupos de investigação ou dos investigadores individuais. Além disso, a má conduta na investigação pode conduzir à adopção de políticas erradas, baseadas em resultados falsificados ou em pareceres tendenciosos, ou ainda à comercialização de produtos perigosos (por exemplo, produtos farmacêuticos), colocados no mercado na sequência de um processo de validação sem rigor. Pelo contrário, ao garantirmos um nível generalizado e consistentemente elevado de integridade da investigação, podemos melhorar drasticamente a pertinência, a robustez, a acessibilidade e a divulgação dos resultados da investigação científica.

A rejeição de actos evidentes de má conduta não é suficiente para salvaguardar a integridade da investigação. Entre os elementos mais importantes que a constituem está o rigor do método científico, que permite assegurar a fiabilidade e a reprodutibilidade dos resultados da investigação. Embora a falta de reprodutibilidade não deva necessariamente ser entendida em si mesma como um problema de integridade ou como indício de má ciência, as taxas elevadas de não reprodutibilidade em diversos domínios são motivo de preocupação[6].

Não dispomos, até à data, de provas conclusivas sobre as causas exactas da não reprodutibilidade de resultados de certa investigação científica, mas há um determinado número de factores considerados potencialmente conducentes a este fenómeno, entre os quais a comunicação selectiva de resultados, a pressão sobre os académicos para publicarem, a má qualidade dos dados utilizados na investigação e a falta de normalização nas técnicas e procedimentos de medição de referência.

É essencial melhorar a reprodutibilidade da investigação científica, a fim de garantir a sua elevada qualidade, a segurança dos participantes, bem como a prevenção do desperdício de recursos financeiros. Reconhecendo a importância da reprodutibilidade, o novo Código de Conduta Europeu para a Integridade da Investigação sublinha que «as instituições e organizações de investigação [devem] apoiar as infraestruturas adequadas para a gestão e protecção de dados e materiais de investigação em todas as suas formas [...], necessários para a reprodutibilidade, rastreabilidade e responsabilização» e que «os investigadores [devem] apresentar os resultados de modo a que estes sejam compatíveis com as normas da disciplina e, se for caso disso, possam ser verificados e reproduzidos»[7].

No plano das organizações de investigação, deve ser dada prioridade à promoção de práticas científicas rigorosas num ambiente de «ciência aberta». A fim de optimizar a qualidade e impacto societal da investigação científica, a integridade desta deve estar presente ao longo de todo o processo e não ser

---

6 http://science.sciencemag.org/content/sci/349/6251/aac4716.full.pdf; http://www.nature.com/nature/journal/v483/n7391/full/483531a.html.

7 http://www.allea.org/wp-content/uploads/2017/03/ALLEA-European-Code-of-Conduct-for-Research-Integrity-2017-1.pdf.

encarada simplesmente como um elemento adicional ou como um meio de criar burocracia suplementar. Inculcar uma cultura de integridade na investigação científica exige acções de educação e de formação destinadas aos investigadores desde o início das suas carreiras e, eventualmente, mudanças estruturais e orientações claras para as instituições que desenvolvem e financiam actividades de investigação, de modo a facilitar a promoção da integridade na investigação científica.

Os esforços destinados a reforçar a promoção de uma cultura de integridade da investigação estão, de facto, relacionados com o desenvolvimento da política científica. Na UE, a promoção da integridade da investigação tornou-se numa prioridade para a Comissão Europeia e para o Conselho da UE. Este lançou, em Dezembro de 2015, as suas conclusões sobre a integridade da investigação, em que considera a integridade o «alicerce da investigação de alta qualidade e um requisito prévio para atingir a excelência na investigação e na inovação na Europa e em qualquer lugar». O Conselho sublinha ainda a necessidade de estabelecer medidas que previnam as condutas impróprias na investigação, convidando a Comissão e todas as partes interessadas a identificarem e aplicarem medidas para esse efeito.

Neste contexto, e em resposta ao pedido dos Estados-Membros para assegurar a adaptação periódica das políticas e procedimentos, a Comissão tem desempenhado um papel central, por exemplo, com a recente revisão do Código de Conduta Europeu para a Integridade da Investigação. O processo foi liderado pela ALL European Academies (ALLEA), em cooperação com um vasto leque de partes interessadas, incluindo a indústria, as universidades e as entidades financiadoras da investigação, de modo a maximizar a sua aceitação e difusão.

O novo código visa promover o comportamento responsável na investigação científica para ajudar a melhorar a sua qualidade e fiabilidade. Em comparação com a sua versão anterior, este código tem em conta a evolução da ciência aberta, incluindo a importância crescente da qualidade e gestão dos dados, e clarifica também as responsabilidades das organizações de investigação, ajudando a promover um ambiente de investigação que tenha em conta a integridade. O novo código é mais conciso do que a versão anterior, permitindo aos Estados-Membros e às instituições de investigação o desenvolvimento das suas próprias políticas e práticas e contribuindo para uma governação mais coerente da UE no domínio da investigação e da inovação[8]. A Comissão apoiará, pois, a adopção do código a nível nacional e aplicá-lo-á a nível europeu como norma para a integridade da investigação a seguir pelos projectos financiados pelo programa Horizonte 2020, actualizando o modelo de convenção de subvenção a fim de o alinhar com o novo código e seus princípios.

De modo a continuar a promover uma cultura de integridade na investigação europeia, a Comissão financia uma série de projectos de investigação que visam, entre outros aspectos: analisar a forma como a integridade da investigação e a má conduta são encaradas nas diferentes disciplinas; definir o impacto social e financeiro da má conduta na investigação e avaliar o seu custo; reforçar as actividades de ensino e formação no domínio da ética na ciência e da integridade da investigação; e incentivar a criação de redes entre as instituições, a fim de melhorar a eficácia da investigação. Estes projectos têm por objectivo fazer um levantamento da situação existente e fornecer orientações e ferramentas que serão utilizadas pelos decisores políticos e outras partes interessadas para reforçar a integridade da investigação e, em última análise, promover a excelência da investigação e da inovação europeias.

---

[8] http://ec.europa.eu/research/index.cfm?&na=na-240317-1&pg=newsalert&year=2017.

4. Ética no domínio da ciência e tecnologia

Tal como referido anteriormente, o avanço das ciências e das novas tecnologias está intimamente relacionado com o desenvolvimento das sociedades contemporâneas. Assim, as implicações éticas da ciência e das novas tecnologias devem ser integradas em todos os domínios de intervenção da Comissão, do ponto de vista prático – na aplicação da ética no trabalho científico em laboratório – à consideração mais abrangente de questões societais relevantes tais como: que tipo de União Europeia pretendemos construir? Que tipo de sociedade queremos criar para as gerações futuras?

Para integrar a ética nas políticas da Comissão Europeia são utilizados dois instrumentos fundamentais: o procedimento de avaliação ética, aplicado na investigação financiada pela UE, e a acção do Grupo Europeu de Ética para as Ciências e as Novas Tecnologias (EGE).

4.1. Procedimento de avaliação ética

A ética deve ser parte integrante de todo o processo de investigação científica, e a excelência da investigação está intimamente ligada aos princípios éticos. As questões éticas mais frequentes relacionadas com a investigação dizem respeito à participação de crianças, doentes ou populações vulneráveis em estudos, à investigação feita em animais, à utilização de células estaminais embrionárias humanas ou de outras células e tecidos humanos, a questões de privacidade e protecção de dados e à potencial utilização indevida dos resultados da investigação.

Na investigação financiada pela UE é sempre dada a máxima prioridade a requisitos de natureza ética: todas as actividades de investigação financiadas pela UE devem cumprir os princípios éticos e o disposto na legislação relevante nacional, da UE e internacional, tais como a Carta dos Direitos Fundamentais da União Europeia e a Convenção Europeia dos Direitos do Homem. A ponderação ética está igualmente contemplada no programa-quadro Horizonte 2020 [Regras de Participação do Programa-Quadro Horizonte 2020: Exame ético (artigo 14.º), Horizonte 2020 – Regulamento que cria o Horizonte 2020: Princípios éticos (artigo 19.º) e o Modelo Geral de Convenção de Subvenção: Ética e integridade na investigação (artigo 34.º)].

Além disso, nos termos do regulamento que cria o Horizonte 2020, existem três domínios de investigação explicitamente excluídos do financiamento comunitário por razões éticas, a saber, as actividades de investigação destinadas: à clonagem humana para efeitos de reprodução; a alterar o património genético de seres humanos e que possam tornar essas alterações hereditárias; e à criação de embriões humanos exclusivamente para fins de investigação ou para fins de aquisição de células estaminais, nomeadamente por transferência de núcleos de células somáticas.

As actividades de investigação sobre células estaminais embrionárias humanas podem ser financiadas apenas quando sujeitas a requisitos estritos. Mais especificamente, o financiamento de tais projectos depende do conteúdo da proposta científica e do quadro jurídico dos Estados-Membros envolvidos. Não são financiadas actividades de investigação proibidas em todos os Estados-Membros; nem é financiada num Estado-Membro qualquer actividade que seja nele proibida. Além de passar na avaliação científica, na avaliação ética nacional ou local e também na avaliação ética europeia, cada proposta de investigação será apresentada para aprovação, caso a caso, aos Estados-Membros reunidos num comité de regulamentação. A aprovação dos Estados-Membros é necessária para que os projectos que impliquem a utilização de células estaminais embrionárias humanas sejam financiados.

A fim de avaliar a conformidade ética das actividades de investigação candidatas a financiamento do Horizonte 2020, está em vigor um procedimento de avaliação muito rigoroso que inclui o procedimento de exame ético, efectuado antes do início do projecto, e, para um número menor de projectos, controlos éticos que ocorrem também durante o ciclo de vida do projecto.

Todas as propostas consideradas para financiamento são submetidas a um exame ético realizado por peritos independentes. O exame inicia-se com uma verificação (*screening*) ética e, no caso dos projectos que suscitam questões mais complexas, um painel alargado de peritos realiza uma análise mais aprofundada, designada avaliação (*assessment*) ética. O exame ético pode conduzir a requisitos éticos que passam a constituir obrigações contratuais. Durante a verificação ou a avaliação ética, os peritos identificam os projectos que necessitam de um controlo ético, a ser executado durante o projecto de investigação. Este procedimento pode também ser iniciado pelos serviços da Comissão. O objectivo deste procedimento é ajudar os beneficiários no tratamento das questões éticas suscitadas pela sua investigação e, se necessário, tomar medidas preventivas e/ou correctivas. O procedimento de avaliação ética incide sobre a conformidade com as regras e normas de ética, a legislação europeia relevante nesta matéria, as declarações e convenções internacionais que se lhe referem, as autorizações nacionais e aprovações éticas, a proporcionalidade dos métodos de investigação e a sensibilização dos requerentes para os aspectos éticos e sociais da investigação prevista.

O acelerado ritmo da investigação científica apela ao desenvolvimento de um quadro ético de reflexão que mantenha os mais elevados padrões de ética em matéria de investigação e, simultaneamente, não entrave o progresso científico e a inovação. Os avanços nas novas tecnologias abriram um novo leque de possibilidades interessantes para a humanidade: os desenvolvimentos no domínio da robótica e da inteligência artificial criaram veículos autoguiados e prestadores de cuidados robotizados; a tecnologia CRISPR-Cas9 (*Clustered Regularly Interspaced Short Palindromic Repeats*) possibilita a edição genética precisa, a qual permitirá, entre outros, a criação de culturas agrárias mais resistentes a pragas; as tecnologias duais, como os *lasers* e os *drones*, têm sido amplamente utilizadas em aplicações civis. Ao mesmo tempo, estes avanços colocam novas questões éticas: os robôs podem ser considerados «máquinas morais»? Qual será o impacto da robótica e da automação no mercado de trabalho? Que implicações tem a tecnologia CRISPR-Cas9 para a segurança e para o ambiente? O que acontecerá se as tecnologias duais caírem nas mãos erradas? Não obstante o elevado debate académico em torno destas questões, há actualmente poucas orientações práticas sobre a forma de as abordar e de assegurar o cumprimento das regras de ética na investigação científica. A este respeito, é fundamental aprofundar a investigação sobre as implicações éticas das novas tecnologias e criar orientações concretas para dar resposta a essas questões.

Além do cumprimento ético na investigação financiada pela UE, a evolução desta exige igualmente que a Comissão Europeia integre a ética em todas as suas políticas. O Grupo Europeu de Ética para as Ciências e as Novas Tecnologias é um dos principais pilares nos esforços envidados pela Comissão, não só para promover uma utilização responsável da ciência e da tecnologia, mas para integrar eficazmente a ética em todas as suas políticas.

4.2. O Grupo Europeu de Ética para as Ciências e as Novas Tecnologias

O Grupo Europeu de Ética para as Ciências e as Novas Tecnologias é um órgão independente, multidisciplinar, nomeado pelo Presidente da Comissão Europeia e que dá conselhos sobre todos os aspectos das políticas e legislação da Comissão em que as dimensões ética, societal e de direitos fundamentais se cruzam com o desenvolvimento da ciência e das novas tecnologias. Desde a sua criação, em 1991, o EGE tem apresentado à Comissão um aconselhamento independente e de elevada qualidade sobre estas questões. Actualmente a cumprir o seu quinto mandato, o grupo de 15 membros (nomeados em 2017 para um mandato de dois anos e meio) conta com peritos da Europa e de todo o mundo nos domínios das ciências naturais e sociais, humanidades, filosofia, ética e direito. O grupo é composto por cientistas pioneiros em técnicas biomédicas e universitários de renome no estudo das tecnologias de informação, da filosofia da ciência e da legislação sobre direitos humanos. Vários membros são antigos presidentes de conselhos de ética nacionais e internacionais e contribuem com a sua preciosa experiência no aconselhamento aos governos sobre as implicações dos desenvolvimentos actuais e futuros, em termos de direitos humanos e sociais.

O Grupo Europeu de Ética para as Ciências e as Novas Tecnologias tem a tarefa de aplicar as normas, os valores e os princípios estabelecidos nos tratados europeus e internacionais aos desafios com que a sociedade europeia se confronta, em ligação com a legislação da UE ou com debates sobre as políticas da UE. As suas responsabilidades incluem esclarecer problemas, definir o estado da Arte em matéria de ciência e regulamentação, desvendar tendências societais, analisar as implicações éticas destas tendências e dos avanços científicos e tecnológicos e descrever possíveis medidas ou respostas políticas.

Ao aplicar a sua análise ética, o EGE tem por base o quadro normativo previsto no Tratado de Lisboa e na Carta dos Direitos Fundamentais da União, que estabelecem a liberdade, a democracia, os direitos humanos, a igualdade e a solidariedade como pilares da concepção ética que a UE tem de si própria. No pleno respeito do pluralismo e da diversidade da UE, o EGE pretende interpretar e aplicar estes princípios internacionais e claramente europeus (como a solidariedade) aos futuros desenvolvimentos.

O EGE registou uma importante evolução no seu âmbito e mandato desde a sua criação em 1991 [então conhecido como Grupo de Conselheiros para a Ética da Biotecnologia (GCEB)]. A criação de um grupo consultivo europeu sobre ética foi inicialmente desencadeada pelos desafios de regulamentação enfrentados pela UE na sequência dos rápidos progressos no domínio da biotecnologia e da engenharia genética, registados no final da década de 1980 e no início da década de 1990. Ao longo do tempo, os temas dos pareceres do EGE sofreram alterações, passando de uma atenção concentrada quase exclusivamente nas questões éticas suscitadas pelas tendências na biotecnologia e na investigação médica para questões bastante mais amplas, suscitadas pela importância crescente da ciência e das tecnologias em vários domínios de intervenção. Os pareceres recentes abrangem temas tão diversos como a nanotecnologia, a legislação relativa aos novos alimentos, o bem-estar dos animais, a investigação em embriões, os organismos geneticamente modificados, os métodos agrícolas, a biodiversidade, as alterações climáticas, o comércio mundial, a agenda digital, a biossegurança, a protecção do ambiente, a segurança alimentar, a governação da Internet, a energia, a segurança e a vigilância e a participação dos cidadãos no domínio da saúde. O EGE aborda não só as dimensões científicas e tecnológicas destas questões, mas procura dar resposta a questões éticas mais complexas relativas a direitos e obrigações, à justiça social e global, à nossa responsabilidade para com a saúde e o bem-estar das gerações futuras, à realização dos princípios de liberdade, dignidade, solidariedade e igualdade e ao modo como esses valores fundamentais estão a ser postos em causa e reformulados devido aos desenvolvimentos societais, políticos e tecnológicos.

Embora o aconselhamento do Grupo Europeu de Ética para as Ciências e as Novas Tecnologias não vincule juridicamente a Comissão Europeia, os seus pareceres podem ter um peso considerável na política da UE, uma vez que é nomeado pelo Presidente da Comissão Europeia e opera sob a responsabilidade directa do Comissário Europeu para a Investigação, Ciência e Inovação, posicionando-se assim ao mais alto nível político da Comissão para prestar aconselhamento. Com efeito, o EGE desempenha um papel particularmente valioso para a instituição e a sua liderança, ao abordar e evitar questões políticas especialmente controversas, como nos casos dos ensaios clínicos, das opções em matéria de energia, das actividades de investigação que envolvam células estaminais embrionárias.

O seu valor advém nomeadamente das três características fundamentais do seu funcionamento:

1) uma abordagem interdisciplinar – com os desafios éticos a serem cada vez mais complexos e interligados, torna-se indispensável uma abordagem interdisciplinar. A credibilidade do EGE baseia-se no equilíbrio entre as qualidades dos homens e mulheres que o constituem, que são seleccionados para fazerem reflectir colectivamente a diversidade de perspectivas em toda a Europa. Isto significa que é dada importância não só ao género, idade e distribuição geográfica, mas também se defende que os «membros devem reflectir o vasto âmbito interdisciplinar do mandato do EGE, abrangendo filosofia e ética, ciências naturais e sociais e direito. No entanto, os membros não se devem considerar representantes de uma disciplina, visão do mundo ou linha de investigação particular; pelo contrário, devem ter uma visão

ampla que, colectivamente, reflicta uma compreensão de importantes avanços, em curso e emergentes, incluindo perspectivas interdisciplinares, transdisciplinares e multidisciplinares»[9];

2) independência – para que um conselho de ética possa debater questões sensíveis ou controversas num contexto multicultural, é essencial que seja independente para manter a integridade e a confiança no aconselhamento do EGE. Os membros são recrutados por intermédio de um processo de selecção aberto e transparente e, após a nomeação, são obrigados a actuar à margem de qualquer influência externa e a apresentar declarações de interesses anuais. A fim de evitar uma potencial interferência política, as suas deliberações são confidenciais (salvo quando o Grupo decide, por maioria simples dos seus membros, abrir os seus debates ao público) e o EGE pode propor temas para análises éticas por sua própria iniciativa;

3) sensibilização externa – o Grupo Europeu de Ética para as Ciências e as Novas Tecnologias desenvolveu vários canais de divulgação externa, reconhecendo assim que a prestação de conhecimentos no domínio da ética com uma perspectiva europeia requer um vasto diálogo com um conjunto de diferentes intervenientes. Mecanismos como a organização de audições de peritos ou de mesas redondas abertas ao público e uma gestão transparente das informações permitem-lhe interagir com os vários grupos de partes interessadas externas, que vão dos diferentes organismos que constituem o

---

[9] Artigo 4.º, n.º 6, alínea c), da Decisão 2016/835 da Comissão, de 25 de maio de 2016, relativa à renovação do mandato do Grupo Europeu de Ética para as Ciências e as Novas Tecnologias.

quadro de governação internacional em matéria de ética ao mundo académico, à comunidade científica, às Organizações Não Governamentais (ONG) e às organizações da sociedade civil interessadas, à indústria e ao público em geral. Isto permite que o público e as partes interessadas possam examinar as actividades do grupo, possibilitando ao EGE, em contrapartida, reunir um amplo leque de peritos para apoiar o seu processo de reflexão.

A projecção externa abrange igualmente a dimensão mundial. Tornou-se evidente que muitos dos desafios que a Europa enfrenta exigem uma perspectiva mais ampla do que a estritamente europeia. Um objectivo transversal das tarefas do Grupo Europeu de Ética para as Ciências e as Novas Tecnologias é, portanto, fazer avançar a cooperação mundial da UE no domínio da ética. O EGE apoia, no quadro ético internacional e no Diálogo Internacional sobre Bioética da Comissão Europeia, a elaboração de normas e de princípios aplicados aos desenvolvimentos societais e desafios políticos sujeitos a mutações científicas e tecnológicas.

5. Observações finais

A evidência científica e os valores intrínsecos da ciência, tais como a ética e integridade científica, contribuem para reforçar a confiança que a sociedade coloca na ciência e nos cientistas. A confiança é a base da nossa sociedade e a promoção da evidência científica, da ética e da integridade da investigação científica são os elementos centrais de uma política para a ciência e inovação. Este artigo explica as complexas interligações deste triângulo (evidência científica, ética na ciência e integridade científica) e descreve a forma como a Comissão

Europeia tem aplicado estas políticas durante o actual mandato (2014–2019).

Referências e leituras recomendadas

CAHN, Steven M. e MARKIE, Peter J., *Ethics: History, Theory, and Contemporary Issues*, [*s.l.*], Oxford University Press, 2009.

EUROPEAN COMMISSION, *Europe's Future: Open Innovation, Open Science, Open to the World*, Bruxelas, 2017.

EUROPEAN COMMISSION, *Open Innovation, Open Science, Open to the World: a Vision for Europe*, Bruxelas, 2016.

ISRAEL, Mark e IAIN, Hay, *Research ethics for social scientists*, Sage, 2006.

KOEPSELL, David, *Scientific Integrity and Research Ethics: An Approach from the Ethos of Science*, Springer, 2016.

PIELKE, Roger, *The Honest Broker: Making Sense of Science in Policy and Politics*, Cambridge, Cambridge University Press, 2007.

SANDLER, Ronald (org.), *Ethics and emerging technologies*, Springer, 2016.

SHAMOO, Adil e RESNIK, David, *Responsible conduct of research*, [*s.l.*], Oxford University Press, 2009.

I

TECNOLOGIAS FACILITADORAS ESSENCIAIS

Biotecnologias

Maria Goreti Sales
Instituto Superior de Engenharia do Instituto Politécnico do Porto

Eugénio Campos Ferreira
Departamento de Engenharia Biológica da Universidade do Minho

Maria Ascensão Reis
Faculdade de Ciências e Tecnologia da Universidade Nova de Lisboa

1. Compreender a biotecnologia

Existem várias definições de biotecnologia. Um documento da European Foundation for the Improvement of Living and Working Conditions refere a existência de 41 (quarenta e uma!) definições no seio da União Europeia.

A Federação Europeia de Biotecnologia propõe a seguinte definição: «Biotecnologia é a integração das Ciências Naturais e das Ciências de Engenharia com vista à aplicação industrial de organismos, células, partes destas e análogos moleculares para a obtenção de produtos e serviços.» De acordo com a ONU, biotecnologia enquadra qualquer aplicação tecnológica que utilize sistemas biológicos, organismos vivos, ou seus derivados, para fabricar ou modificar produtos ou processos para utilização específica. Exemplos de processos biotecnológicos incluem a utilização de microrganismos (fermentos, bactérias, etc.), e/ou enzimas, na síntese de compostos químicos intracelulares (proteínas) ou extracelulares (antibióticos, álcool), na produção de biomassa (fermento de padeiro), de alimentos (bebidas), de energia (biogás, etanol) ou ainda na despoluição biológica de efluentes (degradação da matéria poluente pelos microrganismos).

As células são os blocos de construção de todos os seres vivos. Os seres vivos mais simples, como a levedura, consistem numa célula única. Criaturas complexas como as plantas, animais e seres humanos são feitas de vários tipos de célula diferentes, cada um dos quais executa tarefas muito específicas. Apesar da extraordinária diversidade de tipos de célula nos seres vivos, o que é mais marcante é a sua semelhança notável. Acontece que todas as células são feitas dos mesmos materiais e operam usando essencialmente os mesmos processos. Quase todas as células possuem um núcleo que contém ácido desoxirribonucleico (ADN), que dirige a construção e operação das células e que fornece as bases para a biotecnologia. O ADN é o material hereditário em seres humanos e quase todos os outros organismos. Quase todas as células do corpo de uma pessoa têm o mesmo ADN. A informação no ADN é armazenada como um código composto por quatro bases químicas: adenina (A), guanina (G), citosina (C) e timina (T). O ADN humano consiste em cerca de 3000 milhões de bases e mais de 99% dessas bases são iguais em todas as pessoas. A ordem ou sequência dessas bases determina a informação disponível para a construção e manutenção de um organismo, semelhante à forma como as letras do alfabeto aparecem numa determinada ordem para formar palavras e frases. Não há duas pessoas, excepto para gémeos idênticos, que compartilhem exactamente as mesmas sequências de ADN. As bases de ADN combinam entre si, A com T e C com G, para formar unidades chamadas pares de bases. Cada base também está ligada a uma molécula de açúcar e a uma molécula de fosfato. Juntos, uma base, açúcar e fosfato são chamados nucleótido. Os nucleótidos estão dispostos em duas cadeias longas que formam uma espiral chamada dupla hélice. Os genes são secções específicas de ADN que carregam o código para proteínas específicas. Quando uma proteína específica é necessária, os pares de bases de ADN dividem-se, e as bases de ARN (ácido ribonucleico) juntam-se às bases de ADN abertas, formando uma cadeia de mRNA (ARN mensageiro). O mRNA viaja para outras partes da célula onde a sequência do mRNA é «lida» por outras estruturas celulares que produzem a proteína.

Como virtualmente todas as células falam a mesma linguagem genética, o ADN de uma célula pode ser lido e actuar noutra célula, mesmo num tipo de célula diferente, de uma espécie diferente. É esta característica que faz do ADN a pedra angular da biotecnologia moderna. Os cientistas podem, por exemplo, usar uma célula de levedura para produzir insulina humana, inserindo o gene da insulina humana na levedura. O ADN também é o alicerce de centenas de testes de diagnóstico de doenças genéticas e predisposição à doença. Alguns testes podem até identificar qual o tratamento e que dose será melhor para um determinado paciente.

2. Breve apontamento histórico

A biotecnologia é comummente apresentada como um novo ramo da ciência, sendo apontada como uma das disciplinas cujo desenvolvimento contribuirá positivamente para a evolução da economia no século XXI. É contudo, paradoxalmente, um dos ramos mais antigos da actividade económica. A biotecnologia enquadra um conjunto de actividades que o homem vem desenvolvendo há milhares de anos, como a produção de alimentos fermentados (pão, vinho, iogurte, cerveja e outros) através de técnicas ancestrais. Mas a evolução tecnológica e científica permitiu, entretanto, uma compreensão ampla do funcionamento da célula, o que levou a uma expansão, sem precedentes, das técnicas utilizadas em biotecnologia e que permitem manipular células, proteínas ou genes.

As leveduras constituem o grupo de microrganismos mais importante a ser explorado comercialmente e a ser consumido pela Humanidade. São diversas as suas aplicações industriais (cerveja, destilarias, sumos, alimentos fermentados, queijo, etanol, etc.) como, por exemplo, o fermento de padeiro, utilizado nas indústrias de panificação para fazer levedar a massa e que é composto, essencialmente, por células vivas da levedura *Saccharomyces cerevisiae*. A produção industrial de fermento de padeiro iniciou-se há mais de 120 anos na Europa, provavelmente na Holanda, havendo sinais da sua utilização há já alguns milhares de anos. Até ao século XIX, os padeiros recorriam às cervejeiras para fornecimento da chamada levedura de cerveja. Quando estas alteraram o processo de produção da cerveja – de levedura de fermentação alta para uma levedura de fermentação baixa –, as padarias passaram a não poder utilizar este novo tipo de levedura (fraco poder gaseificante e sabor amargo), recorrendo à levedura de destilaria, que foi sendo substituída lentamente pelo fermento produzido em pequenas fábricas, emergindo desde então uma nova indústria designada biotecnologia.

O caminho da biotecnologia tal como a conhecemos hoje inicia-se com a invenção do microscópio, no final do século XVI, que permitiu a observação da célula e das bactérias por Anton van Leewnhoek (1675). Vários passos se sucederam, entretanto, rumando ao presente: no final do século XVIII, Edward Jenner inocula o seu filho para o proteger da varíola; Louis Pasteur propõe em 1857 a teoria microbiana do processo de fermentação; em 1859 Charles Darwin publica a teoria da evolução através da selecção natural; em 1890 Walther Flemming descobre os cromossomas; em 1914 surge o processo biológico de lamas activadas (com bactérias) para tratamento de efluentes; o primeiro tratamento de uma pessoa com insulina de origem animal acontece em 1922; em 1928 Alexander Fleming descobre a penicilina; o primeiro milho híbrido é comercializado em 1933; em 1944, Avery, MacLeod e McCarty provam que o ADN transporta informação genética e, em 1953, James Watson e Francis Crick descrevem a estrutura molecular do ADN; em 1966 Nirenberg, Khorana e Holley descobrem o código genético; em 1973, Herbert Boyer e Stanley Cohen constroem e reproduzem a primeira molécula de ADN recombinante; o primeiro anticorpo monoclonal é produzido em 1975; em 1977, é expresso em bactéria o primeiro gene humano e é desenvolvido um método para sequenciação rápida de cadeias longas de ADN; no ano seguinte, é produzida em laboratório insulina humana obtida por forma recombinante (produzida a partir de genes clonados pela técnica de ADN recombinante), sendo a sua produção como fármaco de biotecnologia autorizada em 1982; em 1981 são produzidos os primeiros animais (ratos) transgénicos (geneticamente modificados com a introdução de genes de outras espécies nas suas células embrionárias); Kari Mullis propõe em 1983 a técnica de PCR (*Polymerase Chain Reaction*), facilitadora da cópia de partes do ADN; a impressão digital genética baseada na análise de ADN é proposta por Alec Jeffreys em 1984; no ano seguinte, a Food and Drug Administration (FDA) aprova a utilização da hormona de crescimento humano de origem recombinante e, em 1986, é aprovado o primeiro fármaco (interferão) recombinante para tratamento de cancro; em 1990, é introduzida uma enzima recombinante para fabrico de queijo, tornando-se no primeiro produto recombinante a entrar na cadeia alimentar; no mesmo ano é aplicado o primeiro tratamento de terapia genética humana; em 1997 é clonado o primeiro animal (*Dolly*) a partir de uma célula adulta; um rascunho do mapa do genoma humano, com 30 000 genes, é apresentado em 1998, sendo completado em 2002.

Do microscópio até ao mapa genético, todos estes marcos na história da biotecnologia surgem na sequência de avanços científicos, essencialmente do ponto de vista tecnológico e metodológico, que justificam as inúmeras aplicações da biotecnologia na actualidade.

3. Aplicações das biotecnologias e suas implicações éticas

Diante da evolução tecnológica patente na nossa sociedade, e em convergência com a evolução significativa no domínio da nanotecnologia (o conhecimento e a manipulação da matéria em nanoescala), a biotecnologia tem impacto hoje em diversas áreas, como a saúde, a agricultura, a alimentação, o ambiente ou a indústria (figura 1).

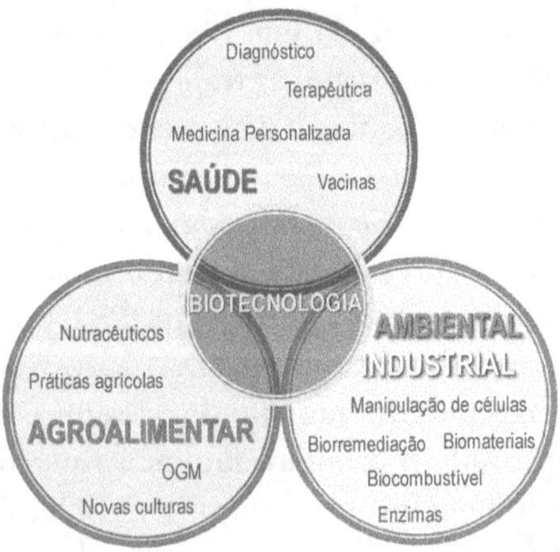

Figura 1: Representação esquemática das várias áreas de aplicação da biotecnologia e de alguns exemplos concretos.

A intervenção da biotecnologia ao longo dos tempos mudou a nossa realidade, contribuindo para a formação de uma sociedade tecnologicamente mais avançada, mas em que os problemas éticos persistem e não podem ser descurados, devendo ser objecto de debate. É neste contexto que se abordam de seguida algumas das aplicações mais relevantes em biotecnologia, em paralelo com as questões ou os dilemas éticos associados.

3.1. Aplicações em cuidados de saúde

As ferramentas e as técnicas em biotecnologia rumam hoje à descoberta de como funciona um organismo saudável e do que corre mal quando a doença se instala. O conhecimento da base molecular da saúde e da doença conduz a um melhor diagnóstico, a um acompanhamento do tratamento mais eficiente e, eventualmente, à prevenção. São inúmeros os produtos gerados pela biotecnologia dirigidos à saúde, incluindo-se aqui os meios de diagnóstico, mais eficazes e rápidos, a terapêutica, com menos efeitos colaterais, as vacinas, mais eficazes e seguras, e a medicina personalizada.

3.1.1. O diagnóstico

A evolução tecnológica permitiu o desenvolvimento de vários métodos analíticos, também conhecidos como biossensores, capazes de auxiliar o diagnóstico, detectando doenças ou condições médicas de forma rápida e eficaz. Os biossensores permitem obter resultados analíticos fora do laboratório de análises clínicas, tipicamente em contexto clínico ou em casa: em contexto clínico, é frequente a utilização de tiras sensoriais para a urina ou para a garganta, ou de testes portáteis dirigidos a biomarcadores de doenças cardiovasculares; o acesso individual, em casa, a testes de gravidez e a dispositivos de monitorização de glucose é hoje uma realidade. Além destes, existem ainda testes genéticos, que podem assumir um carácter preventivo ou de diagnóstico, abordados posteriormente no contexto da medicina personalizada.

Estes meios de auxílio ao diagnóstico tenderão a contribuir positivamente para a evolução da medicina e dos cuidados de saúde, e resultam de uma parceria entre a biotecnologia e a nanotecnologia, numa evolução técnica inquestionável e imparável[1]. De uma forma geral, o composto a medir interage com um elemento de reconhecimento próprio e promove a formação de um sinal. Este sinal pode ser, por exemplo, uma cor, cuja intensidade informa sobre a quantidade desse composto, ou de natureza eléctrica, lido numa caixa de medida portátil ou num telemóvel[2]. Esta leitura poderá implicar alguns procedimentos, que podem ser estabelecidos de forma automática em plataformas apropriadas[3].

Mas a comercialização de um instrumento de diagnóstico requer sempre a sua validação, recorrendo para isso a testes em condições reais. Para este efeito, torna-se necessário o envolvimento de seres humanos no processo e o cumprimento de vários requisitos expressos na Declaração de Helsínquia, de 1964, revista em 2013[4]. Incluem-se aqui o consentimento

---

[1] Dincer, C. *et al.*, Multiplexed Point-of-Care Testing, *Trends in Biotechnology* 35, 2017: pp. 728–742.

[2] Berg, B. [*et al.*], Cellphone-based hand-held microplate reader for point--of-care testing of enzyme-linked immunosorbent assays, *ACS Nano* 9, 2015: pp. 7857–7866.

[3] Jung, W. [*et al.*], Point-of-care testing (POCT) diagnostic systems using microfluidic lab-on-a-chip technologies, *Microelectronic Engineering* 132, 2015: pp. 46–57.

[4] World Medical Association Declaration of Helsinki: Ethical Principles for

informado, a informação do paciente, a confidencialidade, a privacidade, a comunicação privilegiada, o respeito e a responsabilidade[5], cuja estratégia deve ser avaliada e validada por uma comissão de ética reconhecida. Os investigadores estão também obrigados a estabelecer protocolos que garantam a integridade científica do estudo, salvaguardando todos os aspectos éticos e legislativos resultantes do envolvimento de seres humanos. Devem ainda garantir o acompanhamento e a revisão desses protocolos por uma Comissão de Ética independente.

A utilização de biossensores uma vez validados como instrumentos de diagnóstico em contexto clínico (no gabinete médico) envolve vários aspectos de natureza ética[6], começando pelo consentimento informado. Este consentimento carece de especial atenção quando envolve grupos mais vulneráveis, em relação aos quais esse consentimento é fornecido por representantes legais. O direito a conhecer a informação produzida e o direito a não conhecer essa mesma informação são também requisitos éticos relevantes e que devem ser considerados pelos profissionais de saúde. Neste contexto, requerem também atenção as informações que resultam de descobertas acidentais[7], algo provável considerando que os sistemas analíticos tendem a produzir informação sobre um conjunto alargado de parâmetros. Outras exigências éticas a considerar neste

---

Medical Research Involving Human Subjects, Clinical Review & Education, *JAMA* 310, 2013: pp. 2191–2194. doi:10.1001/jama.2013.281053.

[5] Guraya, S. Y.; London, N. J. M. e Guraya, S. S., Ethics in medical research, *Journal of Microscopy and Ultrastructure* 2, 2014: pp. 121–126.

[6] Cordeiro, J. V., Ethical and legal challenges of personalized medicine: Paradigmatic examples of research, prevention, diagnosis and treatment, *Revista Portuguesa de Saúde Pública* 32, 2014: pp. 164–180.

[7] Wolf, S. M.; Annas, G. J. e Elias, S., Patient autonomy and incidental findings in clinical genomics, *Science* 340, 2013: pp. 1049–1050.

contexto de diagnóstico reportam-se à acção clínica a tomar perante a informação obtida, como gerir a informação associada a crianças e a garantia da igualdade de oportunidades.

De uma forma geral, o recurso a biossensores em casa é uma abordagem adequada em várias circunstâncias e desejável em muitas outras. São inúmeros os benefícios decorrentes desta prática, incluindo-se a redução de custos no sector da saúde, tanto do ponto de vista de monitorização e de rastreio, como do ponto de vista do tempo de ocupação médica, e a antecipação de medidas positivas em prol da gestão do estado clínico de cada indivíduo, melhorando a possibilidade de recuperação do estado de saúde. Mas a descentralização do diagnóstico até à casa de cada um gera a necessidade de abordar aspectos éticos que se prendem especialmente com o teor da informação produzida em cada análise. No caso de um teste de gravidez ou de glucose (nos diabéticos) parece evidente que o conhecimento do resultado pelo próprio não levanta problemas do ponto de vista ético. No entanto, haverá dúvidas, por exemplo, no contexto de algumas doenças sobre as quais a população em geral não se encontra devidamente informada. Ainda que respeitando o direito à informação, ou à não informação, por parte de cada um de nós, saberá cada indivíduo lidar com a resposta positiva a uma análise de um biomarcador de cancro, de Alzheimer ou de SIDA? Será o indivíduo comum capaz de interpretar o resultado de forma adequada? Será o indivíduo comum capaz de interpretar/detectar possíveis (quase certos) erros na medida? Será o sistema de medida eficaz a ponto de não produzir erros de leitura? Todas estas questões devem estar devidamente esclarecidas aquando da possível entrada no mercado de sistemas de análise específicos, a realizar pelo próprio.

De uma forma geral, a implementação de novos meios de diagnóstico, fora do laboratório de análises, em contexto clínico ou na casa de cada um, justifica-se eticamente pela sua capacidade de repor a saúde ou de diminuir o sofrimento.

Importa aqui garantir o respeito pelo indivíduo, pela vida e pela integridade física, protegendo a dignidade humana e os direitos humanos, sem suscitar riscos elevados[8]. Faltam, seguramente, vários debates públicos sobre o tema, no sentido de ajustar o conhecimento da população à tecnologia emergente.

3.1.2. A terapêutica

Há muitos produtos oriundos da biotecnologia usados no tratamento de várias doenças, como leucemia e outras doenças cancerígenas, anemia, fibrose cística, deficiências de crescimento, artrite reumatóide, hemofilia, hepatite, verrugas genitais ou rejeição de um transplante. As estratégias são diversas, recorrendo, entre outros, de forma mais ou menos frequente, a proteínas recombinantes, a anticorpos monoclonais (proteínas usadas pelo sistema imunitário para identificar e neutralizar corpos estranhos, produzidas por um único clone celular apropriado) ou à utilização de genes.

As proteínas recombinantes são amplamente utilizadas em doenças causadas por deficiências genéticas que reduzem ou anulam a presença de uma dada proteína. De uma forma geral, esta abordagem tem trazido inúmeros benefícios para a saúde. Tipicamente, a proteína em falta numa dada doença é produzida por tecnologia de ADN recombinante, associada à cultura de células, podendo ser administrada posteriormente em pacientes. Exemplos destas proteínas incluem o factor VIII (em falta em alguns hemofílicos), a insulina (para os diabéticos) ou a hormona de crescimento (para crianças com distúrbios de crescimento). Outras terapias com proteínas pre-

---

[8] Spagnolo, A. G. e Daloiso, V., Outlining Ethical Issues in Nanotechnologies, *Bioethics* 23, 2009: pp. 394–402.

tendem tratar a doença em vez de suplementar a proteína em falta, como é o caso da administração de eritropoietina[9] em condições de anemia, com subsequente estimulação da formação de glóbulos vermelhos.

De uma forma geral, a produção de proteínas via tecnologia de ADN recombinante apresenta hoje inúmeras vantagens no contexto da saúde, se bem que várias preocupações do ponto de vista ético tenham disparado no momento em que surgiu, por volta de 1975. Nessa altura, a tecnologia foi alvo de diversos procedimentos restritivos, para desagrado de muitos investigadores[10]. Hoje, são claras as vantagens desta tecnologia e as restrições, menos limitativas, exceptuando aquando da manipulação de agentes perigosos, como os vírus do Ébola ou da SIDA.

Os anticorpos monoclonais são hoje amplamente utilizados no tratamento do cancro. A primeira terapia aprovada neste contexto foi o rituximab, em 1997, com vista ao tratamento do linfoma não-Hodgkin. Desde então, muitas outras terapias foram aprovadas[11]. A aplicação dos anticorpos monoclonais passa também pelo tratamento de doenças relacionadas com o sistema imunitário, doenças infecciosas ou outras condições em que seja necessário o bloqueio de uma molécula ou de um processo.

A enorme evolução tecnológica em volta da produção de anticorpos monoclonais eliminou quase todas as barreiras técnicas, mas não conseguiu evitar a persistência de alguns

---

[9] Lee, J. S. [*et al.*], Current state and perspectives on erythropoietin production, *Applied Microbiology and Biotechnology* 95, 2012: pp. 1405–1416.

[10] Morris, J., *The Ethics of Biotechnology, Biotechnology in the 21st century*, Nova Iorque, Chelsea House Publishers, 2006, ISBN-10: 0-7910-8520-1.

[11] Guilford-Blake, R. e Strickland, D., *Guide to Biotechnology*, Biotechnology Industry Organization (BIO), 2008.

problemas éticos[12]. Estes decorrem, especialmente, do envolvimento de células de um determinado indivíduo na produção de anticorpos monoclonais, uma abordagem que nem sempre é justificável. Neste cenário, parece evidente a necessidade de garantir um consentimento informado. Porém, este aspecto levanta várias questões controversas do ponto de vista ético: por um lado, não é óbvio que um dador de células que se revelaram úteis na produção destes anticorpos deva ser recompensado; por outro, a obtenção de células a partir de cadáveres ou de «voluntários» na área militar não é de todo consensual. Por fim, o tecido/fluido que é colhido de pacientes e que pode estar implicado em terapias com anticorpos monoclonais é tipicamente superior ao necessário, levantando questões controversas sobre a utilidade e a viabilidade da aplicação de «excedentes» em contexto de saúde ou de investigação científica. Sendo certo que à luz actual do conhecimento é inequívoca a necessidade de um consentimento informado, do ponto de vista prático esta questão divide os elementos da comunidade científica/médica e está longe de ser pacífica, com prós e contras bem definidos.

As terapias genéticas representam hoje uma oportunidade de usar o ADN, ou moléculas relacionadas, como o ARN, no tratamento de doenças. A ideia geral pode ser a de, em vez de suplementar o organismo com uma proteína em falta, fornecer a instrução (um gene normal, sem defeito) de forma que o corpo a possa produzir[13]. Outras doenças genéticas podem ser silenciadas ou inactivadas através de pequenas sequências de ARN que bloqueiam os genes mutantes. Outras abordagens incluem introduzir um novo gene no corpo que permita

---

[12] Steinitz, M., *Human monoclonal antibodies. Methods and Protocols*, Londres: Reino Unido, Humana Press, 2014.

[13] Ver nota 10.

combater uma determinada doença. Foi em 2003, na China, que surgiu o primeiro produto comercial de terapia genética, Gendicine, que fornece o gene supressor tumoral P53 e que obteve resultados clínicos impressionantes para doenças cancerígenas que progridem muito rapidamente e que apresentam uma elevada taxa de mortalidade[14].

Face aos vários progressos tecnológicos e estudos clínicos, pressupõe-se que a terapia genética permita a correcção de doenças, a reparação de tecidos ou a regeneração celular, através de uma entrega dirigida de informação genética, que facilita a estabilidade, a sustentabilidade e a regulação da expressão nos sistemas biológicos[15]. De uma forma geral, o recurso à terapia genética poderá vir a constituir uma abordagem revolucionária, com grandes benefícios para a saúde. A combinação das terapias genéticas e celulares permite ainda evoluir no sentido de criar veículos inteligentes. Estes veículos transportam material genético com dimensões à nanoescala (menores do que uma célula) e entregam-no apenas (ou preferencialmente) ao tipo de células desejado.

Não obstante, a aplicação da terapia genética continua assombrada por uma nuvem cinzenta de várias dúvidas de natureza ética[16], as quais procuram resposta para questões simples, como: quem identifica as características normais e as anormais/de incapacidade?; sob que critérios se definem genes bons ou maus?; quem usufruirá desta terapia, garantindo que o nível de pobreza não será critério de exclusão?; como promover a aceitação pela diferença, na sequência do uso

---

[14] Ver nota 11.

[15] NALDINI, Luigi, Gene therapy returns to centre stage, *Nature* 526, 2015: pp. 351–360.

[16] CORDEIRO, J. V., Ethical and legal challenges of personalized medicine: Paradigmatic examples of research, prevention, diagnosis and treatment, *Revista Portuguesa de Saúde Pública* 32, 2014: pp. 164–180.

alargado desta terapia que tendencialmente diminui a diferença?; como gerir as necessidades/vontades de aplicação da terapia para melhorar traços gerais, como altura, inteligência ou capacidades atléticas?; como controlar o excessivo entusiasmo e a apresentação de resultados de forma tendenciosa-optimista no âmbito dos ensaios clínicos?; como definir uma fronteira entre a aplicação de terapia genética ou convencional?; como salvaguardar os interesses dos grupos mais vulneráveis, incapazes de fornecer o consentimento informado…? Efectivamente, os impactos decorrentes da terapia genética, tal como se perspectiva no futuro, podem alterar a nossa percepção individual e social, enquanto indivíduos: podemos reconhecer-nos como um produto de ADN evolucionário que pode ser moldado, como e quando se desejar, em cada pessoa, pelos seus ascendentes ou para os seus descendentes.

A aplicação da terapia genética em células germinativas (células que se diferenciam ou são segregadas no processo usual de reprodução e podem transmitir o seu material genético) é ainda mais controversa[17]. De uma forma geral, é verdade que a evolução desta terapia poderá evitar a propagação de uma doença genética dentro de uma dada família, mas também é verdade que o impacto desta abordagem continua amplamente desconhecido[18]. Em termos práticos, a aplicação desta terapia também pode ter consequências negativas no crescimento do feto, por interferência em várias vias inesperadas, ou pode promover efeitos a longo prazo, desconhecidos nesta fase.

---

[17] «Gene therapy» *in* U.S. National Library of Medicine. Disponível em: https://ghr.nlm.nih.gov/primer/therapy/ethics [consultado em 20 de Julho de 2017].

[18] King, N. M. P. e Bishop, C. E., New treatments for serious conditions: ethical implications, *Gene Therapy*, 2017. doi: 10.1038/gt.2017.32.

Existem hoje ferramentas capazes de editar ou regular os nossos genes. Umas destas ferramentas é conhecida por CRISPR-Cas9 e pode ser aplicada tanto em células somáticas como em células de linhas germinativas. A sua aplicação em células somáticas levanta dúvidas do ponto de vista ético, embora seja desejável quando enquadrada num contexto terapêutico. A razão risco/benefício da técnica, o desequilíbrio ecológico decorrente da sua aplicação, a regulação do consumo face aos interesses financeiros ou a aplicação para fins não terapêuticos (por exemplo, melhorar o desempenho de atletas, prevenir o comportamento violento ou diminuir os vícios) são questões cuja resposta envolve controvérsia e requer um debate social profundo. Por outro lado, a aplicação do sistema CRISPR-Cas9 em células de linhas germinativas é ainda mais controversa. Esta aplicação vem permitir o nascimento de indivíduos com qualidades desejadas, por substituição das qualidades indesejadas expressas geneticamente, mas também permite que estas alterações se propaguem às gerações futuras[19]. Actualmente, o risco de mutações genéticas imprevistas é maior do que os benefícios da terapia, algo que tem contribuído para atrasar a aplicação da técnica em células germinativas.

De uma forma geral, é relevante relembrar que o conhecimento sobre o funcionamento das células de linhas germinativas, a regeneração de tecidos ou os mecanismos de controlo da resposta imunitária é bastante limitado, levantando algumas preocupações sobre os efeitos indesejados da terapia genética a longo prazo[20]. Em resumo, a terapia

---

[19] Baltimore, D. [*et al.*], Biotechnology. A prudent path forward for genomic engineering and germline gene modification, *Science* 348, 2015: pp. 36–38; Bosley, K. S. [*et al.*], CRISPR germline engineering – the community speaks, *Nature Biotechnology* 33, 2015: pp. 478–486.

[20] Fischer, A., Gene therapy: Myth or reality?, *Comptes Rendus Biologies* 339, 2016: pp. 314–318.

genética tem um enorme potencial médico e clínico, mas levanta inúmeras questões éticas, que importa debater, de forma sólida e consistente, com os vários actores principais neste domínio da biotecnologia.

3.1.3. As vacinas

As vacinas convencionais consistem em formas enfraquecidas ou mortas do microrganismo responsável pela doença, introduzidas no organismo com vista a estimular a resposta do sistema imunitário. Esta resposta ocorre via produção de anticorpos, os agentes responsáveis pela resistência à doença. É a formação destes anticorpos que permite o reconhecimento de um microrganismo patogénico mais tarde, disparando a resposta imunitária e permitindo o combate à doença que este provocaria.

A vacinação constitui hoje a única forma de intervenção médica que eliminou eficazmente várias doenças. Em Portugal, o programa nacional de vacinação define as vacinas a tomar por cada indivíduo desde 1965 e tem sido um sucesso do ponto de vista da saúde da população em geral[21]. Passados 52 anos, este programa permitiu erradicar a varíola, eliminar a poliomielite, a difteria, o sarampo, a rubéola e o tétano neonatal e controlar o tétano, a *Neisseria meningitidis C*, a *Haemophilus influenzae*, a hepatite B, a parotidite epidémica, a tosse convulsa e a tuberculose.

---

[21] «Programa Nacional de Vacinação» *in* Serviço Nacional de Saúde, 2017. Disponível em: https://www.sns.gov.pt/wp-content/uploads/2016/06/programa_vacinacao_sns.pdf [consultado em Julho de 2017].

Não obstante, as vacinas colocam várias questões éticas, do seu desenvolvimento à sua aplicação[22]: quais as doenças que devem ser alvo de estudo para vacinação?; como planear e implementar a investigação nos respectivos ensaios clínicos?; como definir e promover os programas de vacinação que asseguram o acesso à população de vacinas por um longo prazo, de forma sustentável e segura?; como definir prioridades para regiões diferentes e entre países?; como é efectuada a avaliação da segurança e eficácia?; será necessário definir os padrões de eficácia e de segurança de uma dada população para uma dada vacina, de forma a promover uma relação risco/benefício mais adequada?; quais os direitos de cada indivíduo para decidir acerca da sua vacinação perante os direitos e riscos da sociedade em que se insere? Estão assim justificados inúmeros dilemas e controvérsias em torno da utilização das vacinas[23].

Em todo o caso, para a população em geral, o aspecto ético mais crítico prende-se com o incumprimento do programa de vacinação previsto, o qual coloca em risco a protecção individual, em particular, e a protecção da comunidade, em geral. Por exemplo, uma criança que não é vacinada por decisão dos pais e que contrai uma determinada doença coloca em risco a comunidade envolvente, incluindo crianças demasiado pequenas para serem vacinadas, as que não podem ser vacinadas por razões médicas ou aquelas que foram vacinadas e que não desenvolveram uma resposta imunitária eficaz. Na verdade, o sucesso de um programa de vacinação depende de todos, uma

---

22 Caplan, A. L. e Schwartz, J. L., «Ethics» *in* Plotkin, S. A.; Orenstein, W. A. e Offit, P. A. (eds.), *Vaccines*, 5.ª ed., Saunders, 2008, pp. 1677–1683.

23 Ulmer, Jeffrey B. e Liu, Margaret A., Ethical issues for vaccines and immunization, *Nature Reviews Immunology* 2, 2002: pp. 291–296.

vez que só se concretiza quando a maior parte da população se encontra vacinada[24].

A objecção ao cumprimento de um programa de vacinação é maioritariamente parental e pode ter vários motivos. As preocupações mais correntes[25] incluem a presença de alguns ingredientes cujo efeito pode ser duvidoso, o risco de efeitos adversos, o sobrecarregar do sistema imunitário com a administração de inúmeras vacinas de uma só vez, o número elevado de vacinas administradas, a dor decorrente da vacinação e a sua possível ligação a casos de autismo (sem fundamento científico inequívoco), alergias ou respostas auto-imunes[26]. Pode também verificar-se ausência de vacinação por motivos religiosos ou por outras crenças que entram em conflito com a vacinação, ou ainda pelo simples facto de um programa nacional ser obrigatório. Esta obrigatoriedade infringe a liberdade de cada indivíduo e o direito à sua autonomia[27], estando na origem de opiniões divergentes dentro das várias sociedades que se confrontam hoje com este tema. A questão da autono-

---

[24] Omer, S. B. [*et al.*], Vaccine refusal, mandatory immunization, and the risks of vaccine-preventable diseases, *The New England Journal of Medicine* 360, 2009: pp. 1981–1988.

[25] Rodrigues, L. C., «Vacinas e objectores de consciência» *in Observador*, Saúde Pública, 2014. Disponível em: https://observador.pt/opiniao/vacinas-e-objectores-de-consciencia/.

[26] Hull, B. P. [*et al.*], Reasons for incomplete immunisation among Australian children: A national survey of parents, *Australian Family Physician* 33, 2004: pp. 568–571; Mills, E. [*et al.*], Systematic review of qualitative studies exploring parental beliefs and attitudes toward childhood vaccination identifies common barriers to vaccination, *Journal of Clinical Epidemiology* 58, 2005: pp. 1081–8; Freed, G. L. [*et al.*], Parental vaccine safety concerns in 2009, *Pediatrics* 125, 2010: pp. 654–9.

[27] Salmon, D. A. e Omer, S. N., Individual freedoms versus collective responsibility: Immunization decision making in the face of occasionally repeating values, *Emerging Themes in Epidemiology* 3, 2006: pp. 1–3.

mia não é, porém, evidente quando a objecção de vacinação se aplica a crianças[28], que vêem os seus protectores decidirem por si algo que pode afectar negativamente a sua vida e a de outros, sem uma fundamentação científica sustentável.

De facto, a objecção à vacinação é discutida porque a incidência de algumas doenças é muito reduzida ou inexistente, o que decorre da própria vacinação. Considera-se que, por um lado, a oposição à vacinação seria quase inexistente se estivéssemos na presença de epidemias com elevadas taxas de mortalidade; por outro, que a percepção do risco da vacinação é cada vez mais evidente, porque os benefícios decorrentes da imunização se tornam cada vez menos óbvios (face aos enormes progressos da vacinação e à cada vez menor probabilidade de contrair a doença para a qual a maioria da população já foi imunizada).

Parece evidente que os pais que recusam vacinar os seus filhos consideram que as vacinas são inseguras e ineficazes e que a incidência das doenças envolvidas não é suficientemente séria para aceitar os riscos associados à vacinação. De uma forma geral, estes pais não confiam nem nos cuidadores de saúde nem em governos, acedendo a fontes não oficiais disponíveis online e orientadas contra a vacinação[29]. É hoje certo que os indivíduos que exercem um reivindicado direito à objecção, seja por que motivo for, apresentam um maior risco de contrair várias

---

[28] Fernbach, Alison, Parental rights and decision-making regarding vaccinations: Ethical dilemmas for the primary care provider, *Journal of the American Academy of Nurse Practitioners* 23, 2011: pp. 336–345.

[29] Brown, K. F. [*et al.*], Factors underlying parental decisions about combination childhood vaccinations including MMR: A systematic review, *Vaccine* 28, 2010: pp. 4235–48; Larson, H. J. [*et al.*], Measuring vaccine confidence: Introducing a global vaccine confidence index, *PLOS Currents*, 2015. Disponível em: https://doi.org/10.1371/currents.outbreaks.ce0f6177bc97332602a8e3fe7d7f7cc4.

doenças, colocando-se a si próprios em risco e aumentando também o risco da população em geral[30], problematizando a questão dos limites da liberdade individual face à saúde pública de uma população. Neste contexto, parece necessário um debate profundo entre promotores de saúde, com especial atenção para pediatras, investigadores independentes, com experiência em vacinas, e especialistas no domínio da ética. Será importante produzir informação sólida e independente, de forma a permitir uma decisão informada por parte de cada um e compatibilizar interesses individuais e sociais.

3.1.4. A medicina personalizada

A medicina personalizada diz respeito à implementação de um tratamento médico personalizado, dirigido às características específicas de cada indivíduo, o que se tornou possível recorrendo à informação genética de cada um, de forma a identificar uma condição particular ou a desenhar tratamentos individualizados[31]. A medicina personalizada assenta na farmacogenética, na qual é utilizada a informação presente no genoma para produzir fármacos ou monitorizar a variabilidade da sua actuação. O suporte desta abordagem surge da variabilidade de resposta a fármacos observada para diferentes grupos populacionais, separados comummente por raça, etnia ou geografia. Esta variabilidade está associada a variantes genéticas ligadas a mutações que alteram os receptores de drogas, percursos metabólicos ou enzimas. Neste sentido, espera-se que a medicina personalizada possa revolucionar os cuidados

---

[30] Feikin, D. R. [*et al.*], Individual and community risks of measles and pertussis associated with personal exemptions to immunization, *JAMA* 284, 2000: pp. 3145–3150.

[31] Ver nota 11.

de saúde, tornando-os mais seguros, baratos e eficientes do ponto de vista clínico.

Os estudos dirigidos ao efeito dos genes num dado paciente, para a obtenção da melhor relação entre a resposta e o tipo//quantidade de fármaco, são hoje uma realidade, cuja implicação benéfica é já patente no tratamento do cancro. Por exemplo, o fármaco trastuzumab, aprovado desde 1998 e utilizado em pacientes com cancro da mama, é hoje apenas administrado ao subgrupo que apresenta a sobreexpressão do receptor de proteínas HER2[32]. Existem, também, vários estudos que pretendem relacionar os genes expressos com a capacidade de contrair um dado tipo de cancro ou de reincidir na doença.

Outra aplicação nesta área reporta-se a um teste sanguíneo que extrai informação genética do paciente, relativa à sua velocidade de metabolização de alguns fármacos, tendo em vista ajustar a dose a administrar. O teste em causa, o AmpliChip®, é um sistema que analisa os genes da família do citocromo P450 envolvidos na metabolização de fármacos e de outros compostos[33]. As variações neste gene afectam a velocidade de metabolização dos fármacos, podendo variar entre muito rápida ou inexistente, pelo que a dose de cada fármaco deve ser devidamente ajustada.

Existem também terapias identificadas como mais eficazes em alguns grupos populacionais[34]. Como exemplo bem conhecido, os compostos isossorbida e hidralazina são hoje em dia utilizados na insuficiência cardíaca de pacientes da

---

[32] Slamon, D. [*et al.*], Adjuvant Trastuzumab in HER2-Positive Breast Cancer, *The New England Journal of Medicine* 365, 2011: pp. 1273–1283.

[33] Rebsamen, M. C. [*et al.*], The AmpliChip CYP450 test: cytochrome P450 2D6 genotype assessment and phenotype prediction, *The Pharmacogenomics Journal* 9, 2009: pp. 34–41.

[34] Winickoff, D. E. e Obasogie, O. K., Race-specific drugs: regulatory trends and public policy, *Trends in Pharmacological Sciences* 29, 2008: pp. 277–279.

comunidade negra[35]. Outros efeitos associados a diferentes grupos raciais e étnicos estão também devidamente identificados e resultam de múltiplos factores, entre os quais a variabilidade genética associada[36].

No contexto da medicina personalizada, é provável que, no futuro, a informação genética de cada indivíduo faça parte do seu registo clínico e que o seu estado de saúde seja avaliado/ /complementado por monitorização dessa informação, em casa ou em contexto clínico[37]. Objectivamente, esses registos devem estar guardados em segurança e os hospitais servirão como serviço de informação, de diagnóstico e de tratamento.

Ante o exposto, parece evidente que a medicina personalizada não pode ser nunca dissociada de aspectos éticos relevantes. No topo, podem considerar-se as expectativas exageradas que esta terapia poderá/deverá ter gerado. A medicina personalizada foi antecipada há mais de 20 anos, por Leroy Hood, no contexto da «medicina P4» (medicina Preditiva, Preventiva, Personalizada e Participativa[38]), surgindo com promessas de uma nova abordagem na saúde que originaria uma revolução na medicina. Até hoje, esta abordagem parece ser difícil de concretizar, sobretudo porque os sistemas biológicos se revelaram mais complexos do que o antecipado, havendo ainda muitas falhas na informação produzida.

---

[35] Hammermeister, K. E. [*et al.*], Effectiveness of hydralazine/isosorbide dinitrate in racial/ethnic subgroups with heart failure, *Clinical Therapeutics* 31, 2009: pp. 632–43.

[36] Ramamoorthy, A. [*et al.*], Racial/ethnic differences in drug disposition and response: review of recently approved drugs, *Clinical Pharmacology and Therapeutics* 97, 2015: pp. 263–73.

[37] Chen, R. e Snyder, M., Systems biology: personalized medicine for the future?, *Current Opinion in Pharmacology* 12, 2012: pp. 623–628.

[38] Hood, L. e Flores, M., A personal view on systems medicine and the emergence of proactive P4 medicine: predictive, preventive, personalized and participatory, *New Biotechnology* 29, 2012: pp. 613–624.

As limitações relacionadas com os recursos são também uma questão relevante do ponto de vista ético. A personalização é difícil de implementar, sendo demasiado cara para ser acessível a todos. Além disso, as falhas actuais na monitorização da variabilidade genética podem conduzir a procedimentos que não representam o melhor interesse do indivíduo ou que colocam em causa a equidade do sistema[39]. Outra questão ética prende-se com a percepção desajustada da população em geral face a esta medicina. O facto de a sua implementação passar pela estratificação da população poderá contribuir para acentuar a discriminação entre os vários grupos e subgrupos populacionais. A questão da segurança e da manipulação dos dados (*big data*) associados a cada indivíduo é também uma questão de enorme relevância no contexto actual[40].

Por último, importa ressaltar que a implementação prática da medicina personalizada está rodeada de vários interesses comerciais que podem não coincidir com os melhores interesses de cada um ou da sociedade em geral. Neste contexto, levanta-se a questão do consumo de produtos médicos e da preferência do consumidor em relação às várias alternativas disponíveis, algumas online, e com apelos ao seu consumo. Não se espera que cada indivíduo (e consumidor) esteja sempre na posse de toda a informação necessária para lidar da melhor forma com um produto de saúde adquirido (por exemplo, dose ou frequência de administração). Por outro lado, a decisão pessoal que substancia cada escolha é muitas vezes condicionada por operadoras de seguros de saúde, através de preços ou protocolos. Esta prática de consumo questiona,

---

[39] McClellan, K. A. [*et al.*], Personalized medicine and access to health care: potential for inequitable access?, *European Journal of Human Genetics* 21, 2013: pp. 143–147.

[40] Gymrek, M. [*et al.*], Identifying personal genomes by surname inference, *Science* 339, 2013: pp. 321–324.

também, o balanço entre os valores da escolha individual e os da solidariedade social e da obrigação mútua, implícitos nos sistemas de saúde nacionais, através dos quais é responsabilidade de cada um cuidar da saúde de todos, mesmo daqueles com os quais não temos nenhuma relação directa.

3.2. Aplicações em produtos agrícolas e alimentares

As aplicações da biotecnologia nos sectores agrícola e alimentar ocorrem há milhares de anos, através de técnicas nem sempre compreendidas pelo homem, nomeadamente a utilização de leveduras na produção de pão e fabrico de vinho e cerveja (cerca de 4000 a 2000 anos a. C.) ou de coalhada de soja no tratamento de furúnculos (500 a. C.). O primeiro insecticida surge no século I sob a forma de crisântemos em pó.

Contemporaneamente, o milho híbrido é comercializado em 1933; em 1985 são efectuados ensaios em campo com as primeiras plantas transgénicas resistentes a insectos, bactérias e vírus; em 1987 é testada uma bactéria recombinante (Frostban) preparada para inibir a formação de gelo nas plantas; em 1990 a biotecnologia é usada para obtenção de milho resistente a insectos; em 1994 a agência americana FDA aprova a primeira comida recombinante para consumo humano, tomates (Flavr Savr) modificados por engenharia genética; em 1994 é introduzida nos Estados Unidos da América (EUA) uma hormona artificial geneticamente manipulada para injectar em vacas leiteiras e aumentar a produção de leite – apesar da oposição de cientistas, agricultores e consumidores, os EUA permitem que as vacas leiteiras sejam injectadas com hormona de crescimento bovino recombinante (rBGH), também conhecida como somatotropina bovina recombinante (rBST); em 1997 são comercializadas sementes de soja resistentes a ervas daninhas e algodão resistente a insectos.

Outros exemplos da utilização da biotecnologia na modificação genética de plantas e de animais incluem: introdução de genes humanos em animais laboratoriais, para estudo da acção desse gene; alterações das propriedades nutricionais de plantas; transformação de plantas em fábricas farmacêuticas, para produção de fármacos ou vacinas edíveis; produção de fruta com amadurecimento retardado; utilização de culturas e animais resistentes a doenças; produção de plantas com resistência melhorada a períodos de seca; ou a produção de plantas transformadas para remoção de poluentes em terrenos contaminados.

O mercado oferece actualmente diversos alimentos geneticamente modificados por biotecnologia, incluindo batatas, beringelas, morangos, cenouras e peixes, como o salmão. O apelo e a propensão para o desenvolvimento de alimentos geneticamente modificados por biotecnologia surgem de desafios em lidar com o aumento da população mundial e das respectivas necessidades alimentares, a par do decréscimo de terrenos aráveis e do reconhecimento das limitações das técnicas convencionais e modernas de reprodução animal ou vegetal. A geração de culturas geneticamente modificadas por biotecnologia recorre às seguintes técnicas: (i) transferência directa de ADN exógeno por bombardeamento de partículas, electroporação, microinjecção, etc.; (ii) transferência indirecta através de veículo bacteriano transportador do ADN exógeno; (iii) ou edição directa do ADN genómico com recurso à moderna técnica de CRISPR-Cas9.

No contexto actual, podem apontar-se vários benefícios decorrentes dos alimentos geneticamente modificados[41]:

---

[41] Zhang, C.; Wohlhueter, R. e Zhang, H., Genetically modified foods: A critical review of their promise and problems, *Food Science and Human Wellness* 5, 2016: pp. 116–123.

agronómicos, ao permitir poupar/evitar terreno arável, fertilizantes, irrigação ou desflorestação; económicos, pelo aumento do rendimento devido aos avanços genéticos e à resistência a pestes e ervas daninhas e ao concomitante decréscimo dos custos de produção (menores quantidades de pesticidas e herbicidas); para a saúde, pela alteração da composição química de alimentos de forma a enriquecê-los em determinados nutrientes ou substâncias com valor terapêutico ou saudável (vitaminas, ácidos gordos insaturados, celulose alimentar, probióticos); no processamento alimentar, em que a alteração genética permite abrandar o amadurecimento, possibilitando aumentar o tempo em prateleira de frutas ou melhorar a estabilidade e factores de brilho, tornando a aparência mais atraente; para produtos para fins terapêuticos, em que alimentos transgénicos são preparados como alternativas orais a vacinas.

Existe, contudo, um debate significativo, principalmente centrado nas incertezas dos potenciais efeitos adversos decorrentes da utilização de alimentos geneticamente modificados por biotecnologia na saúde humana e na segurança ambiental. Além disso, a comunidade científica tem dificuldade em: explicar ao público, de forma concisa, as técnicas biológicas envolvidas; explorar as preocupações sobre a disseminação inadequada desses alimentos; enunciar os princípios éticos inerentes ao processamento tradicional de alimentos; esclarecer as dúvidas relativas à avaliação adequada desses alimentos. De entre os riscos de saúde associados aos alimentos geneticamente modificados destacam-se as questões de toxicidade, alergenicidade e perigos genéticos (casos do milho «Starlink», melhorado para resistir a insectos, que provocava uma alergia nas pessoas, e da soja transgénica enriquecida com o aminoácido metionina obtido de um gene de noz brasileira). Acrescem aqui diversos riscos ecológicos como a selecção natural de espécies resistentes e mais bem adaptadas como, por exemplo, insectos e ervas daninhas preparados para responder à pressão humana nos seus *habitat*; a interrupção da cadeia alimentar a partir da qual os insectos passam a privilegiar outras espécies, o mesmo se verificando com os seus predadores e assim sucessivamente até ao topo da cadeia; ou, em sentido contrário, com os resíduos das plantas modificadas a gerarem efeitos negativos nos microrganismos do solo. O desenvolvimento de resistências a antibióticos é outro risco apontado. Os antibióticos são comummente usados como marcadores de selecção nas etapas de transfecção genética em bactérias, podendo transferir genes da resistência a antibióticos para as bactérias da microflora intestinal humana ou animal.

São muitas as dúvidas e as questões por responder na utilização de alimentos e organismos geneticamente modificados (OGM). A tabela que se apresenta elenca um conjunto de questões que Jonathan Morris coloca no seu livro *The Ethics of Biotechnology*, com possível impacto nos domínios ético, religioso, filosófico, científico, económico ou político[42].

[42] Morris, J., *The Ethics of Biotechnology, Biotechnology in the 21st century*, Nova Iorque, Chelsea House Publishers, 2006, ISBN-10: 0-7910-8520-1.

	Ética	Religiosa	Filosófica	Científica	Económica	Política
A criação de OGM contraria a vontade de Deus?		x				
É moralmente aceitável modificar geneticamente um organismo?	x	x	x			
Qual a probabilidade de as modificações genéticas serem prejudiciais?				x		
É prudente arriscarmos em alterações genéticas, dado o nosso nível actual de compreensão da tecnologia?	x					
O público deve ter uma opinião sobre a sua vontade de assumir o risco?	x					
Os produtos de OGM devem ser rotulados para que o público possa optar por usá-los ou não?	x				x	
Que risco será aceitável para o ambiente natural se pudermos alimentar pessoas famintas?	x					
Qual o lucro aceitável na venda de OGM para agricultores e consumidores?	x				x	
Se as modificações genéticas tiverem efeitos prejudiciais, quem será responsável por corrigir o problema?	x				x	x
O mundo pode chegar a um consenso sobre se os OGM devem ou não ser criados e utilizados?	x					x
Quem protege o interesse público e é possível confiar nessas pessoas para desempenharem eficazmente as suas responsabilidades?	x			x		x

3.3. Aplicações ambientais e industriais

A sustentabilidade industrial assenta no desenvolvimento de processos inovadores e eficientes que permitam reduzir os níveis de poluição e o consumo de recursos. Neste contexto, a biotecnologia presta um contributo essencial para o desenvolvimento de processos sustentáveis, nomeadamente pela redução ou eliminação de resíduos tóxicos, menor emissão de gases de efeito de estufa, menores consumos de água e energia, maior utilização de fontes renováveis, produção de produtos recicláveis ou biodegradáveis e menores custos de produção do que os processos químicos convencionais. A biotecnologia industrial é indispensável para a sustentabilidade industrial e ambiental.

Hoje, alguns processos biotecnológicos aplicados ao fabrico de produtos não alimentares, tais como solventes ou biocombustíveis, baseiam-se no uso de matérias-primas primárias (nomeadamente milho, trigo, arroz, cana-de-açúcar, etc.), entre os quais destacamos os solventes industriais, tais como o etanol e o ácido acético, há décadas disponíveis no mercado. O etanol é maioritariamente produzido a partir de milho e de cana-de-açúcar, matérias-primas que deveriam ser prioritariamente canalizadas para a indústria alimentar.

Com o aumento da população mundial, estima-se que até 2050 a necessidade de alimentos aumente pelo menos 70%[43]. A biotecnologia pode tornar a agricultura mais produtiva, actuando em diversos aspectos, nomeadamente no combate a doenças e na resistência das culturas alimentares a ambientes extremos, como temperaturas baixas e alta salinidade. Apesar destes novos melhoramentos introduzidos na agricultura,

[43] FAO (Food and Agriculture Organization), How to Feed the World in 2050, statistics. Disponível em: www.fao.org [consultado em Julho de 2017].

as necessidades alimentares vão potencialmente superar os recursos existentes. Será, então, eticamente aceitável usar o solo para a plantação de culturas alimentares, com o objectivo de serem utilizadas na produção de energia e de produtos químicos? A produção de alimentos e de biocombustíveis depende das mesmas fontes: solo, água e energia. A plantação de culturas alimentares para a produção de biocombustíveis e de outros químicos irá intensificar o problema de alocação de recursos, dado que a produção de biocombustíveis reduz as disponibilidades de solo, água e energia que podem ser usados para produção de alimentos.

É necessário fazer uma mudança de paradigma na utilização destas matérias-primas, dando prioridade ao seu uso na produção de produtos alimentares. Por isso, existe grande interesse a nível mundial no desenvolvimento de bioprocessos que usem como matérias-primas excedentes/subprodutos/ /resíduos industriais ou agro-alimentares (matérias-primas de segunda e terceira geração), contribuindo para a resolução de um problema ético relacionado com a escassez de alimentos, ou, pelo menos, para reduzir a pressão sobre as culturas alimentares.

Os maiores constrangimentos no uso destas matérias-primas de segunda e terceira geração resultam da sua complexidade e heterogeneidade da sua composição. De facto, muitas das matérias-primas de segunda geração são constituídas por biomassa lenho-celulósica, que necessita de um pré-tratamento para a obtenção de açúcares. Por exemplo, o etanol pode ser produzido a partir de resíduos, tais como palha de trigo, carolo, madeira, etc., usando, numa primeira etapa, enzimas como forma de hidrólise da estrutura lenho-celulósica e consequente produção de açúcares, seguida da fermentação.

Outra fonte praticamente inesgotável de recursos são os oceanos. A biotecnologia marinha tem um papel fundamental na exploração deste potencial. A produção de novos compostos com interesse industrial e ambiental a partir de recursos marinhos (por exemplo microalgas), usando processos biotecnológicos, tem merecido grande interesse mundial.

Além disso, a biotecnologia industrial contribui de forma muito importante para a minimização dos problemas de poluição ambiental. Um dos exemplos mais actuais é a acumulação de plásticos não biodegradáveis no ambiente (aterros, oceanos, etc.), que persistem por longas décadas nestes locais causando graves problemas de contaminação. A biotecnologia tem tido um papel fundamental na produção de plásticos biodegradáveis a partir de resíduos, permitindo minimizar a dependência do petróleo e de outras fontes não renováveis, produzir menos resíduos tóxicos, reduzir o volume de resíduos em aterros, minimizar o consumo de energia, a emissão de gases com efeito de estufa e aproveitar recursos naturais. Todos estes factores contribuem para tornar o preço final do produto mais competitivo, aumentar a sua penetração no mercado e a gradual substituição dos plásticos sintéticos. A produção de biopolímeros microbianos de diferentes características (termoplásticos, hidrocolóides, etc.) e as suas aplicações têm sido demonstradas usando vários tipos de resíduo, o que comprova o enorme potencial dos processos biotecnológicos num conceito de uma economia circular (estratégia que assenta na redução, reutilização, recuperação e reciclagem de materiais e energia).

A biotecnologia ambiental é usada na biodegradação de poluentes e recuperação de resíduos, mas também como forma de desenvolvimento de produtos para monitorização do ambiente e redução dos impactos ambientais tais como biossensores, biopesticidas, biofertilizantes e biocombustíveis. Até há pouco tempo, considerava-se que as estações de tratamento de efluentes tinham como objectivo único fazer o tratamento dos efluentes de modo a minimizar os impactos ambientais. Hoje assiste-se a uma mudança de paradigma:

encara-se as estações de tratamento com uma missão adicional, de forma que, além de tratarem dos resíduos, valorizem também, tanto quanto possível, os recursos existentes. Assim, por exemplo, verifica-se que: tecnologias bem desenvolvidas são capazes da remoção biológica de fósforo, complementada com a sua recuperação; as lamas biológicas podem ser utilizadas para produção de biogás, o qual é usado como fonte de energia ou para a extracção de biopolímeros com interesse comercial. Estes exemplos mostram que a biotecnologia tem já hoje um papel fundamental na sustentabilidade do nosso planeta, permitindo o desenvolvimento de processos para a remoção da poluição ambiental, aproveitamento e valorização de excedentes/resíduos e produção de novos produtos. E este seu papel continuará a aumentar em importância à medida que os processos e produtos de origem biotecnológica se tornem mais competitivos.

4. Considerações finais

Os avanços da biotecnologia permitiram que a sociedade ganhasse um conhecimento sem precedente e que vários cenários de avanços tecnológicos fossem gerados ao longo dos tempos. Hoje é possível saber qual a terapia mais adequada no contexto de um determinado cancro, criar veículos que transportam fármacos até ao tipo de células desejado, produzir plantas mais resistentes às pragas e com maior produtividade, proporcionar autonomia aos diabéticos através do controlo individual da glucose, produzir energia a partir do sol, da água, do vento ou de materiais orgânicos, enfim, um sem-número de mudanças que consubstanciam a tremenda evolução da biotecnologia nas últimas décadas.

Todo este conhecimento biotecnológico e novas práticas estão envoltos em várias fragilidades de natureza ética, algumas de carácter individual e outras de carácter social, que podem fracturar uma sociedade pouco informada. Fará sentido clonar o animal de estimação que morreu, porque foi insuportável aceitar a sua perda? E, já agora, porque não clonar um pai ou uma mãe ou um irmão? E porque não melhorar geneticamente um filho, para que ele venha a possuir características superiores aos demais? Será que algumas plantas ou animais mutantes não poderiam ser úteis à sociedade em geral? Por que razão insistimos em melhorar a eficácia dos pesticidas sabendo que, paralelamente, se formam insectos cada vez mais resistentes? Por que razão continuamos a usar combustíveis fósseis, cujo impacto nas alterações climáticas é evidente, sendo este um ponto crítico para a sobrevivência do planeta e da Humanidade a longo prazo? Poderemos consumir materiais que servem de alimento na produção de energias alternativas às energias fósseis? Porque será que alguém pensou em armas biológicas para dizimar de forma severa outros seres humanos? Haverá sempre algum indivíduo na sociedade a responder afirmativamente a estas questões, que, para a maioria da população, são peremptoriamente contrárias aos interesses da sociedade e dos seus indivíduos. Em boa verdade, tudo depende de quem as considera, da sua experiência, da sua sensibilidade e dos seus interesses pessoais.

Seja como for, fica aqui patente o enorme potencial evolutivo da biotecnologia e a responsabilidade que recai sobre cada um de nós para identificar o melhor caminho para este progresso, esclarecendo como pode ou não pode, ou melhor, como deve e não deve ser usada esta tecnologia. Para o efeito, bastará, possivelmente, responder a outra questão bem simples. Que tipo de futuro queremos nós? Responder a esta questão requer, certamente, conhecimento. Um conhecimento centrado na educação pública e na comunicação do risco científico. É importante envolver a população em geral, fornecendo informação sólida sobre os benefícios, as incertezas e os riscos da biotecnologia, debatendo com transparência todos estes conceitos, de forma a impedir a propagação fácil de informação pouco fundamentada e reforçar a confiança de cada um na ciência e na (bio)tecnologia. O conhecimento é efectivamente uma peça vital neste sistema, para que cada um de nós possa contribuir para uma definição apropriada e sustentada do nosso futuro, numa opinião convergente que una a população em vez de a dividir.

Em resumo, a biotecnologia oferece novas possibilidades tecnológicas, originando novos cenários e alternativas à nossa sociedade, impensáveis há poucos anos. Falta agora aprofundar o conhecimento destas alternativas, quer das que já hoje são plausíveis, quer das emergentes, para que cada um de nós possa emitir uma opinião devidamente fundamentada, contribuindo para percorrer o caminho rumo ao futuro que queremos.

Referências e leituras recomendadas

Morrey, John D. e Sherlock, Richard (eds.), *Ethical Issues in Biotechnology*, Oxford: Reino Unido, Rowman and Littlefield Publishers, 2002.

Morris, Jonathan (org.), *The Ethics of Biotechnology, Biotechnology in the 21st Century*, Nova Iorque, Chelsea House Publishers, 2006.

National Academy of Sciences, Engineering and Medicine e Committee on Human Gene Editing: Scientific, Medical, and Ethical Considerations, *Human Genome Editing: Science, Ethics, and Governance*, Washington, D. C., The National Academies Press, 2017.

Parekh, Sarah R. (org.), *The GMO Handbook: Genetically Modified Animals, Microbes, and Plants in Biotechnology*, Totowa: Nova Jérsia, Humana Press, 2004.

TWINE, Richard, *Animals as Biotechnology: Ethics, Sustainability and Critical Animal Studies*, [*s.l.*], Earthscan Publications, 2010.

VERMA, Ashish e SINGH, Anchal, *Animal Biotechnology*, [*s.l.*], Academic Press, Elsevier, 2013.

Nanotecnologias e nanoética

João Rocha

CICECO – Instituto de Materiais de Aveiro, Departamento de Química da Universidade de Aveiro

O pintor Salvador Dalí representou de forma sublime o progresso humano na manipulação da matéria em dimensões cada vez menores[1]. Num dos seus mais importantes quadros do período do misticismo nuclear, pintado em 1952, *Galatea de las Esferas*, Dalí decompôs a sua amada musa, Gala, em esferas atómicas: o rosto sereno, desmaterializando-se numa chuva de partículas frágeis, flutuando para tomar o seu lugar no universo maior, é uma clara referência ao fascínio do artista pela física nuclear[2]. No *Manifesto AntiMatéria* (1958), Dalí afirmou: «hoje, o mundo exterior (o da física) transcendeu o mundo da psicologia».

As nanotecnologias estudam fenómenos e manipulam materiais em escalas muitíssimo pequenas (atómica, molecular,

---

[1] JOACHIM, C., To be or not to be nano?, *Nature Materials* 4, 2005: pp. 107–109.

[2] http://www.ngv.vic.gov.au/dali/salvador/resources/daliandscience.pdf.

macromolecular), que apresentam propriedades significativamente diferentes daquelas que exibem em escalas maiores: a unidade de comprimento de referência nas nanotecnologias é o nanómetro (nm), ou seja, a milionésima parte do milímetro; a espessura de um cabelo humano mede cerca de 80 000 nm. Segundo o Jornal Oficial da União Europeia (2011), por «"nanomaterial", entende-se um material natural, incidental ou fabricado, que contém partículas num estado desagregado ou na forma de um agregado, e em cuja distribuição número-tamanho 50% ou mais das partículas têm uma ou mais dimensões externas na gama de tamanhos compreendidos entre 1 nm e 100 nm» (uma vez que o nanomaterial pode conter partículas de várias dimensões)[3].

Note-se que neste artigo se utiliza o plural – «nanotecnologias» – e não o singular. Na verdade, as nanotecnologias não constituem uma única disciplina, com objectivos coerentes, nem dizem respeito a um único sector industrial. Resultam, antes, da convergência de muitas disciplinas, representando, de certo modo, uma evolução conceptual na forma como abordamos a complexidade do mundo, integrando os conhecimentos de um amplo leque de domínios, como a física, a química, a biologia, a engenharia, entre outros.

Como outras novas áreas do conhecimento aplicado, as nanotecnologias colocam problemas éticos, que este artigo pretende apresentar e discutir de forma breve e simples. O termo «nanoética» – porventura algo infeliz, mas muito disseminado na bibliografia internacional (*nanoethics*, *nanoéthique*...), razão pela qual o uso – defino-o aqui, de forma simples e concisa mas de grande amplitude, como o estudo dos assuntos e das questões éticas, sociais, ambientais, médicas, políticas,

---

[3] Jornal Oficial da União Europeia, Recomendação da Comissão de 18 de Outubro de 2011 sobre a definição de nanomaterial, *L 275*, 2011: pp. 38–40.

económicas e legais suscitados pelas nanotecnologias e nanociências. Dado que o assunto encerra uma dimensão científica importante, sem a qual é difícil compreender os dilemas que a nanoética estuda, a primeira parte do texto apresenta uma, necessariamente curta, resenha histórica da relação da Humanidade com os nanossistemas.

1. Breve história das nanotecnologias

1.1. Período do «nanoempirismo»

Apesar do estudo de fenómenos e a manipulação racional de materiais em escalas de 1 nm a 100 nm ser uma conquista do século XX, é verdade que, de forma empírica, sem compreensão dos fenómenos envolvidos, há dois mil anos, ou mais, que diversas civilizações fazem bom uso prático de partículas com tais dimensões. Destacam-se alguns exemplos.

Século IV – Taça de Licurgo (Roma)

Feita de vidro dicróico, esta taça usada para beber em ocasiões festivas está coberta de cenas representando a morte do rei Licurgo. O vidro contém nanopartículas, com 50 nm–100 nm, de ouro e prata (na forma de liga), sendo a taça verde quando reflecte a luz (ao ser iluminada a partir do exterior) e vermelha e translúcida quando a luz a atravessa (iluminação interior). O relato do estudo detalhado, pela ciência moderna, do vidro da taça de Licurgo é absolutamente fascinante e revela que o material possui grande complexidade[4].

---

[4] FREESTONE, I. [*et al.*], The Lycurgus cup – a Roman nanotechnology, *Gold Bulletin* 40, 2007: pp. 270–277.

Séculos XIII a XVIII – Sabres de Damasco

O aço das lâminas dos sabres muçulmanos de Damasco tinha características muito superiores às do aço forjado na Europa. Aqueles sabres eram flexíveis, mas tão duros e fortes, que, diz a lenda, podiam atravessar as armaduras dos cruzados. As lâminas ostentavam belos desenhos ondulados, como se água escorresse por elas. Os artesãos europeus nunca conseguiram reproduzir o processo de fabrico deste aço, cujo segredo acabaria por se perder algures no final do século XVIII.

Embora o aço dos sabres de Damasco tenha sido muito estudado, só em 2006 se compreendeu a razão de ser das suas notáveis propriedades, quando um grupo de investigadores da Universidade Técnica de Dresden analisou um excelente sabre do século XVII, atribuído ao famoso armeiro Assad Ullah[5]. O aço é uma liga metálica formada essencialmente por ferro e pequenas quantidades (0,008%–2,11%) de carbono, que dá rigidez ao material, mas que também o pode tornar quebradiço. Outros elementos como manganês, cobalto, vanádio, por exemplo, podem integrar as ligas de aço, melhorando as suas propriedades. O grupo alemão mostrou que o aço que estudou continha nanotubos de cementite, um composto de ferro e carbono (Fe_3C), encapsulados e protegidos por nanotubos de carbono. Supõe-se que a qualidade do aço dos sabres de Damasco se fica a dever quer ao processo de fabrico, quer à matéria-prima que teria como impurezas os elementos químicos «certos», nomeadamente para catalisar a formação dos nanotubos de carbono. A matéria-prima vinha da Índia, na forma de «bolachas» de aço conhecidas como *wootz*, mas o minério tornou-se escasso e com o tempo o fornecimento

---

[5] REIBOLD, M. [*et al.*], Carbon nanotubes in an ancient Damascus sabre, *Nature* 444, 2006: p. 286.

interrompeu-se, o que determinou o ocaso dos excepcionais sabres de Damasco.

1.2. Período pré-moderno

Século XIX – Michael Faraday e a cor rubi do ouro coloidal

Em 5 de Fevereiro de 1857, o notável experimentalista inglês Michael Faraday deu uma palestra, na Royal Society de Londres, em que discorreu sobre a interacção da luz com pequenas partículas metálicas. No entanto, o artigo baseado nesta palestra, que publicou posteriormente, foca-se sobretudo na formação, natureza e propriedades das dispersões de finas partículas de ouro (ou colóides) de cor rubi[6]. Além da estética, Faraday tinha uma outra motivação: confirmar (ou contestar) a teoria ondulatória da luz, que considerou «*a wonderful production of the human mind*». Para tal, julgou importante estudar a acção da luz sobre partículas cujas dimensões fossem pequenas (quando comparadas com o comprimento de onda da luz), tendo as de ouro surgido como a escolha óbvia, porque «os fenómenos conhecidos indicam que a mera variação do tamanho das partículas de ouro resulta numa gama de cores»[6]. O artigo de Faraday descreve experiências conduzidas com enorme rigor e imaginação e com uma actualidade notável, sendo considerado, por alguns, o nascimento da nanotecnologia moderna – o que, em todo o caso, se considera excessivo.

---

[6] Faraday, M., The Bakerian lecture: experimental relations of gold (and other metals) to light, *Philosophical Transactions of the Royal Society of London* 147, 1857: pp. 145–181, http://rstl.royalsocietypublishing.org.

1.3. Período moderno

Século XX – Lição de Feynman

Em 29 de Dezembro de 1959, o brilhante físico Richard Feynman deu uma famosa palestra na American Physical Society no California Institute of Technology, intitulada «There's Plenty of Room at the Bottom», publicada em 1960, e que é, sem dúvida, um dos momentos fundadores das nanotecnologias[7]. No início dessa palestra, Feynman esclarece: «quero falar sobre o problema da manipulação e do controlo das coisas em escalas pequenas». E para que não restassem dúvidas sobre o que queria dizer, aclara: «porque não podemos escrever os 24 volumes completos da *Encyclopedia Britannica* na cabeça de um alfinete?». Entretanto, esta questão suscitou a Feynman outras duas: como escrever e como ler letras que seriam muito pequenas. Três outras questões relacionadas, que Feynman formula no seu artigo, são: «O que aconteceria se pudéssemos organizar os átomos, um a um, da maneira que queremos?» (por exemplo, que propriedades se poderiam conferir aos materiais, por esta via); «que oportunidades nos criariam máquinas pequenas, mas móveis?»; «há alguma forma de tornar o microscópio electrónico mais potente?».

Século XX – Descoberta de novos microscópios

A última pergunta de Feynman foi respondida, em grande medida, em 1981, quando os cientistas da IBM em Zurique, G. Binnig e H. Rohrer, inventaram o Microscópio de Efeito de Túnel (*Scanning Tunneling Microscope*, ou STM).

---

[7] Feynman, R. P., There's Plenty of Room at the Bottom, *Engineering and Science*, Fevereiro de 1960: pp. 22–36, https://www.nature.com/nnano/journal/v4/n12/pdf/nnano.2009.356.pdf.

O aparecimento, em 1986, do Microscópio de Força Atómica (*Atomic Force Microscope*, ou AFM) levou ao desenvolvimento de um conjunto de novas técnicas de microscopia, conhecidas como Microscopias de Varrimento por Sonda (*Scanning Probe Microscopy*). Com o auxílio de um microscópio STM, em 1990, Eigler e Schweizer escreveram «IBM» posicionando, um a um, 35 átomos de xénon numa superfície de níquel, um verdadeiro marco da ciência do século XX[8]. Se a tutela do génio de Feynman emprestou prestígio às nascentes nanotecnologias, é a invenção destes microscópios que, na prática, desencadeia o início deste domínio do conhecimento.

Século XX – Pontos quânticos

Os «pontos quânticos» (*quantum dots*) são nanopartículas cristalinas, em geral de materiais semicondutores (como sulfuretos ou selenetos de cádmio, chumbo ou índio), cujas propriedades dependem acentuadamente da dimensão dos cristais, devido a efeitos quânticos. Por exemplo, ao contrário do verificado com os macrocristais correspondentes, as propriedades ópticas dos pontos quânticos variam muito impressivamente com a sua dimensão, tipicamente entre 2 e 10 nm (figura 1)[9]. A tecnologia de tais nanossistemas foi proposta em 1981 por Alexander Efros e Alexei I. Ekimov (A. F. Ioffe Physical-Technical Institute, Sampetersburgo), para pontos quânticos em matriz de vidro[10], e em 1985 por Louis Brus (Bell Laboratories), para pontos quânticos na forma de

---

[8] EIGLER, D. M. e SCHWEIZER, E. K., Positioning single atoms with a scanning tunnelling microscope, *Nature* 34, 1990: pp. 524–526.

[9] www.youtube.com/watch?v=LlPDyl53rZA.

[10] EKIMOV, A. I.; EFROS, A. L. e ONUSHCHENKO, A. A., Quantum size effect in semiconductor microcrystals, *Solid State Communications* 56, 1985: pp. 921–924.

colóides[11]. Os pontos quânticos são hoje usados como marcadores em *kits* de diagnóstico biomédico e em alguns televisores.

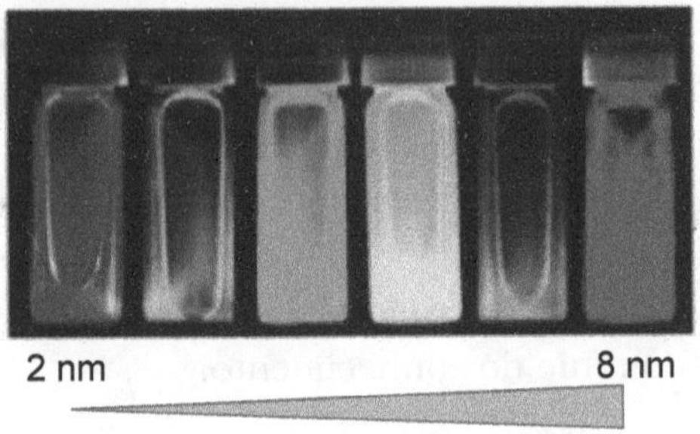

Figura 1: Fluorescência de pontos quânticos de seleneto de cádmio (CdSe), de dimensões entre 2 e 8 nm, sob irradiação de luz ultravioleta (suspensão aquosa). As diferenças de tonalidade; fortemente dependentes da dimensão das nanopartículas, devem-se a efeitos quânticos. Figura modificada de imagem publicada no sítio web do Prof. Bawendi, do MIT (http://nanocluster.mit.edu/research.php).

Século XX – Nanoesferas e nanotubos de carbono

A observação, por radioastrónomos, do espaço interestelar sugeriu a existência de cadeias de átomos de carbono nas estrelas chamadas gigantes vermelhas. Ao imitar, no laboratório, as condições existentes nessas estrelas para produzir tais cadeias de carbono, em 1985, Harold W. Kroto, Robert F. Curl e Richard E. Smalley acabaram por descobrir os fulerenos, uma nova forma do elemento carbono, além do diamante e

---

[11] Rossetti, R.; Nakahara, S. e Brus, L. E., Quantum size effects in the redox potentials, resonance Raman spectra, and electronic spectra of CdS crystallites in aqueous solutions, *The Journal of Chemical Physics* 79, 1983: pp. 1086–1088.

da grafite[12]. Por esta descoberta receberam o prémio Nobel da Química em 1986. A análise dos aglomerados de carbono, que se formaram ao incidir-se um impulso intenso de luz *laser* sobre uma superfície de grafite, revelou a presença de moléculas esféricas ou elipsoidais, exclusivamente constituídas por átomos de carbono. A molécula de fulereno mais conhecida tem 60 átomos de carbono e uma estrutura semelhante a uma bola de futebol, com 32 faces, 20 hexagonais e 12 pentagonais, e um diâmetro de 0,7 nm. Foi baptizada como buckminsterfulereno (ou futeboleno), em homenagem ao arquitecto americano Richard Buckminster Fuller, famoso pelas suas cúpulas geodésicas, formadas a partir de faces hexagonais combinadas com pentágonos. Conhecem-se outras moléculas de fulerenos com, nomeadamente, 70, 76, 84, 92 e 540 átomos de carbono.

Em 1993, Iijima e Ichihashi descobrem nanotubos ocos formados por carbono, com um diâmetro de cerca de um nanómetro[13].

Séculos XX e XXI – Máquinas moleculares: nanocarros e linhas de montagem de moléculas

Inspirados pela biologia, os químicos criaram uma cornucópia de dispositivos moleculares que funcionam como interruptores, rotores, motores e cremalheiras, nanocarros, etc.[14]. O prémio Nobel da Química de 2016 prestou tributo, precisamente, a este esforço criativo.

---

[12] Kroto, H. W. [*et al.*], C_{60}: Buckminsterfullerene, *Nature* 318, 1985: pp. 162–163.

[13] Iijima, S. e Ichihashi, T., Single-shell carbon nanotubes of 1nm-diameter, *Nature* 363, 1993: pp. 603–640.

[14] Peplow, M., March of the machines, *Nature* 525, 2015: pp. 18–21; Kudernac, T. [*et al.*], Electrically driven directional motion of a four-wheeled molecule on a metal surface, *Nature* 479, 2011: pp. 208–211; http://nanocar-race.cnrs.fr.

A mais complexa nanomáquina já construída é, provavelmente, a «linha de montagem» de moléculas de peptídeos (resultantes da ligação de dois ou mais aminoácidos), criada em 2013 pelo químico David Leigh da Universidade de Manchester[15]: uma máquina com um «nanobraço» que liga aminoácidos entre si, construindo um peptídeo (figura 2). O nanobraço está ligado a um anel molecular, que se desloca ao longo de um fragmento molecular linear ao qual estão ligados, espaçadamente, aminoácidos. O anel molecular move-se para uma dada posição, o nanobraço pega num aminoácido e liga-o a outro aminoácido do fragmento de peptídeo em crescimento. Depois, o anel move-se até ao próximo aminoácido e o processo repete-se. Esta «linha de montagem» é reminiscente (embora muitíssimo mais primitiva) do ribossoma, que constrói proteínas juntando aminoácidos numa sequência precisa, determinada pelo ácido ribonucleico.

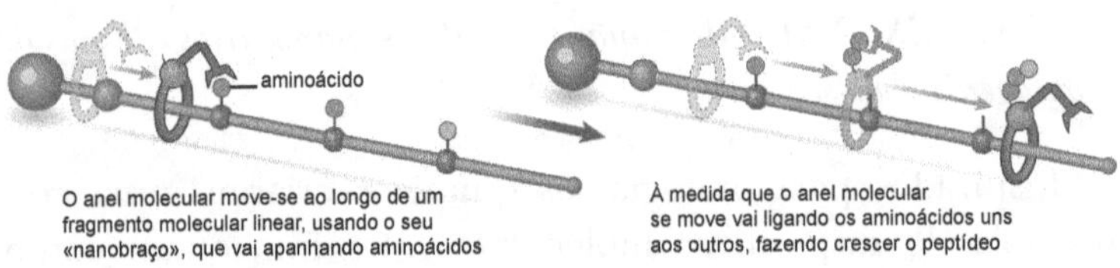

Figura 2: Esquema da «linha de montagem» de moléculas de peptídeos de David Leigh [15].

Século XXI – Nanopartículas no quotidiano

Eis alguns exemplos de produtos do dia-a-dia contendo nanopartículas. Devido às suas propriedades bactericidas, certos

[15] Lewandowski, B. [*et al.*], Sequence-specific peptide synthesis by an artificial small-molecule machine, *Science* 339, 2013: pp. 189–193.

sabões, instrumentos cirúrgicos e ligaduras usam nanopartículas de prata. No entanto, a sua eficácia tem sido questionada e os produtos poderão causar problemas ambientais. Muitos protectores solares contêm nanopartículas de óxido de zinco e de óxido de titânio, que absorvem, respectivamente, os raios ultravioleta A e B, protegendo a pele. O vestuário pode incorporar simultaneamente vários tipos de nanopartícula de prata, óxido de zinco e de titânio, com as propriedades já referidas, e de óxido de silício para evitar manchas e repelir a água. Certo equipamento desportivo, como raquetas de ténis e bicicletas, integram nanomateriais, como nanotubos de carbono (e por vezes nanopartículas de titânio), que aumentam consideravelmente a sua resistência e durabilidade. Milhares de toneladas de lubrificantes contendo nanopartículas de sulfureto de tungsténio são vendidos anualmente. Como já foi referido, os pontos quânticos estão presentes em alguns ecrãs de televisão de companhias como a Samsung, LG e Sony, produzindo cores vibrantes e consumindo menos energia.

2. Nanoética

2.1. Nanoética: porquê?

No início da década de 1980, a palavra «nanotecnologias» já se tinha vulgarizado e os cientistas questionavam-se sobre a possibilidade real de construir estruturas à escala molecular mediante o posicionamento preciso de átomos e fragmentos de moléculas. Tais elucubrações eram motivadas pelo reconhecimento de que os sistemas biológicos usam enzimas («máquinas moleculares») para cortar moléculas e colar fragmentos moleculares de forma altamente específica e selectiva.

Indo beber a esta fonte de inspiração, o cientista americano Eric Drexler propôs o fabrico de um dispositivo de associação molecular (*molecular assembler*): uma espécie de nanorrobô (ou *nanobot*) funcionando como os robôs (macroscópicos) numa linha de montagem automóvel[16]. Estes *nanobots* tomariam átomos e fragmentos de moléculas e colocá-los-iam em posições determinadas e precisas, construindo, assim, uma dada nanoestrutura. Uma vez que então, e tal como vimos, já eram conhecidos os microscópios STM e AFM, esta proposta não pareceu inteiramente improvável. Mas como construir os primeiros *nanobots*, dispositivos que são tão pequenos e complexos? A visão de Drexler era a de que eles se autoconstruiriam, partindo de modelos mais simples para chegar a outros mais complicados, tendo a capacidade de fazer cópias suas, ou seja, de se multiplicar. O cientista alertou, então, para a possibilidade de os *nanobots* poderem vir a proliferar de forma descontrolada, transformando a matéria das coisas à sua volta em novos *nanobots*. A esta massa informe de nanomáquinas em multiplicação descontrolada chamou *grey goo*. Drexler reuniu as suas ideias no livro intitulado *Engines of Creation: The Coming Era of Nanotechnology*, publicado em 1986. A maior parte dos cientistas não partilha do catastrofismo de Drexler, até porque os nanossistemas artificiais já fabricados são relativamente simples (como vimos, mesmo a mais complexa máquina molecular criada pela ciência, «linha de montagem» de moléculas de peptídeos, é muitíssimo primitiva quando comparada com o ribossoma). No entanto, a literatura de ficção científica encarregou-se de espalhar na sociedade o medo relativamente ao tema da nanotecnologia.

Em 2002, Michael Crichton publicou o livro *Presas*, cujo tom pode aperceber-se a partir do seguinte extracto[17]:

---

[16] Drexler, E., *Engines of Creation: The Coming Era of Nanotechnology*, Nova Iorque, Anchor Books, 1986.

[17] Crichton, M., *Presas*, [*s.l.*], Dom Quixote, 2004.

> Uma experiência realizada no deserto de Nevada tem um final terrível: uma nuvem de nanopartículas, capaz de se autossustentar e reproduzir, inteligente e que aprende com a experiência, escapa do laboratório. Está «viva» e foi programada para ser predadora. Evolui rapidamente, tornando-se mais mortal a cada hora que passa.

É neste contexto que surgem os primeiros *fora* dedicados à nanoética. Note-se, a propósito, que já antes se tinham afirmado outros domínios científicos geradores de questões éticas muito importantes, pelo que o debate sobre a nanoética beneficiou muito da aprendizagem feita em áreas como, por exemplo, a energia nuclear, os organismos geneticamente modificados, as células estaminais ou o aquecimento global. Parafraseando Ball (2003), quando a nanoética surgiu existia já um clima social que obrigava a que os debates éticos fossem um requisito fundamental para viabilizar as novas aplicações da ciência[18].

Talvez o artigo fundador da nanoética seja «"Mind the gap": science and ethics in nanotechnology», publicado em 2003 por Mnyusiwalla, Daar e Singer, da Universidade de Toronto, e cuja tese fundamental era[19]: «apesar do potencial impacto da nanotecnologia, escasseiam os estudos sérios publicados sobre as suas implicações éticas, legais e sociais; à medida que a ciência avança, a ética atrasa-se; as nanotecnologias poderão descarrilar se o estudo das suas implicações éticas, legais e sociais não acompanhar a dinâmica do desenvolvimento científico». Era, portanto, necessário eliminar o hiato existente entre a ciência e a ética das nanotecnologias («*mind the gap*», «atenção ao hiato»). Rapidamente surgiram dezenas

---

[18] Ball, P., Ethics at the nanoscale, *Nature Materials* 2, 2003: p. 299.

[19] Mnyusiwalla, A.; Daar, A. S. e Singer, P. A., «Mind the gap»: science and ethics in nanotechnology, *Nanotechnology* 14, 2003: R9–R13.

de monografias, livros, artigos, redes de cientistas, websites, projectos, etc., abordando as dimensões éticas, legais e sociais das nanotecnologias. Como, por exemplo: em 2004, a revista científica *Nanotechnology Law and Business Journal* (editada pela The Berkeley Electronic Press); em 2007, a *NanoEthics* (Springer); neste mesmo ano, o livro *Nanoethics: The Ethical and Social Implications of Nanotecnology* (Wiley); em 2010, *What Is Nanotechnology and Why Does It Matter?: From Science to Ethics* (Wiley-Blackwell); em 2014, *In Pursuit of Nanoethics* (Springer), e *Nanoethics: Big Ethical Issues with Small Technology* (Continuum).

Esta explosão de actividade não esteve isenta de alguma perversidade, podendo ter aberto, como notaram Nordmann e Rip em 2009, um novo hiato entre a ética e a ciência, devido ao facto de alguma nanoética se centrar em assuntos demasiadamente especulativos ou futuristas (por exemplo, nanodispositivos capazes de ler o pensamento), muito longe da realidade presente ou próxima[20]. Com efeito, acentuam aqueles autores, a investigação dos aspectos éticos e sociais das nanotecnologias deve gerar confiança, envolver o público, antecipar objecções e problemas e guiar o desenvolvimento responsável das nanotecnologias.

Um simples exercício bibliométrico mostra que ainda hoje há uma enorme diferença entre a produção científica em nanotecnologias e em nanoética. Recorrendo à Web of Science (*All Databases*) e usando como tópicos «nanoscience OR nanotechnology», obtêm-se 105 190 registos (na maioria artigos publicados em revistas científicas), 8952 dos quais só em 2016. Em contraste, usando os mesmos tópicos conjugados com «ethics OR nanoethics OR social», obtêm-se apenas

---

[20] Nordmann, A. e Rip, A., Mind the gap revisited, *Nature Nanotechnology* 4, 2009: pp. 273–274.

981 registos (73 em 2016), ou seja, cerca de cem vezes menos registos. A figura 3 revela que a produção científica na área se iniciou no virar do século, aumentando rapidamente até 2009, tendo vindo a decrescer desde então. Esta tendência suscita alguma preocupação, apesar de ser difícil assegurar que as palavras-chave (tópicos) usadas não deixam de fora alguns artigos relevantes. Estará o debate em nanoética a «passar de moda» ou, simplesmente, atingiu a sua maturidade?

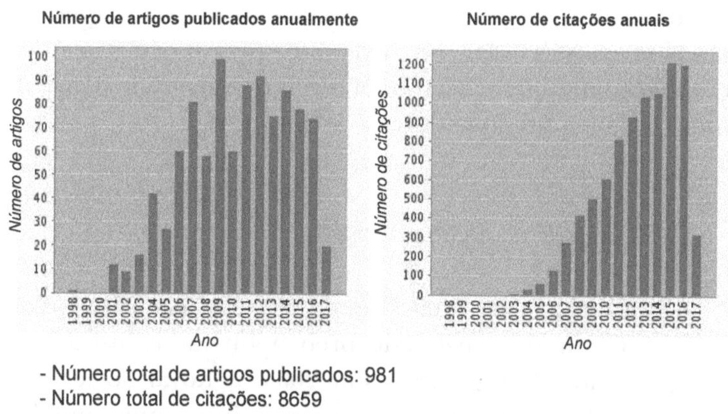

Figura 3: Produção científica em nanotecnologias e em nanoética obtida a partir da Web of Science (*All Databases*) e usando como tópicos «nanoscience OR nanotechnology» AND «ethics OR nanoethics OR social» (Maio de 2017).

Certamente, algumas das questões que a nanoética estuda são comuns a outros debates éticos, que a antecederam. A criação humana tem consequências não intencionais e imprevisíveis. Quando tentamos fazer previsões sobre as tecnologias, enganamo-nos quase sempre (é famosa a frase de 1977 de Ken Olsen, fundador da Digital Equipment

Corporation, «*There is no reason anyone would want a computer in their home*»). Como notaram Lin e Allhoff, «tecnologias como a pólvora, a imprensa escrita, a máquina fotográfica, o automóvel, a energia nuclear, o Prozac e o Viagra, o telefone portátil, ou a Internet, facilitaram a nossa vida, mas também modificaram a sociedade e causaram problemas. [...] A incerteza sobre o futuro não nos isenta da obrigação moral de investigar as possíveis questões, que antecipamos serem razoáveis ou relevantes»[21]. A nanoética resulta, sobretudo, da convergência de várias áreas da ética. Contudo, ainda segundo Lin e Allhoff, apesar da nanoética suscitar questões também consideradas, por exemplo, pela bioética ou pela ética da computação, ela estuda certas questões que dão, pelo menos, uma nova dimensão ao debate ético.

2.2. *Nanoética: da especulação à acção*

A translação das ideias e da especulação da nanoética para o mundo real cedo preocupou várias instituições e organismos de regulação: em 2004, a Royal Society e a Royal Academy of Engineering do Reino Unido publicaram um importante documento intitulado *Nanoscience and nanotechnologies: opportunities and uncertainties*, defendendo a necessidade de estudar os potenciais problemas de saúde, ambientais, sociais, éticos e regulatórios associados às nanotecnologias[22]; no mesmo ano, a Comissão Europeia publicou

---

[21] LIN, P. e ALLHOFF, F., Nanoscience and nanoethics: defining the disciplines, *in* ALLHOFF, F. [*et al.*] (eds.), *Nanoethics: The Ethical and Social Implications of Nanotechnology*, Nova Iorque, John Wiley & Sons, Inc., 2007, pp. 3–16.

[22] https://royalsociety.org/~/media/Royal_Society_Content/policy/publications/2004/9693.pdf.

um outro importante documento, *Towards a european strategy for nanotechnology*[23]; em 2008, a Comissão Europeia publicou o documento de grande alcance *On a code of conduct for responsible nanosciences and nanotechnologies research*, que sofreu algumas revisões posteriores[24]. Este código de conduta concerne não apenas aos Estados-Membros, mas também aos empregadores, organismos de investigação (financiamento), investigadores e a todos os cidadãos e às organizações não governamentais envolvidos ou interessados na investigação em nanotecnologias. Baseia-se em sete princípios gerais que regulam as actividades de investigação em nanociências e nanotecnologias, requerendo o respeito de todas as partes interessadas:

- Princípio do bem-estar público: exige que sejam compreensíveis para o público; respeitem os direitos fundamentais; a sua concepção, implementação, divulgação e utilização sejam conduzidas em prol do bem-estar dos indivíduos e da sociedade.
- Princípio da sustentabilidade: exige que sejam seguras, éticas e contribuam para um desenvolvimento ao serviço dos objectivos de sustentabilidade da Comunidade, e dos Objectivos de Desenvolvimento do Milénio das Nações Unidas, não prejudicando ou criando ameaças biológicas, físicas ou morais para as pessoas, os animais, as plantas e o ambiente, no presente ou no futuro.
- Princípio da precaução: exige que sejam conduzidas antecipando potenciais impactos ambientais, sanitários e de segurança, e tomando as devidas precauções.

---

[23] https://cordis.europa.eu/pub/nanotechnology/docs/nano_com_en_new.pdf.

[24] http://ec.europa.eu/research/science-society/document_library/pdf_06/nanocode-apr09_en.pdf.

- Princípio da inclusão (ou de democraticidade): exige que sejam geridas com base em princípios de abertura a todas as partes interessadas, transparência e respeito pelo legítimo direito de acesso à informação, de forma a permitir a participação nos processos de decisão de todas as partes interessadas.
- Princípio da excelência: exige que cumpram as melhores práticas científicas, incluindo as que sustentam a integridade da investigação e das práticas laboratoriais.
- Princípio da inovação: exige que decorram em ambiente propício à inovação, incentivando a criatividade, flexibilidade e capacidade de planeamento.
- Princípio da responsabilidade (*accountability*): exige que sejam realizadas por investigadores e organizações que sejam responsáveis pelos impactos sociais, ambientais e de saúde humana que os seus estudos poderão ter nas gerações presentes e futuras.

2.3. Nanoética: as várias dimensões

2.3.1. Ambiente, saúde e segurança

De acordo com o Nanosafety Cluster, uma iniciativa da Comissão Europeia, Direcção-Geral da Investigação e Inovação, Programa Tecnologias Industriais, há lacunas consideráveis no nosso conhecimento sobre os potenciais efeitos negativos das nanopartículas artificiais na saúde humana e no ambiente[25]. Uma melhor compreensão da toxicologia das nanopartículas, do seu destino e comportamento e do ciclo de vida dos produtos que contêm nanomateriais permitirá minimizar os riscos para os consumidores, trabalhadores e para o

---

[25] www.nanosafetycluster.eu.

ambiente, e desenvolver uma adequada estratégia de gestão de riscos. Estas preocupações levaram a Comissão Europeia, em 2013, a abrir uma consulta pública e a alterar os anexos do REACH (*Registration, Evaluation, Authorisation and Restriction of Chemicals*, o regulamento da União Europeia que visa melhorar a protecção da saúde humana e do ambiente face aos riscos que podem resultar dos produtos químicos) sobre nanomateriais, a fim de garantir maior clareza sobre a forma como os nanomateriais são tratados e a sua segurança demonstrada nos dossiês de registo. A Food and Drug Administration (FDA)[26] e a Environmental Protection Agency (EPA)[27] têm preocupações e estratégias semelhantes. A OCDE, por sua vez, testou 11 nanomateriais que estão actualmente em uso, ou estarão em uso em breve, nomeadamente: óxido de cério, dendrímeros, fulerenos, nanotubos de carbono (dois tipos), nanopartículas de ouro e de prata, de sílica, dióxido de titânio e óxido de zinco, nanoargilas[28].

2.3.2. Segurança, privacidade e transparência

Em 2002, Michael Mehta publicou um importante artigo sobre as consequências sociais da proliferação de microssensores, intitulado «On nano-panopticism: a sociological perspective»[29]. No século XVIII, o filósofo inglês Jeremy Bentham concebeu um edifício penitenciário que permitia a

---

[26] www.fda.gov/ScienceResearch/SpecialTopics/Nanotechnology.

[27] www.epa.gov/reviewing-new-chemicals-under-toxic-substances-control-act-tsca/control-nanoscale-materials-under.

[28] http://www.oecd.org/env/ehs/nanosafety/testing-programme-manufactured-nanomaterials.htm.

[29] MEHTA, M. D., On nano-panopticism: a sociological perspective, *Canadian Chemical News* 54, 2002: pp. 31–33.

um único guarda observar todos os presos, sem que estes, contudo, soubessem se estavam ou não a ser observados. Chamou a este edifício panóptico, por referência ao gigante Panoptes da mitologia grega, que possuía 100 olhos. Em 2011, Ganascia viria a identificar um novo trilema ético, ou seja, a escolha entre três opções éticas que se excluem mutuamente: segurança, privacidade e transparência[30]. Estas questões tinham sido suscitadas em 2003 no artigo seminal «"Mind the gap": science and ethics in nanotechnology», a que já se aludiu e que muito lucidamente observa[31]:

> Como proteger a privacidade do indivíduo se microfones invisíveis, câmaras, sensores, etc., se tornarem amplamente disponíveis (para governos, empresas, pais, cônjuges...)? Estabelecer a propriedade, acompanhar e controlar objectos invisíveis suscitará, certamente, muitas questões legais interessantes.
>
> – Que grau de transparência será necessário observar nas iniciativas governamentais e privadas de nanotecnologias para evitar abusos?
>
> – Aumentarão as nanotecnologias a segurança ou irão ampliar o arsenal do terrorismo?
>
> – Quem regulará o curso da investigação em nanotecnologias militares defensivas e ofensivas?

Esta última questão é particularmente pertinente, tendo mesmo levado Philip Ball a interrogar-se: «*how much paranoia is really warranted by military nanotech?*»[32]. Pela positiva, existem já

[30] Ganascia, J.-G., The new ethical trilemma: security, privacy and transparency, *Comptes Rendus Physique* 12, 2011: pp. 684–692.

[31] Ver nota 19.

[32] Ball, P., Nanoethics and the purpose of new technologies, palestra apresentada no simpósio *Materials Choices* organizado pela Royal Society of Arts, Londres, Março de 2003.

parcerias entre instituições universitárias, como o Institute for Soldier Nanotechnologies constituído entre o Massachusetts Institute of Technology, o exército americano e a indústria, visando criar nanotecnologias que aumentem a protecção e possibilidade de sobrevivência dos soldados em cenários de guerra[33].

O «princípio da inclusão», incluído no anteriormente referido código de conduta, oferece uma válvula de escape para estas tensões exercidas pelas nanotecnologias sobre a segurança e a privacidade, ao determinar a transparência e o respeito pelo legítimo direito de acesso à informação e à participação na tomada de decisão por todas as partes interessadas. Por exemplo, em 2014 a Comissão Europeia lançou uma consulta pública tendo em vista identificar e implementar as medidas que melhor fomentassem a transparência dos processos de regulamentação dos nanomateriais comercializados.

2.3.3. Equidade e humanitarismo

Quem beneficiará com o progresso das nanotecnologias? Qual o impacto destas nos países mais pobres e segmentos mais desfavorecidos da população? Estas questões foram abordadas há mais de uma década, em particular pelo Joint Centre for Bioethics da Universidade de Toronto, no artigo «Nanotechnology and the Developing World»[34], e, um pouco mais tarde, por Invernizzi e Foladori em «Nanotechnology and the Developing World: Will Nanotechnology Overcome

---

[33] http://isnweb.mit.edu.

[34] Salamanca-Buentello, F. [*et al.*], Nanotechnology and the Developing World, *PLoS Medicine* 2, 2005: pp. 383–386.

Poverty or Widen Disparities?»[35], tendo motivado a introdução do «princípio da sustentabilidade» no código de conduta da Comissão Europeia, visando desenvolver nanotecnologias seguras e éticas que contribuam, nomeadamente, para atingir os Objectivos de Desenvolvimento do Milénio das Nações Unidas.

O trabalho do grupo de Toronto identificou dez aplicações das nanotecnologias com maior probabilidade de virem a beneficiar os países em desenvolvimento, tendo reunido, para o efeito, um painel internacional de 85 especialistas em nanotecnologias. As áreas de actuação apuradas incluíam a energia (armazenamento, produção e conversão), o aumento da produtividade agrícola, o tratamento e remediação de água e o diagnóstico de doenças. Como comentou recentemente Koen Beumer, do Science and Society Group da Universidade de Groninga, este trabalho (e na verdade outros posteriores) não considera que alguns desenvolvimentos e aplicações das nanotecnologias podem também ser prejudiciais, ou seja, é uma análise parcial do possível impacto destas inovações nos países pobres[36]. Por exemplo, a possível substituição de metais na indústria electrónica por nanotubos de carbono poderá afectar as economias de países em desenvolvimento que dependem da exportação destes metais. Em segundo lugar, o trabalho do grupo de Toronto centra-se nas aplicações das nanotecnologias que atendem de forma directa às necessidades dos países mais pobres. Existem, contudo, outras formas de as nanotecnologias beneficiarem o desenvolvimento daqueles, entre as quais: a possibilidade de as fábricas que produzem nanomateriais criarem novos

---

[35] Invernizzi, N. e Foladori, G., Nanotechnology and the Developing World: Will Nanotechnology Overcome Poverty or Widen Disparities?, *Nanotechnology Law and Business Journal* 2, 2005: pp. 1–10.

[36] Beumer, K., Broadening nanotechnology's impact on development, *Nature Nanotechnology* 11, 2016: pp. 398–400.

empregos; esta criação de empregos altamente qualificados em nanotecnologias poder reduzir a fuga de cérebros; as aplicações das nanotecnologias poderem melhorar as infra-estruturas de água e electricidade existentes. Uma terceira limitação do estudo de Toronto – ainda apontada por Beumer – é o facto de este se basear apenas na opinião de cientistas, ou seja, considera os especialistas em nanotecnologias as únicas autoridades relevantes no estudo da relação entre estas e o desenvolvimento. No entanto, o desenvolvimento é um fenómeno complexo e multidimensional, e não um problema exclusivamente tecnológico. A resolução dos problemas da sociedade requer mudanças tecnológicas e societais.

2.3.4. Melhoramento humano

O código de conduta da Comissão Europeia descarta a possibilidade de as instituições realizarem investigação nanotecnológica visando o melhoramento não terapêutico de seres humanos que resulte no aumento ilícito do desempenho do corpo humano. Esta tem sido uma questão muito debatida. Heller e Peterson (Foresight Institute[37]) questionam se os seres humanos devem ser autorizados a melhorar-se da forma que quiserem, por exemplo, adquirindo inteligência e memória excepcionais, ou capacidade atlética e força surpreendentes ou, ainda, uma beleza rutilante? Que limites devem colocar-se ao melhoramento humano? Devem o corpo e o cérebro idosos ser retornados a um estado jovem? Que mudanças trarão as tecnologias de melhoramento humano à forma como as pessoas trabalham e à própria natureza do trabalho (tema que foi objecto de um *workshop* realizado em

---

[37] www.foresight.org/policy/brief2.html.

2012 pelas Academy of Medical Sciences, British Academy, Royal Academy of Engineering e Royal Society[38])?

3. Nanoética: a questão final?

Em 2000, Bill Joy, então editor-chefe da companhia de microelectrónica Sun Microsystems, após ler o livro de Drexler, perguntou na revista *Wired* se devemos renunciar, voluntariamente, a explorar domínios de investigação científica, como as nanotecnologias, que colocam perigos demasiadamente graves[39]. Preocupações semelhantes foram manifestadas por cientistas tão ilustres quanto Martin Rees, *Astronomer Royal*, que teme que a biotecnologia e a nanotecnologia ofereçam um maior potencial de destruição, posto à disposição de grupos (ou indivíduos) cada vez mais pequenos. No seu livro de 2003, *Our Final Hour: A Scientist's Warning: How Terror, Error, and Environmental Disaster Threaten Humankind's Future in This Century – On Earth and Beyond*, expressa a apreensão de que este poderá ser o último século da Humanidade[40]. Rees questiona: «devem os cientistas ocultar descobertas que possam, potencialmente, vir a ser usadas com fins destrutivos?». E, indo mais longe do que Bill Joy, pergunta: «deveria haver uma moratória, voluntária ou não, sobre certos tipos de investigação científica?».

Eis, pois, talvez, a questão ética final: devemos, ou não, renunciar ao conhecimento que possa, eventualmente, pôr em risco o futuro da própria Humanidade?

---

38 https://acmedsci.ac.uk/file-download/34506-12308aca.pdf.

39 https://www.wired.com/2000/04/joy-2/.

40 Rees, M., *Our Final Hour: A Scientist's Warning: How Terror, Error, and Environmental Disaster Threaten Humankind's Future in This Century – On Earth and Beyond*, Nova Iorque, Basic Books, 2003.

4. Ideias a reter

As principais ideias a reter desta breve introdução à nanoética são as seguintes:

- apesar de a Humanidade usar empiricamente as nanopartículas há muitos séculos, a nanotecnologia é uma conquista intelectual do século XX;
- a incerteza sobre o futuro não alivia a Humanidade da obrigação moral de investigar as questões que as nanotecnologias suscitam;
- a sociedade moderna exige debates éticos sérios sobre as aplicações da ciência, e a nanoética levanta renovadas questões, dando novas dimensões aos debates actuais;
- as nanotecnologias resultam da convergência de muitas disciplinas, enquanto a nanoética é fruto da convergência de muitas áreas éticas;
- a nanoética preocupa-se com as questões éticas, sociais, ambientais, médicas, políticas, económicas e jurídicas, entre outras, decorrentes das nanotecnologias;
- as actividades de investigação em nanotecnologias devem ser seguras e éticas, contribuindo para um desenvolvimento sustentável e para alcançar os Objectivos de Desenvolvimento do Milénio das Nações Unidas.

5. Nota final

É possível que o título do livro de Martin Rees *Our Final Hour* [...] seja um jogo de palavras com o título do célebre discurso feito por Winston Churchill em 18 de Junho de 1940, *Their Finest Hour*, quando o Reino Unido enfrentava a ameaça de uma iminente invasão nazi. Seja como for, esta possibilidade dá-me o ensejo de terminar este texto citando aqui partes do notável discurso de Churchill, muito apropriado ao tema da nanoética[41].

> *If we fail, then the whole world [...] will sink into the abyss of a new Dark Age made more sinister, and perhaps more protracted, by the lights of perverted science.*
>
> *Let us therefore brace ourselves to our duty, and so bear ourselves that [...] men will still say,*
>
> *"This was their finest hour".*

Referências e leituras recomendadas

ALLHOFF, F. [*et al.*] (eds.), *Nanoethics: The Ethical and Social Implications of Nanotechnology*, Nova Iorque, John Wiley & Sons, Inc., 2007.

BEUMER, K., Broadening nanotechnology's impact on development, *Nature Nanotechnology* 11, 2016: pp. 398–400.

EIGLER, D. M. e SCHWEIZER, E. K., Positioning single atoms with a scanning tunnelling microscope, *Nature* 34, 1990: pp. 524–526.

FEYNMAN, R. P., There's Plenty of Room at the Bottom, *Engineering and Science*, Fevereiro de 1960: pp. 22–36, https://www.nature.com/nnano/journal/v4/n12/pdf/nnano.2009.356.pdf.

GORDIJN, Bert e CUTTER, Anthony M. (eds.), *In Pursuit of Nanoethics*, [*s.l.*], Springer, 2014.

MNYUSIWALLA, A.; DAAR, A. S. e SINGER, P. A., «Mind the gap»: science and ethics in nanotechnology, *Nanotechnology* 14, 2003: R9–R13.

NORDMANN, A. e RIP, A., Mind the gap revisited, *Nature Nanotechnology* 4, 2009: pp. 273–274.

PEPLOW, M., March of the machines, *Nature* 525, 2015: pp. 18–21.

---

[41] https://www.winstonchurchill.org/resources/speeches/1940-the-finest-hour/their-finest-hour.

Materiais avançados e tecnologias de produção sustentáveis: o nosso compromisso

Elvira Fortunato e *Rodrigo Martins*

CENIMAT|i3N, Departamento de Ciência dos Materiais da Faculdade de Ciências e Tecnologia da Universidade Nova de Lisboa

1. As consequências da era digital

Vivemos em sociedades em constante mudança e somos cada vez mais confrontados – e ficamos por vezes positivamente surpreendidos – não só com os recentes desenvolvimentos tecnológicos, em especial na área das tecnologias de informação e comunicação, mas acima de tudo com a rapidez com que estes progressos acontecem.

Como forma de ilustrar a rapidez com que estes desenvolvimentos acontecem, assim como a importância, por exemplo, que os mostradores (existentes nos telemóveis, televisões, *tablets*, entre outros) têm e continuarão a ter no nosso dia-a-dia (já não conseguimos passar sem os utilizar), gostaríamos de apresentar duas fotografias tiradas na Praça de São Pedro, no Vaticano: uma em 2005, após a eleição do Papa Bento XVI, e outra, mais recente, em 2013, no mesmo local, após a eleição do Papa Francisco. Como se pode observar nas fotografias, há um aumento muito significativo do número de dispositivos móveis existente de 2005 para 2013. Não temos dúvidas de que estamos cada vez mais rodeados de dispositivos móveis, e estes já fazem parte da rotina das nossas vidas!

Figura 1: Fotografias tiradas aquando da nomeação do Papa Bento XVI, em 2005, e do Papa Francisco, em 2013. Através das fotografias é visível a diferença notória do número de telemóveis utilizados para registar em primeira mão este acontecimento.

Por outro lado, e de modo a evidenciar a forma como os mostradores têm evoluído, em particular na área dos dispositivos móveis, na figura 2 podemos observar que o que limita o tamanho do telemóvel é o tamanho do próprio mostrador, sendo o tamanho final dos telemóveis actuais praticamente igual ao dos primeiros telemóveis, mas apresentando estes um mostrador bastante reduzido.

Os telefones evoluíram muito desde que passaram a ser utilizados sem fios. A Motorola criou o primeiro telefone móvel (sem fios) nos anos 70 e depois a Apple chegou ao mercado com o primeiro *smartphone*, o iPhone, em 2007. Durante este período, o mostrador dos telefones aumentou de um tamanho de cerca de uma polegada quadrada para um monitor de alta definição que abrange o telefone todo.

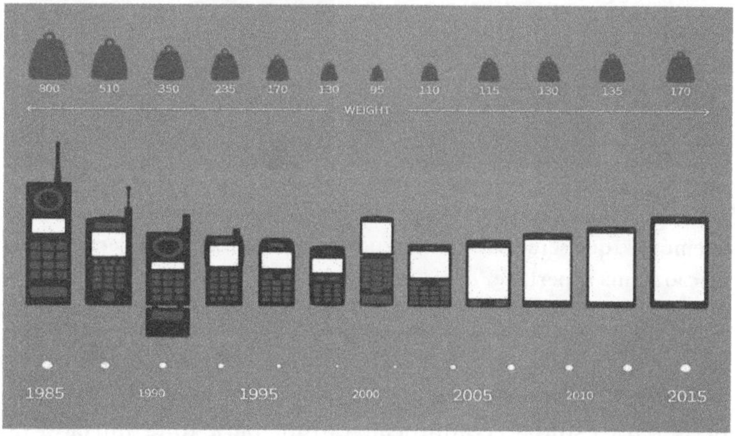

Figura 2: Evolução dos telefones móveis, em que é possível verificar uma tendência inicial para desenvolver telefones pequenos, seguida da fase actual, em que, ante a capacidade dos telemóveis, o seu tamanho é praticamente condicionado pelo tamanho do mostrador.

Aliás, hoje, através de um simples telemóvel, que não precisa de ser de última geração, já temos acesso a um relógio, uma calculadora científica, uma câmara de filmar/fotografar, assim como podemos aceder à Internet. Talvez num futuro não muito longínquo possamos ter tudo isto num simples relógio de pulso, com a capacidade de um computador convencional, deixando mesmo de precisar de telemóveis.

De acordo com algumas especulações, vamos deixar de utilizar telemóvel, passando, eventualmente, a utilizar uma simples pulseira que projecta numa superfície o mostrador equivalente ao do telemóvel, como se exemplifica na figura 3.

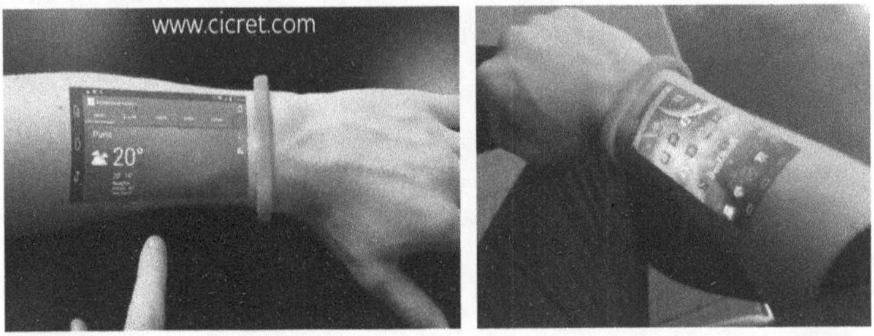

Figura 3: Num futuro não muito distante, podemos deixar de utilizar telemóveis, que serão substituídos por uma pulseira que projecta a informação numa superfície.

Somos, cada vez mais, incentivados a usar meios informáticos para estudar, comunicar, enfim, para uma miríade de funções que ditam o nosso quotidiano e que estão associadas ao conforto e bem-estar social, que todos buscamos. Recorremos então, sobretudo, aos chamados computadores e mais recentemente aos *tablets*, que não são mais do que computadores miniaturizados, com a dimensão de um mostrador e que praticamente acabam por ser o próprio mostrador.

Com a utilização maciça destes componentes (monitores de computador, televisões, teclados, ratos, placas de processamento, circuitos impressos, impressoras, digitalizadores, máquinas de fotocópias, computadores portáteis, brinquedos, telemóveis, *walkie-talkies*, entre outros), produzimos toneladas e toneladas de lixo electrónico, difícil de ser reciclado, pois, em muitos casos, os materiais empregados não são «verdes» (amigos do ambiente). Pelo contrário, alguns circuitos electrónicos contêm substâncias tóxicas, tais como mercúrio, chumbo, arsénio, cádmio e berílio, o que apresenta problemas graves não só para o meio ambiente como para o ser humano.

Os resíduos eléctricos e electrónicos (geralmente designados por *e-waste*) constituem actualmente um dos fluxos de resíduos de mais rápido crescimento no mundo (países desenvolvidos), tendo sido originados 50 milhões de toneladas somente em 2013. Na União Europeia (UE) são produzidos anualmente, em média, cerca de oito milhões de toneladas.

Entretanto, a maioria do lixo electrónico enviado para reciclagem, 80%, acaba por ir parar, muitas vezes de forma ilegal, a países na África Ocidental e na Ásia que são incapazes de lhe dar um tratamento adequado ou não investem no mesmo (veja-se a figura 4).

Figura 4: Fotografia de aterro de lixo electrónico.

As maiores operações de reciclagem de lixo electrónico realizam-se na China e na Índia. Em termos gerais, as exportações de menor escala vão para a África Ocidental, ao passo que as de maior escala vão para a Ásia Oriental. Estima-se que a China receba a maior percentagem de lixo electrónico, cerca de 70%.

Actualmente, são produzidos mundialmente, por ano, entre 40 e 50 milhões de toneladas de lixo electrónico, o que equivale a um volume de cerca de oito vezes a Grande Pirâmide de Gizé. Em média, um cidadão americano produz cerca de 48 quilos de lixo electrónico, cerca de cinco vezes mais (em termos médios) do que um cidadão chinês. Muito embora em média o lixo electrónico represente cerca de 2% do lixo em aterros sanitários, contribui, contudo, para cerca de 70% do total de lixo tóxico.

As principais fontes e destinos do lixo electrónico encontram-se indicadas na figura 5.

Figura 5: Rotas internacionais do lixo electrónico.

Muito embora o impacto negativo do lixo electrónico seja vasto e crescente, a maioria das pessoas provavelmente não tem consciência da sua dimensão e alcance. A falta de reciclagem adequada leva a que substâncias tóxicas, como o chumbo e o mercúrio por exemplo, passem para o meio ambiente e facilmente cheguem ao solo e à água, poluindo os lagos e rios tornando a água imprópria para consumo assim como a própria vida selvagem. Como resultado, todo o ecossistema fica desequilibrado e instável.

Por outro lado, uma das estratégias utilizadas na gestão dos resíduos electrónicos é incinerar a céu aberto a fracção combustível dos mesmos, seja para reduzir o volume antes do aterro ou para concentrar metais valiosos nas cinzas residuais, para que possam ser recuperados numa operação subsequente. A precipitação das correspondentes substâncias tóxicas ao ar livre afecta o meio ambiente, as correntes de ar globais mais amplas, depositando subprodutos altamente tóxicos em muitos lugares do mundo.

Uma grande parte do que é rotulado de «lixo electrónico» não é realmente um desperdício, mas sim um equipamento electrónico ou suas partes, que podem ser reutilizadas ou recicladas. De facto, a grande maioria dos resíduos electrónicos pode ser reutilizada, recondicionada, descartada para peças ou reciclada. No entanto, nos Estados Unidos da América (EUA), apenas 20% dos americanos descartam adequadamente o lixo electrónico, e apenas uma fracção desses 20% que são descartados correctamente é reciclada ou reutilizada.

2. Electrónica de papel, uma alternativa?

A questão premente que hoje se nos coloca é a de se saber qual o futuro das tecnologias de informação e comunicação para os próximos 50 anos e que futuro vislumbramos para as mesmas, de forma sustentada. Esta questão é pertinente, em especial para a electrónica descartável, chamada de baixo custo, que vai do simples diagnóstico às etiquetas inteligentes ou jogos, em que milhar de milhões de dispositivos e sistemas são produzidos e descartados quase todos os dias.

Para esta pergunta não existe uma resposta óbvia, pois, além da criatividade, espera-se que saibamos usar a nossa imaginação para visionarmos o mundo de amanhã, no qual o crescimento económico sustentado e o conforto social são os grandes desafios a vencer. Isto é, enquanto a electrónica é cada vez mais determinante na forma como comunicamos e transmitimos informação, mais e mais pretendemos que essa electrónica seja amiga do ambiente, o que não é compatível com a miríade de materiais diversos que hoje utilizamos, nomeadamente em termos da reciclabilidade dos mesmos.

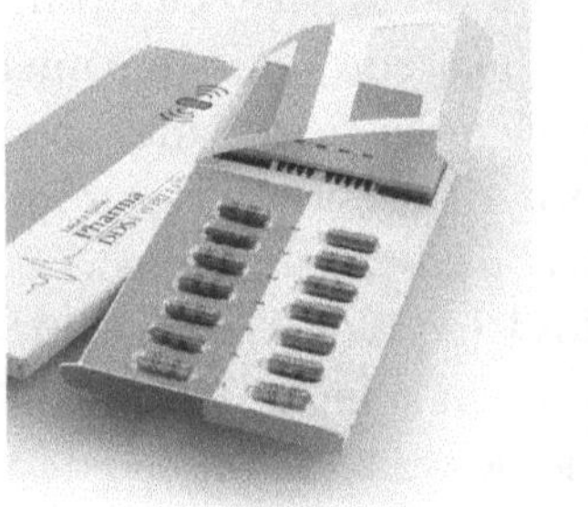

Figura 6: Exemplos de embalagens farmacêuticas inteligentes, desenvolvidas pela Stora Enso e Delta/Cypak, em que é possível fazer o seguimento correcto das tomas dos medicamentos, ou mesmo responder a um inquérito sobre o medicamento em causa, ou ainda ter a embalagem a avisar o paciente de que está na hora de tomar o medicamento, entre muitas outras funções que podem ser adicionadas.

Por outro lado, convivemos todos os dias com materiais que nos fornecem uma informação estática, não só para estarmos a par do quotidiano das nossas comunidades e do que se passa no mundo, da informação política à cultura, ciência e desportos, mas também para contribuírem para a nossa formação e servirem como meio de transporte de géneros (alimentares, farmacêuticos ou têxteis). Referimo-nos a materiais baseados no papel – reciclável e amigo do ambiente, cuja indústria milenar tem sido totalmente desenvolvida para ter as condições físicas, mecânicas e de cor que permitam utilizá-lo para suporte de tinta/impressão ou em embalagens.

A área da embalagem, e em especial da embalagem inteligente, está a tornar-se num dos segmentos com uma forte aposta por parte das indústrias de papel e cartão, com o crescente interesse em transformar uma embalagem num produto. Este deve ser facilmente identificado e permitir interactuar com o utilizador, fornecendo-lhe informação pertinente, que vai de saber o estado de validade do produto à forma como deve ser utilizado, por exemplo.

Esta função é cada vez mais importante nas embalagens farmacêuticas, de forma a aumentar o controlo da prescrição médica. Este tipo de embalagem, designado inteligente, pode também ser usado para colectar dados sobre a satisfação do paciente com um dado tipo de medicamentação. Imagine, por exemplo, ter uma embalagem que avise o utilizador de quando deve tomar um dado medicamento e que, simultaneamente, possa armazenar informação e comunicá-la ao médico ou farmacêutico sobre como foi utilizada pelo paciente ou sobre a sua eficácia e validade! Imagine como o nosso quotidiano vai mudar com todas estas implementações, todas elas possíveis de realizar usando a tecnologia do silício (com todos os problemas que daí advêm, como por exemplo a poluição ambiental que decorre destas tecnologias) ou outras tecnologias alternativas, bem mais sustentáveis, como é o caso dos óxidos metálicos, uma vez que existem em abundância.

Este tipo de avaliação é também pertinente de ser efectuado em termos de plataformas de diagnóstico rápido, descartável e que hoje em dia é baseado também na tecnologia do silício e usa, em muitos casos, sistemas híbridos de silício em suporte de plástico, dois componentes que contribuem para os problemas relacionados com o aumento de lixo electrónico que a Humanidade actualmente enfrenta em termos de reciclagem.

É óbvio que precisamos urgentemente de mudar, mas mudar para algo que seja realmente sustentável e que permita reduzir drasticamente a quantidade de lixo não reciclável ou de difícil reciclabilidade ou que seja não biodegradável, que continuaremos a produzir, já que cada vez mais o conforto e bem-estar dos cidadãos apontam para o uso maciço de todas estas comunidades que a indústria vai produzindo.

Já imaginaram o que seria ter-se electrónica feita de papel, o biopolímero (materiais produzidos por seres vivos, neste caso pelas plantas) mais abundante que existe na superfície da Terra e 100% reciclável? Já se viram a interactuar com o papel do vosso jornal e este responder-vos? Brevemente, teremos um jornal de uma folha que nos fornece toda a informação necessária na forma de um mostrador que possui agregada uma memória capaz de guardar a informação e uma bateria auto-recarregável, por uma célula solar, que permitirá a autonomia total do papel! E o que acontecerá em relação ao jornal verificar-se-á também em relação a telemóveis, jogos, testes de diagnóstico médico descartáveis, etiquetas inteligentes, passaportes seguros, computadores descartáveis, etc. Aliás, a LG Electronics está neste momento a trabalhar num conceito tipo papel de parede, em que o papel é um mostrador, na área da electrónica de grandes áreas. Poderemos forrar as paredes das nossas casas com mostradores.

Tudo isto soa como algo do mundo mágico de Harry Potter, não é? Ou talvez pensem que estamos a escrever ficção científica. Não, não estamos, e daqui a uns anos, esta será uma realidade do nosso quotidiano, em que cada vez mais recorreremos à electrónica descartável e de baixo custo baseada em materiais totalmente recicláveis, como acontece com o papel e os materiais usados para a sua funcionalização (basicamente, óxidos de metais abundantes na natureza e não tóxicos).

Figura 7: Jornal utilizado nos filmes de Harry Potter com mostradores incorporados, permitindo visualizar notícias em tempo real (ficção científica).

Hoje, a Europa representa cerca de 30% da produção mundial de papel, criando directa ou indirectamente mais de 85 000 postos de trabalho, a que corresponde um volume de negócio bruto superior a 100 mil milhões de euros. Actualmente, a utilização de papel de escrita/fotocópia encontra-se em declínio, face à utilização crescente do chamado *e-paper*, que faz que os chamados livros e jornais electrónicos estejam numa fase crescente de utilização, pois a informação, como imaterial que é, está compactada num mesmo espaço, tornando-se assim mais confortável de ser utilizada pelos leitores finais. Por exemplo, nos EUA, desde finais de 2011 que existem mais *e-books* do que livros em suporte de celulose. Por outro lado, em termos de papel/derivados para embalagem, cada vez mais se está a apostar num tipo de embalagem inteligente e interactiva, havendo uma crescente incorporação de electrónica para controlo e transmissão de informação, essencialmente para efeitos de segurança, em que se pretende um corte radical no volume de embalagens de plástico existente, substituídas por embalagens de papel, por razões de sustentabilidade ambiental.

Num futuro talvez não muito distante, vamos poder ver o papel com outras funções e até mesmo ser capazes de fabricar o nosso próprio telemóvel... descartável! Isto é, a indústria do papel, que produz os materiais mais leves, inquebráveis, flexíveis e mais baratos que se conhece, pode vir a ser o componente básico e alternativo à electrónica de consumo descartável, 100% verde, usado para produzir os diferentes circuitos electrónicos que constituem os circuitos integrados, como os transístores, os CMOS (*Complementary Metal-Oxide Semiconductor*), memórias, baterias, resistências, condensadores, bobinas, entre muitos outros limitados somente pela nossa imaginação!

Além disso, algumas tecnologias usadas, como a impressão por jacto de tinta, são muito baratas e permitem simplesmente usar a quantidade de material necessária «ao escrever o circuito», o que não acontece com as tecnologias convencionais, em que mais de 20 a 40% do material empregado é desperdiçado! Isto é, no futuro, teremos impressoras a imprimirem electrónica, usando tintas electrónicas, de acordo com o sistema que pretendermos produzir. Para tal basta-nos adquirir um *kit* no supermercado... electrónico!

A combinação desta nova aplicação do papel com tecnologias de processamento de baixo custo para o fabrico dos circuitos integrados por impressão por jacto de tinta é uma área de investigação inovadora do CENIMAT (https://www.cenimat.fct.unl.pt/), Centro de Investigação em Materiais, cujos principais objectivos são promover a descoberta, inovação, desenvolvimento e implementação industrial na área multidisciplinar das nanotecnologias e materiais funcionais avançados para uma ampla gama de aplicações, de forma a melhorar-se a qualidade de vida e obter benefícios económicos sustentados, perfeitamente alinhados com as estratégias científicas e programas europeus.

The Economist World politics Business & finance Economics Science & technology Cultu

Electronics

Looks good on paper

A new use for a common material

Oct 16th 2008 | From the print edition

ONCE in a while, someone takes a familiar material like glass and finds a new use for it. Glass had been around for ages but, in the 1950s, Basil Hirschowitz of the University of Michigan thought of using a fibre made of the stuff to transmit light. Fibre optics have since revolutionised both surgery (Dr Hirschowitz's original intention) and telecommunications (an unexpected bonus). Elvira Fortunato, Rodrigo Martins and their colleagues at the New University of Lisbon in Portugal believe they have found similarly a novel use for paper. Writing in *IEEE Electron Device Letters*, they describe how to use it to make a transistor.

Transistors are the workhorses of electronics. They are switches that employ one electric current to control the passage of another. Linked together on the surfaces of silicon chips, they form the "logic gates" that do the calculations in computers, mobile phones, television sets and the other electronic gadgets which dominate the modern world. The bold proposal that Dr Fortunato and Dr Martins are making is to replace the silicon with cellulose, the main ingredient of paper.

Figura 8: Artigo publicado na revista *The Economist* sobre o transistor de papel desenvolvido no CENIMAT em 2008 (para mais informações consultar: http://www.economist.com/node/12415202).

O CENIMAT é pioneiro a nível mundial e conquistou reputação internacional ao fabricar o primeiro transístor de papel, em 2008, assim como a memória de papel, a que se seguiu a bateria de papel de estado sólido auto-recarregável, o primeiro CMOS (unidade base para o fabrico de circuitos integrados e de muito baixo consumo energético) ou o primeiro conceito de portas lógicas, tudo isto em papel! Mais, no CENIMAT desenvolvem-se e fabricam-se células solares em papel usando materiais inorgânicos, actividade pioneira no mundo! Tal mereceu um destaque especial na conceituada revista *The Economist* na edição de Outubro de 2008.

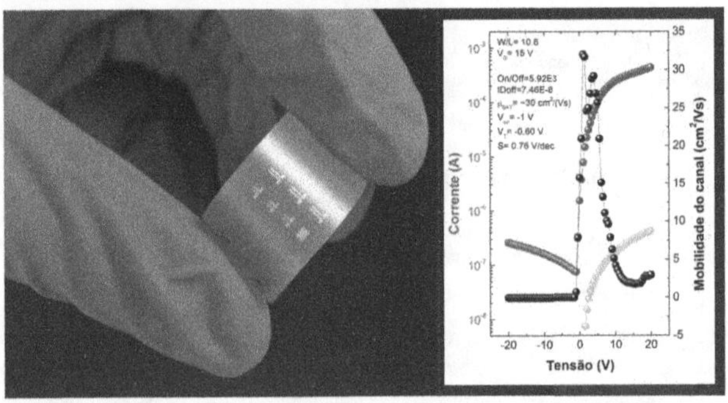

Figura 9: Fotografia do transístor de papel, em que este funciona simultaneamente como material isolante do transístor e como substrato e característica eléctrica correspondente (curva de transferência típica de um transístor de efeito de campo).

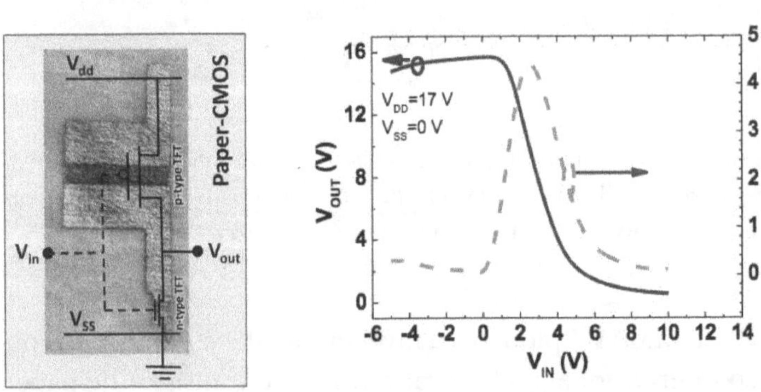

Figura 10: Fotografia da prova de conceito de um CMOS em papel e características eléctricas correspondentes, respectivamente a chamada curva de transferência (traço contínuo) e de ganho (traço descontínuo).

Trabalhando na área da electrónica transparente, nada mais ambicioso do que conseguir produzir um papel transparente mas simultaneamente constituído por celulose. Foi recentemente desenvolvido no CENIMAT, em conjunto com o Prof. Miguel Gama, da Universidade do Minho, nanopapel obtido a partir de bactérias existentes no vinagre. A grande vantagem deste papel é que, devido a possuir nanofibras de celulose densamente compactadas sem espaços vazios, como acontece no papel convencional, evita a dispersão da luz, permitindo obter um papel simultaneamente composto por fibras de celulose e transparente.

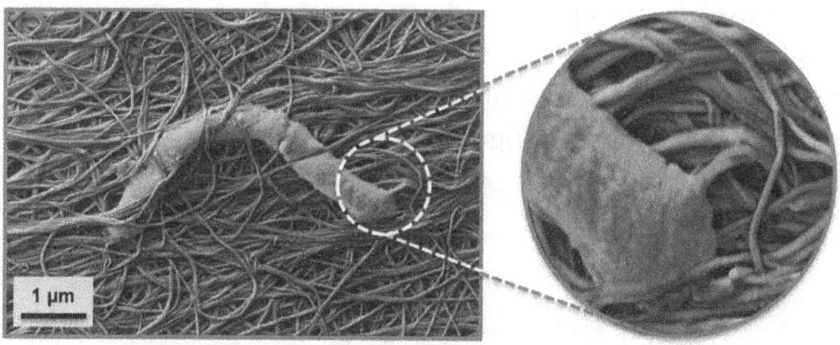

Figura 11: Imagem obtida por Microscopia Electrónica de Varrimento de uma *Acetobacter xylinum* emaranhada dentro da rede de nanocelulose. É possível observar na imagem ampliada do lado direito a excreção de uma nanofibra.

A celulose bacteriana é, actualmente, a única alternativa à celulose vegetal, porque as bactérias produzem celulose em poucos dias (por exemplo, dois dias para produzir uma membrana com 40 µm de espessura), enquanto as árvores precisam de vários anos para atingir o crescimento total. A este respeito, a celulose bacteriana é um dos principais materiais para prevenir o aquecimento global e a preservação da natureza. A figura 11a) representa o modelo esquemático para a produção de nanocelulose e a b), a imagem típica de Microscopia Electrónica de Varrimento de uma *Acetobacter xylinum* no interior da rede tridimensional de nanocelulose. É possível observar na imagem ampliada a extrusão de uma das nanofibras excretadas.

Na área da electrónica impressa, é hoje possível imprimir vários dispositivos electrónicos baseados em diferentes materiais e integrá-los em circuitos integrados, de forma a desempenharem uma determinada função. Com o recente desenvolvimento da Internet das Coisas (*Internet of Things*, IoT), vai ser possível, num futuro não muito distante, ter todos os objectos a comunicar entre si. Para que isto se torne numa realidade, é necessário o desenvolvimento paralelo de materiais e tecnologias de baixo custo, o que só poderá ser feito com materiais sustentáveis e tecnologias amigas do ambiente. O papel tem aqui um desempenho primordial. Na figura 12 vêem-se alguns exemplos de electrónica impressa em papel.

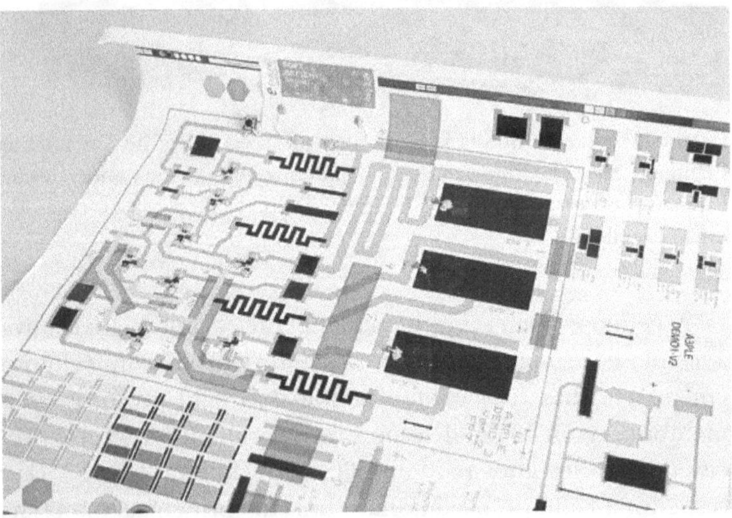

Figura 12: Exemplos de circuitos integrados e sensores impressos em papel.

Em termos de biossensores baseados em papel, o CENIMAT, em conjunto com o Instituto Nacional de Investigação Agrária e Veterinária, iniciou recentemente em Portugal o projecto Lab-on-Paper, que visa o desenvolvimento de testes de diagnóstico descartáveis, baratos e de simples e rápida utilização, explorando a tecnologia bastante promissora da microfluídica em papel (capacidade de criar canais no interior do papel por onde circulam fluidos). Os dispositivos baseiam-se na fabricação de microcanais em papel de filtro (até pode ser o papel de filtro que utilizamos nas máquinas de café), delimitados por barreiras constituídas por cera hidrofóbica. Além das vertentes económica e social, estes testes vêm acrescentar uma vertente de sustentabilidade ambiental às características ASSURED (*Affordable, Sensitive, Specific, User-friendly, Rapid and robust, Equipment-free* e *Delivered to those in need*), pela inexistência de resíduos tóxicos e poluentes na sua produção e pela eliminação após utilização: basta queimar os dispositivos de papel e ficam as cinzas.

Os testes rápidos tornaram-se relativamente comuns nos países desenvolvidos, sendo um bom exemplo o vulgar teste de gravidez, como métodos complementares de diagnóstico. Apesar da sua simplicidade, ainda assim a maioria destes testes rápidos apresenta custos de fabricação que poderão limitar a sua utilização mais abrangente em regiões económica e socialmente mais desfavorecidas. Tem sido assim desenvolvida investigação no sentido de providenciar plataformas de diagnóstico mais baratas, portáteis e robustas, para aplicação em situações de carência de recursos financeiros, técnicos e/ou de pessoal especializado. É neste contexto que a microfluídica em papel tem vindo a ser explorada, também pelo nosso grupo, visando o desenvolvimento de biossensores de baixo custo e de fácil utilização. Estes sensores poderão vir a ser adaptados à detecção de inúmeros compostos, tais como drogas, hormonas, enzimas, ácidos nucleicos ou outros marcadores biológicos indicadores de patologias infecciosas ou não-infecciosas, complementando o seu diagnóstico e a monitorização dos efeitos das terapias administradas aos pacientes. Além da fabricação de dispositivos de diagnóstico, a tecnologia de microfluídica em papel poderá revelar-se também muito promissora noutros contextos importantes, como o controlo da qualidade alimentar e ambiental.

Num futuro breve, iremos assistir à integração da electrónica nestas plataformas, de forma a comunicar o resultado da análise/diagnóstico a um computador central, sendo o mesmo depois partilhado com o médico assistente ou responsáveis sobre problemas de saúde pública ou de controlo alimentar.

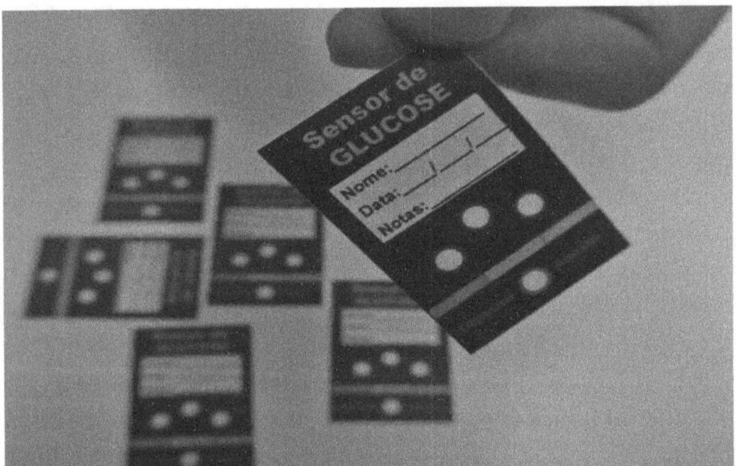

Figura 13: Fotografia de testes de diagnóstico colorimétricos para a glucose fabricados em papel.

A indústria do papel irá decisivamente sofrer uma forte revolução e revolucionar também várias indústrias, nomeadamente a electrónica, farmacêutica, alimentar, de segurança, entre outras.

Podemos neste momento colocar a questão: o futuro do papel ou o papel do futuro?

Sim, há futuro para o papel, mas o papel do futuro não terá nada que ver com aquele que conhecemos actualmente.

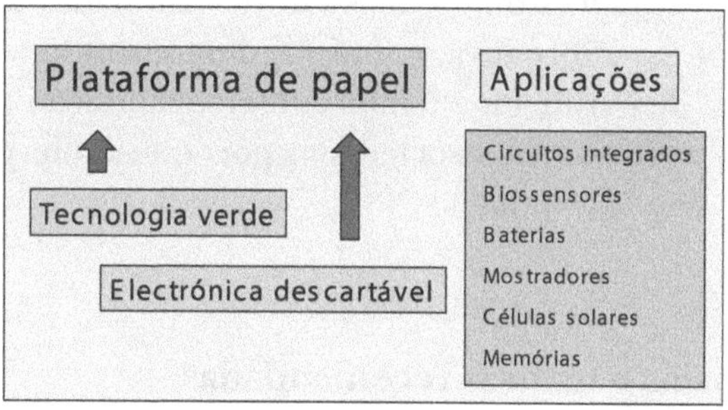

3. Notas finais

A popularidade dos produtos electrónicos de consumo e aparelhos electrodomésticos vai continuar a crescer nos próximos anos com um fluxo constante de *tablets*, *smartphones*, computadores, frigoríficos, televisões e outros dispositivos, pelo que é normal que o lixo electrónico também aumente.

No entanto, existem também muitas oportunidades associadas ao lixo electrónico. O crescente aumento da utilização de terras raras no fabrico de dispositivos electrónicos também vai promover o aumento da reciclagem a custos cada vez mais atractivos. Por outro lado, há que ter muito cuidado no projecto dos próprios dispositivos electrónicos, com utilização de materiais amigos do ambiente e não tóxicos, ter em linha de conta a análise do ciclo de vida, assim como a divulgação na sociedade e a implementação de medidas públicas.

Além de várias medidas que têm de ser tomadas a vários níveis – legislação adequada, tratados de exportação, rotulagem de elementos tóxicos, desenho de produtos com materiais amigos do ambiente, entre outros –, temos de pensar cada vez mais na utilização de materiais sustentáveis e renováveis, como é o caso da celulose aqui apresentada. É claro que a electrónica de papel não vai eliminar este problema de lixo electrónico, mas em determinadas aplicações pode ser uma alternativa, como foi demonstrado. Acima de tudo, tem de existir uma maior consciencialização por parte de todos os sectores da sociedade, pois este é um problema que diz respeito a todos.

Referências e leituras recomendadas

AWASTHI, A. K.; ZENG, X. L. e LI, J. H., Environmental pollution of electronic waste recycling in India: A critical review, *Environmental Pollution* 211, 2016: pp. 259–270.

BARRAS, R. [*et al.*], Printable cellulose-based electroconductive composites for sensing elements in paper electronics, *Flexible and Printed Electronics* 2, 2017.

COSTA, M. N. [*et al.*], A low cost, safe, disposable, rapid and self--sustainable paper-based platform for diagnostic testing: lab--on-paper, *Nanotechnology* 25, 2014.

CUI, J. R. e ZHANG, L. F., Metallurgical recovery of metals from electronic waste: A review, *Journal of Hazardous Materials* 158, 2008: pp. 228–256.

CUNHA, I. [*et al.*], Reusable Cellulose-Based Hydrogel Sticker Film Applied as Gate Dielectric in Paper Electrolyte-Gated Transistors, *Advanced Functional Materials* 27, 2017.

FORTUNATO, E. [*et al.*], Paper Field Effect Transistor, *in* TEHERANI, F. H.; LITTON, C. W. e ROGERS, D. J. (eds.), *Zinc Oxide Materials and Devices IV* 7217, 2009.

FORTUNATO, E. [*et al.*], High-performance flexible hybrid field-effect transistors based on cellulose fiber paper, *IEEE Electron Device Letters* 29, 2008: pp. 988–990.

FORTUNATO, E. [*et al.*], Surface modification of a new flexible substrate based on hydroxypropylcellulose for optoelectronic applications, *Thin Solid Films* 442, 2003: pp. 127–131.

GASPAR, D. [*et al.*], Nanocrystalline cellulose applied simultaneously as the gate dielectric and the substrate in flexible field effect transistors, *Nanotechnology* 25, 2014.

GASPAR, D. [*et al.*], Engineered cellulose fibers as dielectric for oxide field effect transistors, *in* MASCHER, P. [*et al.*] (eds.), *Physica Status Solidi C: Current Topics in Solid State Physics* 12, 2015: pp. 1421–1426.

KUMAR, A.; HOLUSZKO, M. e ESPINOSA, D. C. R., E-waste: An overview on generation, collection, legislation and recycling practices, *Resources Conservation and Recycling* 122, 2017: pp. 32–42.

MARTINS, R. [*et al.*], Write-erase and read paper memory transistor, *Applied Physics Letters* 93, 2008.

MARTINS, R. [*et al.*], Away from silicon era: the paper electronics, *in* TEHERANI, F. H.; LOOK, D. C. e ROGERS, D. J. (eds.), *Oxide-Based Materials and Devices II* 7940, 2011.

MARTINS, R.; FERREIRA, I. e FORTUNATO, E., Electronics with and on paper, *Physica Status Solidi RRL: Rapid Research Letters* 5, 2011: pp. 332–335.

MARTINS, R. [*et al.*], Floating gate memory paper transistor, *in* TEHERANI, F. H. [*et al.*] (eds.), *Oxide-Based Materials and Devices* 7603, 2010.

MORAIS, A. R. C. [*et al.*], Imidazole: Prospect Solvent for Lignocellulosic Biomass Fractionation and Delignification, *ACS Sustainable Chemistry & Engineering* 4, 2016: pp. 1643–1652.

PEREIRA, L. [*et al.*], The influence of fibril composition and dimension on the performance of paper gated oxide transistors, *Nanotechnology* 25, 2014.

PIMENTEL, A. [*et al.*], Ultra-Fast Microwave Synthesis of ZnO Nanorods on Cellulose Substrates for UV Sensor Applications, *Materials* 10, 2017.

RAMOS, A. M. [*et al.*], Preparation and characterization of cellulose nanocomposite hydrogels as functional electrolytes, *Solid State Ionics* 242, 2013: pp. 26–32.

ROBINSON, B. H., E-waste: An assessment of global production and environmental impacts, *Science of the Total Environment* 408, 2009: pp. 183–191.

SANTOS, L. [*et al.*], Solvothermal Synthesis of Gallium-Indium--Zinc-Oxide Nanoparticles for Electrolyte-Gated Transistors, *ACS Applied Materials & Interfaces* 7, 2015: pp. 638–646.

SMEETS, M. [*et al.*], Flexible thin film solar cells on cellulose substrates with improved light management, *Physica Status Solidi A: Applications and Materials Science* 214, 2017.

TANSEL, B., From electronic consumer products to e-wastes: Global outlook, waste quantities, recycling challenges, *Environment International* 98, 2017: pp. 35–45.

VEIGAS, B. [*et al.*], Scalable approach for the production of functional DNA based gold nanoprobes, *Journal of Membrane Science* 492, 2015: pp. 528–535.

WONG, M. H. [*et al.*], Export of toxic chemicals – a review of the case of uncontrolled electronic-waste recycling, *Environmental Pollution* 149, 2007: pp. 131–140.

ZENG, X. L. [*et al.*], Innovating e-waste management: From macroscopic to microscopic scales, *Science of the Total Environment* 575, 2017: pp. 1–5.

ZHANG, L. G. e XU, Z. M., A review of current progress of recycling technologies for metals from waste electrical and electronic equipment, *Journal of Cleaner Production* 127, 2016: pp. 19–36.

Tecnologias de Informação e Comunicação

Carlos Salema

Instituto de Telecomunicações

A ética procura os fundamentos das acções humanas com base na razão. Difere, pois, da moral, que se fundamenta em costumes, hábitos ou convicções religiosas. Por vezes confunde-se ética e lei, até porque a lei tem por base, frequentemente, princípios éticos. Mas enquanto a lei pode obrigar um indivíduo ou um grupo a cumprir ou a evitar certos actos, sancionando a desobediência, a ética apenas qualifica esses actos como bons ou maus. No volume I desta colecção, *Ética: dos Fundamentos às Práticas*, os conceitos abordados neste parágrafo são desenvolvidos por especialistas.

O conjunto das tecnologias de informação e comunicação é, por vezes, abreviadamente referido apenas por TIC (ou, usando a sigla em inglês, por ICT).

Dado que as TIC são relativamente recentes – meados do século XIX para as tecnologias de comunicação e meados do século XX para as tecnologias de informação – e dada a novidade e o alcance ainda não completamente assumidos pela sociedade, é natural que os aspectos éticos envolvidos não tenham ainda sido plenamente consciencializados, com eventual excepção dos casos mais evidentes. Acresce que as novas tecnologias envolvem alguns dos aspectos mais complexos do ser humano, como a fala e o raciocínio, o que lhes confere uma aura de quase mistério que afasta e assusta muitos, mesmo entre os seus utilizadores quotidianos.

Para desmistificar as TIC e procurar identificar os aspectos éticos associados, parece útil começar por fazer uma breve história do desenvolvimento das tecnologias, primeiro da comunicação e depois da informação. Ao longo desta descrição serão utilizados e definidos conceitos frequentemente empregados, mas poucas vezes cabalmente compreendidos.

1. Analógico e digital

A comunicação – troca de mensagens – é uma actividade essencial ao Homem, animal social. Terá começado por gestos e sons, mas, muito cedo na evolução da Humanidade, revelou-se importante permitir que a comunicação pudesse ocorrer mesmo que os intervenientes estivessem muito afastados. O som (vocal ou de instrumentos primitivos) permite cobrir distâncias até à centena de metros, poucos quilómetros em casos especiais, ao passo que a luz, em condições favoráveis, permite comunicações a vários quilómetros. Para distâncias muito superiores, a comunicação envolve a troca de mensagens, fisicamente transportadas, entre os interlocutores.

Designam-se, de forma geral, o originador da mensagem por «emissor» e o destinatário por «receptor».

As comunicações que, como a voz ou a música, podem tomar uma variedade imensa de aspectos são conhecidas como «analógicas», enquanto as comunicações com sinais luminosos que apenas podem tomar um pequeno número de aspectos, de acordo com uma convenção preestabelecida, o «código», se designam por «digitais».

A escrita, ao codificar as palavras com um pequeno número de símbolos – as letras –, veio mostrar ser possível, com algumas limitações, transformar uma mensagem analógica no seu «equivalente» digital. Por sua vez, a leitura corresponde, de certo modo, à transformação inversa, de digital para analógico.

A fotografia (de jornal) transforma a imagem real, analógica, numa reprodução (digital). Poderá não ser evidente afirmar que a fotografia é digital. Porém, para o entender, basta olhar para uma fotografia de jornal, com uma lupa, e notar que aquilo que parece um contínuo é, de facto, um conjunto de pontos próximos, cada um dos quais com uma (de entre poucas) tonalidade de cinzento.

O sigilo

Em muito casos, o emissor quer que a mensagem chegue apenas ao receptor e não possa ser recebida (ou entendida) por terceiros.

Independentemente do direito à confidencialidade, a que adiante se fará referência, para aumentar a garantia de confidencialidade da mensagem há basicamente duas técnicas: a «esteganografia» (do grego «escrita escondida») e a «encriptação». No primeiro caso, o conteúdo é escondido de tal modo na mensagem, que só o destinatário é capaz de o encontrar; no segundo, a mensagem é alterada, de forma que só o destinatário seja capaz de recuperar a sua forma original.

Um dos casos mais antigos do uso da esteganografia é referido por Heródoto em 440 a. C. Histieu, ao enviar uma mensagem para instigar à revolta contra os Persas, rapou o cabelo do vassalo que lhe era mais fiel, escreveu a mensagem no couro cabeludo e esperou que o cabelo crescesse, o que permitiu ao servo passar as linhas persas sem levantar suspeitas.

De acordo com Suetónio, o imperador Júlio Cesar, para evitar que as mensagens militares enviadas aos seus comandantes fossem conhecidas, alterava-as, substituindo cada letra da mensagem original por outra, deslocada desta um número fixo de letras do alfabeto. Designa-se esta técnica como cifra de substituição. Por exemplo, se cada letra de uma mensagem for substituída pela letra que, no alfabeto, se encontra cinco letras depois, a mensagem «atacar amanhã ao amanhecer» é transformada em «fyfhfw frfsmf ft frfsmjhjw».

Até meados do século XIX, a comunicação à distância resumia-se à troca de mensagens escritas, enviadas por mensageiros ou, em certos casos, nomeadamente de natureza militar, transmitidas por uma cadeia de telégrafos ópticos localizados no alto dos montes. Na sua forma mais simples, estes telégrafos eram formados por um conjunto de fogueiras acesas ou apagadas, mais tarde substituídas por mastros com bandeiras com símbolos de várias formas e cores (ainda hoje usadas entre navios) ou ainda mastros com hastes transversais móveis.

2. Electricidade e magnetismo

Embora, aparentemente, assuntos como a electricidade e o magnetismo não estejam relacionados com o tema das TIC, eles vão ser essenciais para se entender a evolução das comunicações.

Tales de Mileto, cerca de 600 a. C., notou que ao esfregar âmbar (em grego, *élektron*) com uma pele de gato este adquiria a propriedade de atrair corpos leves como penas e cabelos. Notou também que a magnetite tinha uma propriedade semelhante com a limalha de ferro, sem ser necessário esfregá-la como ao âmbar.

Muito mais tarde, William Gilbert (1600 d. C.), no livro *De Magnete*, sobre os magnetos, os corpos magnéticos e o grande magneto – a Terra –, distinguiu o fenómeno da atracção electrostática da atracção electromagnética, explicou a razão pela qual a agulha magnética apontava o Norte e criou a palavra «eléctrico».

Foi necessário esperar mais de um século para que Benjamin Franklin (em 1752), numa experiência que, por pouco não lhe causou a morte, revelasse a natureza eléctrica dos raios numa trovoada. Franklin identificou ainda a existência de cargas eléctricas positivas e negativas e foi o inventor do pára-raios (1754).

Em 1785, Charles Augustin de Coulomb formula a lei de atracção (ou repulsão) de cargas eléctricas, que, tal como a lei da gravidade, é proporcional ao produto das cargas e inversamente proporcional ao quadrado da distância.

Até ao final do século XVIII, todas as experiências com electricidade ou magnetismo usavam cargas (imóveis), uma vez que não se conhecia a forma de criar uma corrente eléctrica. A situação alterou-se em 1800, quando Alessandro Volta inventou a pilha (voltaica), graças à qual foi possível criar um fluxo contínuo de cargas eléctricas, a corrente eléctrica.

Em 1820, durante uma aula, Hans Christian Oersted notou que a passagem de uma corrente eléctrica num condutor provocava, na sua vizinhança, um campo magnético susceptível de afectar uma bússola. Despontou aqui a interacção dos dois fenómenos – eléctricos e magnéticos –, até então considerados independentes.

Alguns anos depois (1831), Michael Faraday descobre que um campo magnético variável é capaz de criar um campo eléctrico (lei da indução). Estavam criadas as condições para a conjectura genial, de James Clerk Maxwell (1873), que liga entre si as leis da electricidade e do magnetismo e mostra que ambas são aspectos particulares do campo electromagnético. Sempre que há um campo eléctrico variável, existe associado um campo magnético (variável), e sempre que há um campo magnético variável, existe também, a ele associado, um campo eléctrico. Daí a designação de campo electromagnético.

Mas Maxwell vai mais longe ao afirmar que o campo electromagnético se propaga no espaço com a velocidade da luz e que a luz é, ela própria, um fenómeno electromagnético.

A afirmação de Maxwell permaneceu como conjectura, aliás bastante contestada, até que em 1888 Heinrich Hertz demonstrou a sua validade, tendo sido capaz de medir a velocidade de propagação do campo electromagnético e mostrado que ela era igual à velocidade de propagação da luz. Estavam abertas as portas para o nascimento das radiocomunicações.

2.1. O telégrafo

Entusiasmado com as experiências de Charles Thomas Jackson com os efeitos magnéticos provocados pela corrente eléctrica, Samuel Morse submeteu a primeira patente (1847) sobre o telégrafo. Mais tarde, com Alfred Vail, inventou o código Morse, com o qual as letras e os espaços de um texto escrito são transformados em sequências de impulsos eléctricos curtos (pontos) e longos (traços).

Em 1844, foi oficialmente inaugurado o serviço telegráfico entre Washington e Baltimore (cerca de 70 km). Pela primeira vez, tornava-se possível comunicar (quase) instantaneamente a grande distância, embora esta comunicação exigisse uma ligação física (linha telegráfica) entre o emissor e o receptor e a conversão da mensagem (texto) em código Morse no emissor e a sua reconversão, novamente em texto, no receptor.

Vinte anos depois (1861), é inaugurado, nos Estados Unidos da América (EUA), o serviço telegráfico entre as costas ocidental e oriental, o que levou ao fim do Pony Express. O telégrafo foi instalado ao longo das linhas de caminho-de-ferro e a sua popularidade foi tal, que, em breve, passou a estar disponível nas estações de correio.

A invenção do telégrafo é, por vezes, atribuída a Carl Friedrich Gauss e Charles Wheatstone, que, independente e anteriormente a Morse, demonstraram dispositivos similares.

Depois de várias tentativas falhadas, a primeira ligação telegráfica permanente entre a Europa e a América do Norte ocorreu em 1866, e entre a Austrália e o resto do mundo em 1872.

O telégrafo foi muito melhorado ao longo do tempo. São dignos de referência o telégrafo impressor de Émile Baudot, no qual cada caracter é transformado numa série de cinco símbolos. Em emissão, o teclado produz automaticamente estes símbolos e, em recepção, os símbolos actuam directamente nos caracteres tipográficos. É do nome deste inventor que deriva a unidade de velocidade de transmissão telegráfica, o símbolo por segundo ou baud.

O último serviço telegráfico conhecido foi encerrado em 2013, na Índia.

Embora o serviço público de correio já tivesse levantado questões éticas, nomeadamente o livre acesso, a obrigatoriedade da entrega e a inviolabilidade da correspondência, o serviço telegráfico, além do dever de sigilo imposto aos operadores, levantava questões de sigilo de outros elementos, mais tarde conhecidos como «metadados», tais como data, hora, locais da emissão e da recepção e o número de caracteres da mensagem, essenciais para o cálculo do custo da transmissão. Deriva da necessidade de confidencialidade do serviço telegráfico a primeira cifra razoavelmente segura (devida a Gilbert Sandford Vernam em 1917).

2.2. *O telefone*

O telégrafo permitia o envio de mensagens (escritas), mas não conseguia proporcionar um contacto mais humano entre os interlocutores. Esse problema veio a ter uma primeira solução com o telefone de Alexander Bell (1876). Com o telefone, passada a primeira fase de estabelecimento da ligação, os interlocutores ouviam-se um ao outro dispensando intermediários. Não admira, pois, o sucesso imediato do telefone, que passou a estar disponível nas empresas, nos serviços, nas ruas (em cabinas públicas), em breve nas habitações, e já não só nas estações de correio.

À medida que aumentava o número de telefones, a necessidade de ter uma linha para interligar cada par impôs a existência de uma rede, em estrela, no centro da qual se localizava a central telefónica, ligada por uma linha a cada um dos terminais. Por razões económicas, e uma vez que a maioria das comunicações tendia a ser local, a rede era composta por várias redes em estrela, em que as centrais (e apenas estas) estavam ligadas entre si.

Inicialmente, a «comutação», termo técnico que inclui todos os processos necessários para o estabelecimento de uma comunicação, era manual. A origem da comunicação indicava à central o destinatário, a central procurava-o e, uma vez encontrado, estabelecia a comunicação.

Embora as centrais manuais permitissem ao operador a comunicação com a origem e o destino, esta possibilidade era retirada ao operador durante a chamada, para garantir o sigilo da comunicação. No entanto, a necessidade de facturar o serviço prestado impunha que o operador tivesse conhecimento e registasse os metadados (data-hora, origem e destino e duração) de cada chamada. Por outro lado, a violação do sigilo da comunicação era uma operação fácil a quem tivesse acesso à linha que ligava o terminal telefónico à central.

A partir do início do século XX, em especial a partir dos anos 30, as centrais telefónicas manuais passaram, pouco a pouco, a ser substituídas por centrais automáticas. Os cabos telefónicos (muitas vezes enterrados) tomaram o lugar das linhas telefónicas que antes dominavam a paisagem urbana. Por esta razão, mesmo quando nos anos 60 começaram a ser utilizados dispositivos que tornavam ininteligível o sinal transmitido, o telefone foi sempre considerado um meio de comunicação muito fácil e cómodo, mas pouco seguro.

O sigilo das comunicações telefónicas, em Portugal, é protegido pelo artigo 34.° da Constituição. Os metadados, que, em muitos casos, podem ser tão ou mais importantes do que o conteúdo da comunicação, passaram a estar protegidos pela Lei 41/2004, que transpõe para a ordem jurídica nacional a Directiva 2002/58/CE do Parlamento Europeu e do Conselho.

2.3. A rádio

Ainda que, segundo consta, Heinrich Hertz tenha afirmado que as ondas electromagnéticas (ou hertzianas) não tinham nenhuma espécie de utilidade, o facto é que, poucos anos depois, Oliver Lodge, na Royal Society, Jagadish Chandra Bose, na Câmara Municipal de Calcutá, Aleksandr Popov, na Sociedade Físico-Química russa, e Nikola Tesla, no rio Hudson, experimentaram usar estas ondas para estabelecer a comunicação entre dois pontos, dispensando a linha exigida tanto pelo telégrafo como pelo telefone.

No entanto, deve-se a Guglielmo Marconi, em 1896, a primeira patente (n.° 12 039) para um sistema telegráfico sem fios e uma segunda patente (n.° 7777) relativa a circuitos sintonizados que permitiam alguma selectividade, evitando a interferência entre diferentes sistemas.

Em 12 de Dezembro de 1901, Marconi realizou a primeira transmissão telegráfica transatlântica, sem fios, entre Poldhu, na Cornualha (Inglaterra), e St. John's, na Terra Nova (Canadá). É interessante recordar que esta primeira transmissão foi negada pela generalidade da comunidade científica da época com o seguinte argumento: uma vez que as ondas electromagnéticas se propagam em linha recta, devido à curvatura da Terra é impossível que um sinal emitido em Inglaterra seja recebido no Canadá. Acontece que, à data, não se conhecia a existência de um conjunto de camadas atmosféricas ionizadas (a ionosfera) capazes de reflectir as ondas electromagnéticas e assim permitir, em certas condições, a comunicação a grandes distâncias. Para impedir a repetição da experiência, a pedido da Anglo-American Telegraph Company, que detinha o monopólio das comunicações telegráficas entre a Europa e a América, foi emitida uma providência cautelar. Mas Marconi não desistiu e, em Fevereiro de 1902, repetiu a experiência, agora entre Poldhu e o navio SS *Philadelphia*, a navegar em águas internacionais.

As primeiras experiências de Marconi com a telegrafia sem fios usavam emissores de faísca que ocupavam um enorme conjunto de frequências, muito superior ao estritamente necessário, tornando impossível a co-localização de vários emissores e receptores em funcionamento simultâneo. Os circuitos sintonizados, referidos na segunda patente de Marconi, ultrapassaram, em grande parte, este problema.

A telegrafia sem fios foi adoptada pela Marinha Real Britânica ainda no século XIX e, poucos anos depois, navios mesmo de pequenas dimensões tinham a bordo equipamento de telegrafia sem fios. Tanto que, em 1912, aquando do afundamento do *Titanic*, foi possível salvar 700 pessoas graças à telegrafia sem fios com equipamento Marconi.

Estimulado pela telegrafia sem fios, Roberto Landell de Moura, no Brasil, conseguiu demonstrar a telefonia sem fios, transmitindo voz a cerca de oito quilómetros, em 1900.

O facto de as ondas electromagnéticas não conhecerem fronteiras políticas e a facilidade com que, mesmo inadvertidamente, é possível provocar interferências em comunicações de emergência cedo levaram as nações a estabelecer uma convenção internacional (First International Radio Telegraphic Conference, Berlim, 1903) sobre este assunto.

O progresso da rádio, como veio a ser conhecida a transmissão telegráfica e telefónica sem fios, só arrancou verdadeiramente com o início da electrónica (tubos de vazio), que permitiu a geração e a detecção de ondas electromagnéticas com equipamento compacto e de baixo preço.

O facto de o equipamento de recepção poder ser muito simples e barato levou ao aparecimento de um novo tipo de serviço de comunicações (1920), a radiodifusão, em que um emissor transmitia a mesma mensagem (notícias, música), que podia ser recebida por todos os receptores na sua vizinhança. A radiodifusão inaugura um paradigma diferente nas comunicações, que de «um para um» passam a ser de «um para muitos».

A popularização da radiodifusão e (relativa) facilidade em conseguir alcances de milhares de quilómetros tornaram este meio ideal para propaganda, não só comercial, mas também política, sobretudo durante a Segunda Guerra Mundial e a Guerra Fria, que se lhe seguiu.

Entretanto, os melhoramentos técnicos e a popularização da radiodifusão levaram à ocupação de cada vez maior número de frequências, que, rapidamente, se tornaram insuficientes para as necessidades.

Os progressos da electrónica, nomeadamente a invenção do transístor (1947) e do circuito integrado (1958), permitiram não só a diminuição acentuada dos custos, das dimensões e do consumo energético dos receptores de rádio.

As comunicações via rádio levantam, pelo menos, dois problemas éticos que acabaram por encontrar a sua transcrição na lei. O primeiro é o do acesso. O facto de cada transmissão via rádio ocupar um conjunto de frequências (ou uma faixa do espectro, em linguagem técnica) e de os sinais emitidos se propagarem muito além do receptor implica a existência de uma disciplina de utilização. Esta questão torna-se particularmente mais aguda em situações de emergência como se referiu atrás. Um segundo problema, mais sensível na radiodifusão, são os conteúdos, regulados pelo Pacto Internacional sobre os Direitos Civis e Políticos, ratificado pela Assembleia-Geral das Nações Unidas [Resolução n.º 2200-A (XXI), de 16 de Dezembro de 1966] e, em Portugal, pela Lei 54/2010.

2.4. A televisão

A televisão é, por definição, a transmissão da imagem em movimento.

O primeiro sistema de televisão, devido a John Logie Baird, data de 1925. A análise da imagem monocromática (preto-e-branco), isto é, a sua conversão num sinal eléctrico, era feita por linhas horizontais descritas da esquerda para a direita e de cima para baixo, usando um sistema electromecânico. As imagens eram necessariamente simples, com uma definição muito baixa (30 linhas), e o movimento era pouco realista (cinco imagens por segundo). Em 1928, o mesmo John Baird demonstrou o primeiro sistema de televisão a cores.

A substituição do sistema electromecânico de análise por um sistema electrónico, o aumento da definição para cerca de 500 linhas, a melhoria da reprodução do movimento (25 e 30 imagens por segundo) e a transmissão por ondas hertzianas deram origem, em 1941, à primeira norma de transmissão de televisão monocromática – 525 linhas, 30 imagens por segundo –, produzida pela National Television System Committee (dos EUA). Alguns anos depois (1953), a mesma comissão produziu a segunda norma de televisão (policromática), abreviadamente designada por NTSC.

Na Europa a normalização aconteceu mais tarde. O Comité Consultivo Internacional de Radiocomunicações (CCIR), organismo da União Internacional de Telecomunicações

(UIT), uma agência especializada da Organização das Nações Unidas, só em 1961 definiu a norma (europeia) para a transmissão de televisão a cores, com 625 linhas por imagem e 25 imagens por segundo, baseada na norma americana, com as adaptações necessárias à diferente frequência da rede eléctrica num e noutro lado do Atlântico. No entanto, por várias razões, económicas, geoestratégicas e políticas, a norma CCIR não era uma norma única, mas um conjunto de normas, das quais as mais populares eram a PAL, de origem alemã, e a SECAM, de origem francesa, que, embora partilhando um conjunto de regras semelhantes, eram incompatíveis entre si.

Embora John Baird tenha realizado transmissões experimentais de televisão (de muito baixa definição) usando cabos telefónicos, a transmissão de televisão nas décadas de 50, 60 e até 70 do século XX utilizou exclusivamente a via hertziana.

A largura de banda do sinal de televisão implicou o uso de frequências mais elevadas do que as utilizadas na rádio, o que acarretou uma redução do alcance de uma estação emissora para cerca de 50 a 100 km. Assim, a cobertura televisiva de um país implicava a existência de várias estações transmissoras, organizadas em cadeia e emitindo o mesmo programa. Foi esta a opção de muitos países, nomeadamente os europeus.

É interessante notar que a importância da televisão na formação da opinião pública não passou despercebida aos políticos, razão pela qual, pelo menos inicialmente, as cadeias de emissoras de televisão eram uma por país (ou região) e estatais ou controladas de alguma forma pelo Estado. Claro que alguns aspectos técnicos davam um certo suporte a esta posição, mas, mesmo quando estes aspectos foram ultrapassados, foram necessários vários anos até que a posição de monopólio da informação televisiva deixasse de existir. A principal excepção importante a esta situação foram os EUA, em que, desde o início, existiram várias cadeias independentes de televisão.

Com a vulgarização da televisão via satélite, via cabo telefónico com correntes portadoras (ADSL) e sobretudo via cabo de fibra óptica, o número de canais de televisão disponível passou de um, ou alguns, para mais de uma centena, muitos dos quais de âmbito internacional.

A televisão levanta questões éticas semelhantes às da radiodifusão sonora, só que, agora, a sua importância é ainda maior dado o impacto da televisão no público. A existência de canais com conteúdos para adultos, por vezes acessíveis nos receptores, que as crianças se habituam a manipular desde muito jovens, torna este problema ainda mais grave. Em Portugal, o assunto é regulamentado pela Lei 27/2007.

3. A digitalização

Harry Nyquist (1928) foi o precursor da digitalização, ao afirmar que um sistema analógico também podia ser utilizado para transmitir um sinal digital, desde que a sua largura de banda fosse pelo menos o dobro do ritmo de transmissão do sinal digital.

Porém, o verdadeiro início da digitalização é devido a Claude Shannon, que, num artigo intitulado «A Mathematical Theory of Communication» (1948), apresenta não só uma «definição» e uma «medida de informação», como também demonstra que é não só possível transformar um sinal analógico no seu equivalente digital, mas também recuperar o sinal analógico, com certas limitações, a partir do seu equivalente digital. Shannon vai mais longe e mostra que é possível calcular – para qualquer sistema de transmissão (analógico ou digital) – a sua «capacidade» de transmissão, definida como o ritmo máximo de transmissão, sem erros.

Uma vez que todos os sistemas de transmissão reais introduzem erros, pode perguntar-se qual o sentido da definição de capacidade. A resposta, dada pelo próprio Shannon, é a utilização de «códigos de canal», ou seja, a introdução no sinal digital de um certo número de símbolos adicionais que permitem recuperar a mensagem original mesmo que tenham ocorrido erros de transmissão.

Ora, se é possível converter sinais analógicos em digitais e vice-versa, que razões há para preferir uns aos outros em termos de transmissão? As razões que levaram a optar pelos sinais digitais são basicamente as seguintes:

- na transmissão de sinais analógicos ao sinal soma-se sempre ruído que, só em casos especiais, é possível separar do sinal; assim, à medida que o sinal se propaga, a sua qualidade, medida pela relação sinal-ruído, piora;
- na transmissão de sinais digitais, também existe ruído, que pode provocar erros de transmissão; só que neste caso a utilização de códigos de canal, ou «códigos correctores de erros», permite eliminar estes erros;
- o sinal digital é a «linguagem» natural dos computadores, o que permitiu que, a partir dos anos 70, as centrais telefónicas (e telegráficas), até então electromecânicas, passassem a ser substituídas por centrais digitais, que não são mais do que computadores especializados;
- o sinal digital presta-se facilmente a ser cifrado, isto é, modificado, de forma a torná-lo ininteligível, a menos que o destinatário tenha a chave de decifração;
- o sinal digital presta-se mais facilmente ao armazenamento do que o sinal analógico.

Uma vez que todos os sinais analógicos se podem converter em sinais digitais (e vice-versa), deixa de fazer sentido ter circuitos (e redes) destinados a cada serviço – rede telefónica e rede telegráfica –, o que gerou uma tendência para a unificação destas duas redes numa rede única digital. Numa primeira fase (anos 60 e 70), a televisão ficou fora desta tendência, porque o ritmo de transmissão imposto pelo sinal de vídeo era demasiado elevado para poder ser transmitido à distância nas redes de cabos telefónicos. A partir dos anos 80, a extensão da rede digital ao assinante permitiu a integração na rede de assinantes de vários serviços além do simples serviço telefónico (RDIS – Rede Digital com Integração de Serviços).

3.1. A codificação da informação

A codificação da informação é particularmente simples no caso do texto. Basta definir um código para cada símbolo (carácter), por exemplo um número, e depois convertê-lo na base 2, isto é, transformá-lo num conjunto de zeros e uns. Um dos códigos mais usados é o código ASCII-8, no qual, por exemplo, à letra *a* (minúscula) é atribuído o número 97, que, na base 2, se escreve 0110001.

O conjunto de 8 *bits* é designado por octeto ou, mais frequentemente, por *byte*, e representa-se por B. Na maioria das aplicações ligadas com computadores, para indicar a dimensão do código ou as exigências de memória, é vulgar usar o octeto (ou *byte*). Em comunicações, a unidade empregada para a velocidade de transmissão é o *bit* por segundo ou b/s, que convém não ser confundido (embora muitas vezes o seja) com o *byte* por segundo ou B/s, por vezes usado para caracterizar a velocidade de transmissão entre unidades de um computador.

A digitalização do som telefónico passa em primeiro lugar por uma compressão que limita a variação de amplitudes do sinal. Segue-se a amostragem, 8000 vezes por segundo, e a codificação das amostras com 8 (zeros e uns) *bits* por amostra, o que conduz a um total de 64 000 *bits* por segundo ou 64 kb/s.

A digitalização do som, em particular da música, é mais exigente por duas razões principais: a faixa de frequências é bem mais elevada (cerca de 16 a 20 kHz para a música contra 3 a 4 kHz para o sinal telefónico de voz) e a gama dinâmica também. E, claro, hoje em dia já não se aceita a reprodução de música por uma só via (monofonia). São necessárias, pelo menos, duas vias (estereofonia). Feitas as contas, para som estereofónico de alta qualidade é necessário um ritmo de transmissão de cerca de 1,4 Mb/s (1,4 milhões de b/s). É este o ritmo utilizado nos vulgares discos compactos (CD) de música.

Tirando partido das características da audição humana, é possível codificar a música reduzindo cerca de 10 a 20 vezes o ritmo binário utilizado nos discos compactos, mantendo uma qualidade muito semelhante. Trata-se da norma MP3 (surgida em meados da década de 90) e mais recentemente da norma MP4.

A codificação da imagem pode ser feita dividindo-a em pequenos elementos ou píxeis e atribuindo a cada píxel 3 dígitos (tipicamente com 8 *bits* cada) correspondentes à intensidade das 3 cores primárias (vermelho, verde e azul). Assim, uma fotografia (a cores) no formato A4 (210 x 297 mm), com uma definição de 10 píxeis por milímetro, tem 6 237 000 píxeis, ou cerca de 150 milhões de *bits* (150 Mb).

Este simples exemplo mostra bem a quantidade de informação existente numa imagem e induz a seguinte questão: Será que é mesmo necessário transmitir toda esta informação? Será que não é possível comprimir de algum modo esta informação sem que o observador se aperceba?

A resposta é afirmativa. A codificação das imagens, de acordo com uma norma designada por JPEG (de *Joint Photographic Experts Group*), permite reduzir cerca de 10 vezes a quantidade de informação sem que, na generalidade das imagens, o observador consiga detectar o efeito da compressão. Se o observador aceitar alguma perda na qualidade da imagem, a redução da informação (ou compressão) pode ser ainda maior. O formato JPEG é o habitualmente usado em fotografia (digital).

Se a transmissão (e armazenamento) da informação de uma imagem já exige técnicas de compressão da informação, a situação é ainda mais exigente para o vídeo (a imagem em movimento). Uma reprodução aceitável do movimento implica um ritmo de cerca de 25 imagens por segundo, o que, a manter a definição de imagem do exemplo anterior, exige um ritmo de transmissão de 3,75 Gb/s (isto é, 3750 milhões de b/s). Tal como a informação de uma imagem pode ser comprimida com a codificação, o mesmo se passa, mas ainda em maior grau, com o vídeo, já que numa sequência de vídeo as imagens próximas são, em geral, muito semelhantes. Com a norma MPEG (de *Moving Picture Experts Group*), o ritmo de transmissão necessário para vídeo de qualidade normal é de apenas 2 a 5 Mb/s, o que permitiu passar a incluir a televisão nos serviços suportados pela rede telefónica fixa e, naturalmente também, na Internet, a partir da década de 90.

3.2. Os computadores

O processamento e armazenamento digital da informação só se tornou prático e económico com o desenvolvimento, miniaturização e diminuição de custos dos computadores digitais.

Os primeiros computadores digitais modernos como, por exemplo, o ENIAC (*Electronic Numerical Integrator and Computer* – primeiro computador digital electrónico de grande escala), inaugurado em 1946, eram máquinas enormes, pesando quase 30 toneladas, ocupando mais de 150 metros quadrados e com um elevado consumo de energia eléctrica (150 kW), devido sobretudo ao facto de os seus elementos activos serem dezenas de milhares de tubos de vazio.

Com a substituição dos tubos de vazio pelos transístores e sobretudo com a substituição destes pelos circuitos integrados, foi possível diminuir o peso, a dimensão e o consumo de energia várias ordens de grandeza e, simultaneamente, aumentar outro tanto a capacidade de processamento.

A partir da década de 60, a utilização dos computadores começou a generalizar-se, já não só para cálculo científico e fins militares, mas também, e cada vez mais, para tarefas administrativas. De início, os computadores funcionavam isolados uns dos outros, sendo o acesso dos utilizadores feito geralmente por fita ou por cartões perfurados. Um pouco mais tarde, começou a generalizar-se a interacção por terminais muito semelhantes a teleimpressores, com teclado, leitor e perfurador de fita e impressora e, ainda mais tarde, o uso de terminais em que um ecrã substituía a impressora. Uma vez que o mesmo computador suportava, simultaneamente, vários utilizadores, este modo de operação ficou conhecido como «tempo parcial» ou *time-sharing*.

Os primeiros computadores pessoais, que, como o nome indica, eram destinados a ser utilizados por uma pessoa, apareceram em 1981. De início eram aparelhos de secretária, mas, menos de um ano depois, surgiram os primeiros modelos portáteis.

Embora desde o início os computadores pessoais se pudessem ligar quer a um computador central quer entre si, usando a rede telefónica analógica, a popularização da rede sem fios, conhecida como *wi-fi*, veio dar aos computadores pessoais um acesso fácil e barato à Internet, tornando-os indispensáveis não só nas empresas mas também em casa.

A introdução de ecrãs sensíveis ao toque, o que permitiu dispensar o teclado, e a contínua miniaturização levaram ao aparecimento de *tablets* e de telefones móveis com capacidade de processamento e armazenamento muito superior à dos primeiros computadores digitais, como o ENIAC.

Nos computadores, é habitual designar o conjunto dos componentes físicos (processador, memórias, *interfaces* de comunicação, periféricos) com a palavra inglesa *hardware* e o conjunto de instruções que operam o computador como suporte lógico ou *software*. De entre o suporte lógico, tem especial importância o sistema operativo, formado por um conjunto de instruções básicas que operam todos os elementos que constituem o computador. Os programas que realizam as funções que nos habituámos a usar, como o correio electrónico, a visualização de portais, a produção de diapositivos, etc., todos eles recorrem ao sistema operativo. É por isso que de todos estes programas (ou aplicações) são disponibilizadas versões para os sistemas operativos mais populares.

À medida que os computadores e o respectivo suporte lógico foram sendo desenvolvidos e aperfeiçoados, mais e mais tarefas antes desempenhadas por seres humanos passaram a ser realizadas por máquinas geridas ou operadas por computadores. Por outro lado, a interacção dos seres humanos com os computadores tem vindo a passar dos teclados para ecrãs sensíveis ao toque, para a voz e, em certos casos, para os gestos. Hoje em dia, num centro de atendimento telefónico (*call center*) começa a ser difícil distinguir se o atendimento é feito por um ser humano ou por um computador.

3.3. A Internet

Na rede telefónica analógica, em cada comunicação, a central encarrega-se de estabelecer um circuito que liga entre si os dois terminais, emissor e receptor. Designa-se este processo por «comutação de circuitos». Na rede digital adoptou-se outro processo. A cadeia de dados correspondente à emissão de um terminal é dividida em «pacotes», aos quais é aposto um cabeçalho com a identificação do destinatário e um número de ordem (para permitir reconstituir a cadeia de dados no receptor). Os pacotes são entregues à rede, que procura encaminhá-los da melhor forma para o receptor, utilizando o endereço do cabeçalho. É possível que os vários pacotes de uma comunicação tomem caminhos diferentes e, por isso, cheguem ao destino com uma ordem diferente daquela com que foram emitidos. Assim, na recepção, recorrendo ao número de ordem do cabeçalho, os pacotes são colocados na ordem correcta para apresentação ao receptor. Esta forma de ligação entre os terminais designa-se por «comutação de pacotes».

Sempre que os terminais numa ligação não estão permanentemente activos, a comutação de pacotes permite rendibilizar melhor os circuitos disponíveis. Em contrapartida, não consegue garantir, a não ser em termos estatísticos, a «latência», isto é, o atraso entre a emissão e a recepção.

No início, a comunicação entre os computadores centrais (*mainframes*) e os seus terminais fazia-se pela rede telefónica analógica, com recurso a *modems* que transformavam os sinais digitais em analógicos e vice-versa num e noutro extremo da linha. A primeira rede de comunicação entre computadores, utilizando comutação de pacotes, foi a ARPANET (*Advanced Research Projects Agency Network*), em 1969, do Departamento de Defesa dos EUA.

O objectivo da ARPANET era a criação de uma rede de comunicações muito resistente, capaz de enfrentar a destruição de vários dos seus nós e, mesmo assim, continuar a funcionar. A expansão da ARPANET foi muito rápida e, em 1981, já tinha atingido 213 nós. O crescimento da ARPANET foi tal, que as regras de gestão dos pacotes de informação na rede – «protocolo» – tiveram de ser substituídas. O protocolo actual, conhecido por TCP/IP, foi o resultado de um trabalho unificador de Vinton Cerf, em 1974, modificado em 1978. A normalização deste protocolo permitiu a interligação de muitas redes em todo o mundo dando origem à Internet.

Em 1990, Tim Berners-Lee definiu uma linguagem para a produção de hipertextos (HTML) com texto e imagem em terminais gráficos, o protocolo para transferência de hipertexto (HTTP) e um navegador (*browser*) que era, ao mesmo tempo, capaz de visualizar e editar hipertextos. Em 1991, foi instalado no CERN o primeiro servidor da *World Wide Web* (WWW) e apresentadas as primeiras páginas que descreviam o projecto.

As tecnologias de compressão digital de música, imagem e vídeo possibilitaram a inclusão destes tipos de informação na Internet, o que aumentou muito a sua atractividade fora dos meios académicos, nos quais se iniciou e começou a expandir.

A Internet é, como o próprio nome indica, uma rede de redes de computadores ligadas entre si por nós de encaminhamento vulgarmente designados por *routers*. A estes compete encontrar o caminho que permite a um pacote chegar ao seu destino. Cada rede tem um ou mais servidores e (muitos) utilizadores. Os servidores prestam serviços aos utilizadores, como o correio electrónico, o suporte de portais de Internet e as redes sociais. Com a expansão da Internet, tem-se assistido ultimamente à ligação dos mais variados dispositivos, de sensores ambientais a indicadores de posição ou de conteúdo, formando o que tem vindo a ser designado por «Internet das Coisas» (*Internet of Things* ou simplesmente IoT). Os servidores e/ou os utilizadores podem interpor entre si próprios e a Internet uma barreira (*firewall*) capaz de oferecer alguma protecção contra intrusões indesejáveis.

O facto de o utilizador da Internet poder não só enviar mas também receber informação sob qualquer forma (texto, som, imagem, vídeo) de e para qualquer parte do mundo permitiu o aparecimento de vários serviços, como o correio electrónico, a difusão de música e vídeo, os serviços bancários, as compras e mesmo os jogos em equipa. Na última década ganharam importância crescente as redes sociais, nas quais grupos de participantes partilham entre si informação.

À medida que mais e mais informação vai estando disponível na Internet, o seu interesse e a sua expansão aumentam.

Em 2016 a Internet era utilizada por cerca de metade da população mundial. No mesmo ano, cerca de 70% da população portuguesa acedeu à Internet pelo menos uma vez por semana.

A comodidade e o baixo custo da utilização de correio electrónico têm conferido a este serviço uma popularidade extraordinária. Estima-se que em 2017 existiam 4900 milhões de endereços de correio electrónico e que eram enviados/ /recebidos diariamente 225 000 milhões de mensagens de correio electrónico (ou seja, cerca de 45 mensagens por endereço e por dia).

3.4. A rede móvel celular

Uma vez que as comunicações via rádio não exigem uma ligação física, é possível aos seus utilizadores estarem sempre ligados (online) onde quer que se encontrem. Este potencial foi inicialmente quase só restrito aos militares, devido não só à dimensão, ao peso e ao custo dos equipamentos portáteis, mas também à não existência de frequências disponíveis para que este novo serviço pudesse ser generalizado.

A solução encontrada para permitir a generalização das comunicações móveis foi a rede celular. Consiste em dividir a área a servir em células, de forma aproximadamente hexagonal, servidas por uma estação de base, que pode utilizar qualquer das seis frequências atribuídas ao operador do serviço, mas de tal forma que, em cada instante, as frequências de células contíguas nunca sejam as mesmas para evitar interferências. A ligação entre estações de base e entre estas e a rede de comunicações é feita pela rede fixa.

A primeira rede celular comercial (conhecida por 1G), ainda analógica, foi instalada pela NTT, em 1979, em Tóquio. Os primeiros telefones móveis celulares, vulgarmente conhecidos como telemóveis (ou celulares, no Brasil), eram enormes, pesados (1 a 2 kg) e caros, quando comparados com os actuais, mas ofereciam uma funcionalidade importante, até então não disponível: o seu utilizador podia estar sempre acessível.

A segunda geração de redes celulares (2G, ou GSM), lançada em 1991, na Finlândia, trouxe grandes melhorias e, verdadeiramente, iniciou a massificação das redes celulares. O facto de a rede de rádio ser digital permitiu diminuir a potência de emissão das unidades móveis, diminuindo as suas dimensões e o seu peso. A inviolabilidade das comunicações de rádio foi assegurada com o uso de cifra (ou encriptação). Além do serviço de voz, as redes de segunda geração passaram a oferecer um serviço de mensagens de texto (SMS) que rapidamente se tornou popular.

A evolução dos sistemas de rádio móvel celular (3G, 4G e em breve 5G) foi no sentido de oferecer aos utilizadores cada vez maior débito binário, permitindo a transmissão de música, imagens, jogos e mesmo vídeo, o que, associada à capacidade dos processadores, à *interface* hoje quase exclusivamente por ecrãs tácteis (ou voz), possibilitou concentrar num único equipamento funcionalidades como relógio, calendário, agenda, bloco de notas, gravador de som, receptor de rádio e televisão, máquina fotográfica e de filmar – tudo muito além das comunicações.

4. Questões éticas, legais e de segurança

Ao longo da evolução tecnológica, de que se procurou dar uma ideia necessariamente resumida e simplificada, as questões éticas foram aparecendo, a princípio de forma simples e fácil de apresentar. À medida que as TIC se foram tornando numa parte mais importante do nosso dia-a-dia, a situação tem-se tornado cada vez mais complexa.

No início e no âmbito das comunicações interpessoais, a questão principal era a confidencialidade da informação.

Para as ligações por fios, a confidencialidade era assegurada desde que o acesso aos circuitos e às estações de comutação estivesse vedado, algo quase impossível de assegurar de forma convincente. Daí que informação confidencial nunca fosse transmitida de forma clara pelo telégrafo e menos ainda pelo telefone. Para estes casos impunha-se sempre o uso da encriptação.

Independentemente da informação trocada numa mensagem telefónica, e por vezes até mais importante do que ela, são os metadados associados à mensagem que o operador tem de manter, quando mais não seja para efeitos de facturação. Note-se que os metadados podem ser, e muitas vezes são, mais importantes do que a informação trocada.

Quanto à rádio, a primeira questão ética é saber quem tem o direito a transmitir. Uma vez que o espectro radioeléctrico é um bem comum, é necessário definir regras para a sua utilização.

Nas comunicações via rádio é praticamente impossível garantir a confidencialidade das comunicações analógicas de voz. Já em digital, o recurso à cifra (como acontece com as redes de rádio celulares a partir da segunda geração) pode tornar estas comunicações bastante seguras.

No espectro de rádio é necessário garantir um acesso equilibrado, evitando que os utilizadores interfiram entre si. Existe uma agência especializada das Nações Unidas – a União Internacional das Telecomunicações – que gere o espectro de rádio, alocando bandas de frequência e promovendo a cooperação internacional. É notável que a disciplina de rádio seja geralmente acatada por todos os países, mesmo em caso de guerra e de outras situações de elevada conflitualidade. Uma explicação simplista é, talvez, a facilidade de retaliação.

Os problemas éticos mais graves são levantados pela Internet e agudizados pela popularização conjunta da Internet e das redes móveis celulares.

Neste âmbito, um primeiro problema tem que ver com direitos de autor. Em princípio, não há processo que impeça que um servidor ligado à Internet disponibilize gratuitamente programas, documentos, livros, músicas ou filmes e sem respeitar pagar os direitos de autor. Em alguns países a legislação permite às autoridades fecharem o acesso destes servidores à Internet, mas é relativamente fácil encontrar servidores em qualquer outra parte do mundo que ofereçam o mesmo serviço. É mesmo possível que, ao descarregar informação de um servidor, o utilizador descarregue também, sem se dar conta, um programa malicioso que transforma o seu computador num servidor da informação que acabou de descarregar.

De acordo com a Cisco (http://www.cisco.com/c/en/us/about/security-center/virus-differences.html), podem classificar-se os programas maliciosos (*malware*) em quatro classes: vírus, *worms*, «cavalos de Tróia» e *bots*. Os vírus propagam-se associando-se a textos ou programas e infectando outros computadores ligados à Internet; os *worms* exploram vulnerabilidades do sistema operativo e propagam-se sem a intervenção do utilizador, usando os programas habituais de partilha de ficheiros; os «cavalos de Tróia» podem ser utilizados para criar vulnerabilidades susceptíveis de ser exploradas mais tarde por outros programas maliciosos; os *bots*, designação derivada de *robots*, são programas maliciosos que, uma vez instalados, transferem o controlo do computador infectado para um centro de comando exterior.

Existem também *bots* úteis, como por exemplo os programas que constantemente viajam pela Internet para indexar os conteúdos disponíveis. São conhecidos pela designação inglesa de *Web crawlers*. Embora estes programas consumam recursos dos portais visitados, estas visitas são frequentemente feitas sem autorização.

Um segundo problema ético está ligado à possibilidade de controlar um computador ligado à Internet com outro computador, sem que o utilizador do primeiro tenha consciência do que se está a passar. Há vários processos para atingir este fim. O mais comum é a inserção de um programa, disfarçado com um ícone apelativo, anexo a uma mensagem de correio electrónico. Se o utilizador incauto, ou simplesmente curioso, «clicar» duas vezes no ícone anexo à mensagem, pode, inadvertidamente, instalar o dito programa malicioso capaz de controlar o seu computador. A situação mais grave ocorre quando o programa malicioso vem inserido numa actualização de um programa legítimo, por exemplo o sistema operativo.

A primeira linha de defesa de um computador contra programas maliciosos está no seu sistema operativo. Daí que seja uma boa prática manter actualizado o sistema operativo instalando as correcções que os fabricantes periodicamente fornecem. Uma segunda linha de defesa é o antivírus, um programa que procura identificar e destruir programas maliciosos, quer já instalados, quer existentes em mensagens de correio electrónico ou noutros ficheiros. Uma terceira linha de defesa poderá ser ainda a instalação de um «corta-fogo» (*firewall*) entre a ligação à Internet e a rede a proteger. Tal como a vacinação de uma percentagem elevada de uma população impede, eficazmente, a propagação de uma doença, também a actualização do sistema operativo e a utilização de antivírus ajudam a evitar a propagação de programas maliciosos.

Devido à sua popularidade, o correio electrónico tornou-se no meio ideal para publicidade não solicitada (*spam*). Além dos inconvenientes que provoca, entre os quais o mais frequente é a saturação da caixa de correio, ajuda à difusão de mensagens perigosas que incluem anexos com programas maliciosos, que, se activados (por um duplo clique), podem tirar ao utilizador local o acesso ao seu computador e transferi-lo para um utilizador remoto e desconhecido. Uma alternativa às mensagens com programas maliciosos é a indicação de endereços de portais (hiperligações) que, se forem acedidos pelo utilizador, descarregam (sem aviso) programas maliciosos.

Ainda que a identificação de qualquer computador ligado à Internet seja unívoca, há formas de mascarar esta identificação, nomeadamente no correio electrónico. A mais frequente é designada por mascaramento (em inglês, *phishing*). Consiste no envio de mensagens de correio electrónico com um remetente verosímil, mas falso, solicitando uma resposta com dados pessoais como o número de conta bancária, senha de acesso, etc. Este tipo de fraude poderia ser detectado pelo operador de comunicações sempre que o remetente (aparente) da mensagem não coincidisse com o seu endereço de Internet (IP). Só que esta operação implicaria que o operador acedesse ao conteúdo da mensagem, em que está o nome do remetente, o que viola o sigilo da comunicação e, portanto, não é legalmente permitida.

Existem muitos servidores de correio electrónico comerciais, entre os quais os dos operadores de comunicações. Estes servidores podem também proporcionar aos seus clientes o armazenamento de mensagens, tanto recebidas como enviadas, e, muitas vezes também, serviços de filtragem de mensagens não solicitadas ou com programas maliciosos. Embora estes serviços tenham custos, existem operadores de correio electrónico que os oferecem de modo gratuito, aparentemente sem nenhuma contrapartida. Como é isto possível?

Pela leitura (automática) das mensagens ou apenas pelos metadados, estes operadores são capazes de estabelecer um perfil dos utilizadores que tem valor comercial para efeitos de publicidade. O mesmo sucede nas redes sociais, em que os conteúdos trocados entre os utilizadores podem ser analisados e usados para fins comerciais.

Estas práticas, claramente em violação do sigilo da comunicação, seguido desde o início dos serviços de telecomunicações, têm dado origem, em alguns casos, a condenações nos tribunais.

Um terceiro problema ético tem que ver com o acesso (não autorizado) ao modo como o utilizador navega na Internet. Muitos portais enviam dados (em inglês, *cookies)* aos programas navegadores (em inglês, *browsers*). Estes dados são armazenados no computador do utilizador, e foram criados para que o portal saiba sempre qual o estado do navegador que o visita (por exemplo, nos portais de compras, quais os itens que o utilizador já colocou no carrinho de compras). Cada vez que o utilizador dá um comando ao navegador, os *cookies* são devolvidos ao portal, que, assim, é capaz de recordar todos os passos que o utilizador deu na sua visita.

Atendendo à possível devassa da privacidade do utilizador permitida pelos *cookies,* em 2002 a Comissão Europeia na Directiva sobre a Privacidade nas Comunicações Electrónicas impôs que o utilizador deva dar o seu consentimento explícito ao uso de *cookies* (2009/136/EC). Mais recentemente (Opinião 4/2012) foram identificados casos em que este consentimento explícito não é necessário. Prevê-se que, em 2018, a Comissão Europeia modifique a sua posição exigindo o consentimento explícito apenas na primeira vez que o conjunto utilizador mais navegador visita um portal.

Seja como for, a maioria dos navegadores permite ao utilizador rejeitar a recepção dos *cookies* e consequentemente a instalação no seu computador.

Um quarto problema ético prende-se com o facto de a informação entrada na Internet ficar para sempre na Internet, facto que é potencialmente susceptível de criar prejuízos irreparáveis a um inocente. Imagine-se alguém que é acusado de cometer um crime cuja notícia é publicada num jornal. O portal do jornal é indexado e o nome do acusado fica para sempre na Internet associado ao crime. Suponha-se, agora, que o acusado é julgado e considerado inocente, notícia que provavelmente não tem grande interesse jornalístico e, portanto, nunca chega à Internet. Será que o acusado, agora declarado inocente, deverá ter, para sempre, a sua reputação manchada? Para responder a este problema, no âmbito das leis europeias de protecção de dados, foi criado o direito ao esquecimento, pelo qual o Tribunal Europeu de Justiça pode impor aos motores de busca da Internet que apaguem certas informações.

Atendendo à sua importância, a Internet é, ou pode ser, alvo de vários tipos de ataque que visam ganhar o controlo de algum processo ou impedir o uso legítimo de um serviço. Por esta razão, serviços públicos críticos, como as comunicações e distribuição de energia eléctrica, tendem a utilizar redes privadas, excluindo por segurança, apesar da perda de comodidade e do menor custo, a ligação à Internet pública.

Um dos ataques possíveis a um servidor, conhecido pela sigla DoS (do inglês *Denial of Service*), consiste em enviar tantos pedidos (falsos) a um servidor, que este «entope» e, sendo incapaz de distinguir os pedidos legítimos dos que o não são, deixa de realizar a sua função. Para ser mais eficaz e evitar uma defesa possível (como recusar todos os pedidos originados da mesma fonte), o ataque é feito simultaneamente não por um mas por muitos computadores. Daí a sigla DDoS (do inglês *Distributed Denial of Service*). Em geral, o utilizador destes computadores não tem sequer consciência da sua participação no ataque, já que o seu computador foi comprometido muito tempo antes com um programa malicioso.

Apresentaram-se brevemente questões éticas, legais e de segurança ligadas sobretudo às tecnologias de comunicação. À medida que a evolução tecnológica for dotando os computadores de mais e mais capacidades, até há bem pouco tempo exclusivas dos seres humanos, como a fala e o raciocínio, muitas outras questões éticas complexas se irão levantar. É, pois, importante estar alerta e reflectir sobre estes assuntos.

Referências e leituras recomendadas

ISTED, G. A., Guglielmo Marconi and the History of Radio – Part I, *GEC Review*, vol. 7, n.º 1, 1991, pp. 45–56.

ISTED, G. A., Guglielmo Marconi and the History of Radio – Part II, *GEC Review*, vol. 7, n.º 2, 1991, pp. 110–122.

RUIZ, Blanca Rodríguez, *Privacy in Telecommunications: A European and an American Approach*, Haia/Boston, Kluwer Law International, 1997.

SINGH, Simon, *O livro dos códigos*, [*s.l.*], Editora Record, 2001.

Webgrafia

https://www.getcybersafe.gc.ca/cnt/rsks/cmmn-thrts-en.aspx.

II

TECNOLOGIAS EMERGENTES

Inteligência Artificial

Isabel Trancoso e *Ana Paiva*
Instituto Superior Técnico da Universidade de Lisboa
INESC-ID – Instituto de Engenharia de Sistemas e Computadores-
-Investigação e Desenvolvimento, Lisboa

As Ciências Cognitivas e a Inteligência Artificial (IA) são áreas com um crescimento exponencial nos últimos anos e que têm o potencial de nos fazer imaginar o futuro. No geral, a IA tem como desafio a criação de máquinas que se comportem de forma inteligente. Isto implica a criação de algoritmos e ferramentas que permitam dotar as máquinas de capacidades cognitivas, executando comportamentos inteligentes e complexos, que até agora só eram efectuados por humanos.

A IA progride a passos largos, cobrindo um sem-número de áreas de aplicação, começando nos conhecidos motores de busca, os sistemas de pergunta-resposta (como o Watson da IBM), os recentes assistentes pessoais (como a Siri, a Alexa, a Cortana e o Google Now, por exemplo), aos veículos autoguiados, passando por robôs humanóides e sociais, até às armas autónomas. Este crescimento tão recente é indissociável dos avanços em *data science* (ciência de dados), cobertos noutros capítulos, baseando-se cada vez mais em métodos de aprendizagem automática, treinados com grandes quantidades de dados que até há poucos anos eram impensáveis.

Numa era em que o conceito de *Big Data* se aplica cada vez mais não só a dados de texto, mas também de áudio e vídeo, e a um sem-número de dados de variadíssimos sensores, começa a ser possível imaginar as repercussões de «*digital twins*» (gémeos digitais) não só de objectos físicos, mas também de espécies biológicas, incluindo os humanos, copiando traços da voz de um indivíduo, da sua face, da sua aparência, dos seus gestos, da sua «personalidade». Para criar esses modelos precisamos de modelar não só a aparência, mas também o comportamento humano. Por outro lado, o avanço das Ciências Cognitivas permite, cada vez mais, perceber a natureza humana de forma a replicar e imitar comportamentos, tipicamente humanos, nas máquinas. As capacidades de aprender, de visualizar e perceber o ambiente, de raciocinar, de ter emoções ou mesmo de compreender os outros (exibir «teoria da mente»[1]) são algumas das facetas que as máquinas começam actualmente a ser capazes de reproduzir.

1. Princípios éticos aplicados à Inteligência Artificial

Este crescimento da IA está a dar azo a uma revolução (referida como a Quarta Revolução Industrial) com grande impacto não só tecnológico, mas societal e ético – impacto este que dificilmente conseguimos antever. No plano tecnológico, prevê-se que os avanços se dêem em diversos sectores tendo um impacto semelhante, se não maior, ao de outras tecnologias historicamente revolucionárias, como a máquina a vapor

---

[1] Ver por exemplo: https://pt.wikipedia.org/wiki/Teoria_da_mente.

no final do século XIX e a computação móvel no final do século seguinte. No plano societal, e embora o leque de infindáveis aplicações seja suposto beneficiar a sociedade, o impacto da IA em termos de mercado de trabalho será absolutamente revolucionário, falando-se frequentemente em profissões ameaçadas pelo seu desenvolvimento. Entre estas contam-se contabilistas, vendedores e retalhistas, profissionais de apoio ao cliente, jornalistas, juristas, dactilógrafos, gestores e condutores de veículos, economistas e algumas especialidades médicas[2]. No entanto, há também que questionar o impacto da IA em termos éticos, garantindo a sua utilização de uma forma que preserve os valores morais da nossa sociedade.

A literatura de ficção científica tem explorado extensamente o impacto da criação de máquinas que ultrapassam as competências humanas e que agem de forma autónoma. Um marco histórico nesta discussão sobre o que as máquinas podem ou não vir a ser capazes de fazer surge na ficção de Isaac Asimov, com os seus contos de *Eu, Robot,* nos quais as três «Leis da Robótica» são exploradas (Asimov, 1942): a primeira afirma que os robôs nunca devem prejudicar um ser humano; a segunda determina que os robôs devem sempre obedecer a ordens humanas, a não ser que essas ordens violem a primeira lei; e, finalmente, a terceira lei afirma que os robôs devem proteger a sua própria existência, excepto em casos de conflito com a primeira ou a segunda lei. Tal como têm vindo a ser mencionadas em múltiplos livros e filmes, estas leis moldaram as expectativas da sociedade sobre o significado de robô «moral». No entanto, como sugerido pelo próprio Asimov, estas leis são uma simplificação excessiva e subsistem muitas questões práticas e teóricas relativas à sua implementação (Clarke, 1993; Coeckelbergh, 2010). Para dar um exemplo, sublinharíamos

---

[2] Oliveira, Arlindo, O futuro do trabalho, *Público.*

que a primeira lei é incompatível com a noção de que um robô projectado para resgatar pessoas precisaria, às vezes, temporariamente, de prejudicar uma pessoa para lhe salvar a vida.

No entanto, a necessidade de dotar máquinas não só de inteligência como também de valores morais ultrapassa a ficção, estando a tornar-se numa realidade nos dias de hoje. De facto, várias organizações têm trabalhado para abordar estas preocupações, em particular o Institute of Electrical and Electronics Engineer (IEEE)[3]. Uma súmula das principais preocupações pode ser encontrada no documento «Ethically Aligned Design: A Vision for Prioritizing Human Wellbeing with Artificial Intelligence and Autonomous Systems (AI/AS)»[4], produzido por essa associação e cujo propósito era promover uma discussão pública acerca do modo como estas tecnologias podem estar em linha com os valores morais e princípios éticos que dão prioridade ao bem-estar dos humanos. Mais do que atingir objectivos funcionais e resolver problemas técnicos, estes sistemas terão de funcionar de um modo «benéfico» para as pessoas, só assim permitindo o nível de confiança na tecnologia que é necessário para que se tornem verdadeiramente difusos no nosso dia-a-dia.

De acordo com esse documento recente, o desenho de sistemas autónomos/IA deve ser guiado por alguns princípios, em particular, o:

- *Princípio dos Direitos Humanos.* Como garantir que os sistemas de IA não infringem os direitos humanos? Ou

[3] O IEEE é a maior organização internacional de profissionais e investigadores ligados às áreas da Engenharia Electrotécnica e de Computadores.

[4] http://theinstitute.ieee.org/technology-topics/artificial-intelligence/techethics-program-establishing-ieee-as-a-leader-in-ethical-and-social-implications-of-technology.

seja, como deverão os sistemas computacionais ser desenhados de forma a respeitar a igualdade de direitos nos humanos? Por exemplo, quando os nossos sistemas são treinados com dados que, à partida, reflectem uma sociedade estratificada e desigual, não estaremos a perpetuar estas desigualdades reforçando ainda mais o que de negativo existe?

- *Princípio da Responsabilidade.* Como garantir que os sistemas de IA são «responsáveis»? Quando os sistemas são autónomos e executam acções de forma independente, sem o controlo de um humano, de quem é a responsabilidade da execução da acção? Como garantir a moralidade das acções executadas?
- *Princípio da Transparência.* Como garantir que as decisões efectuadas pelas máquinas são «transparentes» para os humanos? Isto é, como garantir que seja possível descobrir a razão de uma dada acção, decisão ou escolha feita pelo sistema de IA? Quando as decisões são efectuadas por algoritmos complexos e baseados em dados, esta transparência pode não ser trivial. Por exemplo, um sistema autónomo pode decidir se uma pessoa deve ter crédito ou não com base no perfil da pessoa e nos dados. No entanto, não existe um conjunto de regras que dite a decisão.
- *Princípio da Educação e Consciência Pública.* Como educar os cidadãos de forma a estarem cientes dos riscos da má utilização de sistemas de IA?

Tendo em conta estes princípios, abordaremos alguns dos desafios éticos suscitados pelos enormes avanços da IA seguindo duas perspectivas diferentes: a da construção de sistemas capazes de imitar as capacidades sensoriais de um humano e as suas características «exteriores»; e a da construção de sistemas autónomos dotados de moralidade.

Sem pretender abranger todas as implicações éticas, tentaremos contribuir para o necessário esforço de consciencialização de alguns dos desafios éticos da utilização de sistemas de IA.

2. Modelando capacidades perceptivas, cognitivas e emocionais

A Inteligência Artificial terá um impacto tão profundo em tantos sectores da nossa sociedade, que dificilmente conseguiríamos, num espaço tão limitado, cobrir o seu potencial impacto em termos éticos de uma forma genérica, sem particularizar para os vários sectores.

Um dos factores que mais têm contribuído para o seu crescimento exponencial, a par da disponibilidade de grandes quantidades de dados, foi o recente desenvolvimento de métodos de treino de redes neuronais profundas (*deep neural networks* ou DNN) (LeCun, Bengio e Hinton, 2015). O primeiro caso de sucesso de abordagens do tipo *deep learning* (aprendizagem profunda) à escala industrial foi talvez o reconhecimento de fala (Deng [*et al.*], 2013), mas rapidamente o progresso se estendeu ao reconhecimento de imagem (Krizhevsky, Sutskever e Hinton, 2012) e a muitas outras tarefas. Estas duas merecem uma atenção especial pelo facto de se ter provado que em tarefas «perceptivas» este tipo de método funciona relativamente bem, aumentando o seu desempenho com a quantidade de dados de treino supervisionado disponível. O desafio é muito maior para tarefas «cognitivas», envolvendo raciocínio, conhecimento, atenção, memória, mas até neste tipo de tarefas os progressos recentes têm sido notáveis.

Esta secção, porém, não pretende alertar para o enorme potencial da IA, mas sim para os graves problemas de privacidade e de segurança que a concretização deste potencial pode levantar. Para ilustrar os problemas de privacidade, basta ter em conta o que hoje em dia é possível fazer com técnicas de IA a partir de uma simples gravação de fala. De facto, podemos não só extrair a sua transcrição textual e o tópico do texto, mas também informação acerca da idade e género do orador, sotaque, estado emocional, cansaço físico, sonolência, embriaguez, traços de personalidade e pistas importantes sobre doenças neurodegenerativas, entre muitos outros tipos de informação. O impacto potencial é de tal ordem, que a própria IBM, nos seus prognósticos sobre tecnologias disruptoras para os próximos cinco anos, afirma: «o que dizemos e escrevemos será usado como indicador da nossa saúde mental»[5]. Aliando estes prognósticos aos progressos paralelos em processamento de imagens e de outros dados sensoriais, antevemos um impacto enorme da IA na área da saúde, sobretudo em termos de diagnóstico e monitorização.

Este exemplo, e muitos outros que poderíamos apontar em outras áreas completamente diferentes, alertam-nos, por outro lado, para os problemas de privacidade inerentes a muitas aplicações da IA. Com efeito, é com base no conhecimento de muitos dados acerca de um utilizador que um assistente pessoal digital (PDA) pode, por exemplo, optimizar a sua interacção com ele. Tem obviamente acesso à sua localização física, à temporização das suas actividades, tanto físicas como digitais (isto é, as aplicações e serviços web usados), ao seu perfil pessoal e profissional, incluindo lugares favoritos, círculos de redes sociais, documentos, música, fotografias, etc. Muitos utilizadores não fazem ideia das implicações de activar os serviços de localização em termos de privacidade, nem sequer como os desactivar e reactivar apenas quando necessário. A gestão da privacidade em aplicações de IA será cada vez mais premente.

[5] http://research.ibm.com/5-in-5/mental-health/.

Para ilustrar potenciais problemas de segurança, consideremos um outro exemplo de progressos recentes também na área da fala – o da construção de modelos da voz de uma dada pessoa, a partir de gravações da mesma, algo que pode ser muitíssimo útil, por exemplo, para situações de patologias vocais que obrigam à remoção de órgãos do aparelho produtor da fala. O que até há bem poucos anos exigia um extenso leque de gravações da mesma voz e produzia uma voz nitidamente sintética é hoje conseguido com base em muito menos gravações e com uma qualidade muitíssimo superior. Mais ainda, é possível ligar os sons produzidos a movimentos de um modelo facial da mesma pessoa. De facto, estamos muito perto de poder gerar modelos digitais de uma dada pessoa para aplicações de realidade virtual[6], por exemplo. Há já estudos-piloto com personagens de séries de entretenimento (Charles, Magee e Hogg, 2016) – para as quais a quantidade de dados disponíveis permite a utilização de métodos de aprendizagem automática muito poderosos – que aprendem não só o texto típico da personagem, a partir das legendas, como também a sua forma de falar, os seus gestos, a sua postura típica, etc. Distinguir quando é que uma voz é sintética ou real será cada vez mais difícil à medida que as tecnologias de síntese de fala avançam, dando origem a uma nova área de investigação sobre métodos capazes de detectar automaticamente ataques ditos de imitação sintética (*spoofing*) (Yamagishi [*et al.*], 2017), e

---

[6] Os sistemas de realidade virtual podem afectar radicalmente a forma como a mente analisa e sintetiza informações e, em última análise, podem até ensinar-nos novas maneiras de pensar e criar conteúdos. Os efeitos da imersão a longo prazo são ainda desconhecidos, e a exploração da noção de realidade de uma pessoa levanta também uma série de questões éticas.

o mesmo se passa relativamente a outras modalidades além da fala, como sejam a imagem e o texto. De facto, a possibilidade de pôr máquinas a imitar humanos presta-se a muitas aplicações que podem ter um impacto positivo, mas também a muitas outras com impacto fortemente negativo, nomeadamente em aplicações de segurança com base em dados biométricos. Esta possibilidade irá com certeza também questionar a forma como testemunhos de áudio e vídeo serão tratados a nível forense.

O desafio de imitar os humanos passa também por dotar os sistemas de IA da capacidade de detectar, modelar ou exibir comportamentos afectivos como emoções, humor, atitudes e personalidades. Estes sistemas saíram já do foro da ficção científica, encontrando inúmeras aplicações. Com o uso crescente dos PDA (*Personal Digital Assistant* – Assistente Pessoal Digital), por exemplo, é cada vez mais premente dotar estes assistentes da capacidade de distinguir as emoções dos seus utilizadores e reagir em função delas. A monitorização de emoções pode também ter uma aplicação importantíssima no cuidado de idosos – para dar um outro exemplo –, a par da monitorização de vários indicadores da sua saúde, como a actividade física, os passos, a frequência cardíaca, o tempo de sono, etc. Também na área do entretenimento se podem antever inúmeras aplicações em que, com a recuperação progressivamente mais inteligente de multimédia, o aspecto emocional desempenhará provavelmente um papel muito mais importante, permitindo, por exemplo, fazer a busca por fotografias engraçadas, música serena, ou um filme cheio de tensão e *suspense*. Por isso se começa já a falar de inteligência artificial e emocional (AEI, *Artificial Emotional Intelligence*) (Schuller, 2017) ou de inteligência artificial social (SAI, *Social Artificial Intelligence*), dando os primeiros passos na direcção de sistemas inteligentes dotados de capacidade social e, eventualmente, de moralidade.

3. Desenvolvimento de sistemas inteligentes dotados de moralidade: os primeiros passos

O Luís tem 76 anos, é alcoólico e diabético. Devido à sua saúde, há diversas tarefas do dia-a-dia que não consegue realizar como, por exemplo, vestir-se, cozinhar ou mesmo ir buscar ou comprar objectos. Para o ajudar, existe um robô social que foi desenhado para executar tarefas básicas de apoio doméstico que sejam necessárias. Por causa da sua condição de saúde, o médico aconselhou-o a parar de beber e a evitar doces e hidratos de carbono. Quando o Luís dá a ordem ao robô para ir buscar uma cerveja, o robô deverá ou não obedecer? E se for um pedaço de pão? Quando é que um robô pode desobedecer ao seu proprietário?

Quando o poder das decisões é delegado em máquinas, a moralidade de tais decisões pode e deve ser questionada. Por exemplo, no caso do Luís, na situação em que a decisão parte do robô, este deveria seguir princípios morais para guiar as suas acções. Assim, os sistemas autónomos e a IA em geral devem poder não só conseguir distinguir acções moralmente «boas» de outras que sejam moralmente «más», o que implica dotar as máquinas e os robôs de capacidade de raciocínio moral (Pereira, 2016), de forma a avaliar a natureza das suas acções e agir em conformidade.

Uma primeira aproximação para construir máquinas morais pode ir beber inspiração à ficção científica e, em particular, às leis da robótica. Neste sentido, vários investigadores têm desenvolvido sistemas computacionais que permitem dotar as máquinas de regras ou restrições que limitam as suas acções, de acordo com princípios morais representados explicitamente. Mas, como se pode prever, tais princípios não podem ser vistos como a fonte suprema de uma «moral artificial». Por outro lado, e como já foi focado anteriormente, as leis da robótica são claramente limitadas, tendo mesmo sido proposto um conjunto alternativo de regras (Clarke, 1993).

No entanto, diversos investigadores argumentam que a noção de construir a moral das máquinas baseando-se apenas num conjunto fixo de regras não é aceitável (Coeckelbergh, 2010; Wallach e Allen, 2008) e que a moralidade deverá ser um processo emergente na IA – ou seja, a própria moralidade dos sistemas poderá não só ser aprendida através da interacção com humanos, como também surgir de processos cognitivos internos e de simulação de situações. Para melhor ilustrar este aspecto, recorde-se que os psicopatas têm conhecimento das regras sendo capazes de as seguir, mas não têm a capacidade de sentir que algo está moralmente errado. De facto, o papel das emoções nas decisões morais é fundamental.

O filósofo David Hume, no século xviii, foi o primeiro a propor as emoções como a base da moralidade. No seu trabalho pioneiro, as emoções são vistas como responsáveis por desencadear julgamentos morais que só são explicados e racionalizados através da razão. Mais recentemente, os neurocientistas encontraram apoio empírico para a ideia de Hume de que o julgamento moral envolve compromisso emocional (Greene, 2001). Assim, perante esta ligação, é natural que um dos passos para criar inteligência artificial com moralidade implique dotá-la de capacidade de perceber e raciocinar sobre estados afectivos. Nos últimos anos, a área de Computação Afectiva, que investiga a criação de máquinas que percebem as emoções dos humanos ou que agem emocional e deliberadamente influenciando as emoções (Picard, 1997), tem crescido muito significativamente. Em diversos trabalhos, tal como o de Sloman em 1981 (Sloman e Croucher, 1981), as emoções são consideradas centros de decisão para máquinas inteligentes.

De forma similar, Hoffman (2001) desenvolveu uma teoria da moralidade que coloca a empatia no seu âmago. Empatia é definida como a capacidade de sentir as emoções dos outros como se fossem nossas. De acordo com Hoffman, a empatia é «a centelha da preocupação humana para com os outros, ou a cola que torna a vida social possível». Um dos aspectos mais importantes da teoria centra-se assim na ideia de que o raciocínio moral é baseado nas reacções de empatia, que nos impedem de actuar contra os outros, embora certas violações morais possam fazer sentido numa perspectiva utilitarista. De Waal (2009) considera a empatia um dos dois pilares da moralidade. Por conseguinte, a empatia não só é benéfica para melhorar a interacção entre as máquinas e os humanos (e atingir «social IA»), mas é também uma das capacidades que uma máquina inteligente deve ter para ser moral.

No projeto europeu EMOTE[7], do qual Portugal foi parceiro através do Instituto de Engenharia de Sistemas e Computadores-Investigação e Desenvolvimento em Lisboa (INESC-ID)[8], foi desenvolvida uma nova geração de tutores robóticos artificiais (ver figura 1) capazes de estabelecer relações sociais e emocionais com as crianças com as quais interagiam. Para tal, foi necessário dotar os robôs de capacidades de percepção de emoções (através das expressões faciais e das suas acções) bem como de capacidades cognitivas e emocionais. Num dos casos desenvolvidos, o robô é dotado de capacidades para interagir com dois adolescentes, e todos juntos jogam um jogo sobre a sustentabilidade, no qual têm de controlar os efeitos dos humanos no ambiente. Em particular, os mecanismos de IA desenvolvidos permitem que o robô e a IA desenvolvida raciocinem no contexto de um jogo, sendo capazes de se colocar na posição dos alunos de forma a discutir os prós e contras de acções no ambiente que controlam. Esta capacidade de «teoria da mente» e de empatia, permitiu que o robô fosse considerado um amigo e um companheiro.

---

7 http://www.emote-project.eu/.

8 https://www.inesc-id.pt/.

Figura 1: Um robô com empatia a interagir com adolescentes.

De facto, num estudo em que se comparou o papel atribuído a um robô sem capacidade de empatia em relação a um com essa capacidade, os adolescentes atribuíram um papel de tutor ao primeiro e um papel de «amigo» ao segundo. Este tipo de mecanismos pode assim constituir o primeiro passo para que as máquinas, a IA, e os robôs possam agir respeitando os outros, os seus desejos e as suas necessidades, levando a que o comportamento moral seja o resultado destas competências sociais, emocionais e cognitivas.

Finalmente, e mesmo admitindo que a empatia desempenhe um papel crucial na moral humana, também existem limitações, uma vez que a empatia às vezes pode interferir negativamente nas decisões morais devido à sua parcialidade (Decety e Cowell, 2014). Mais especificamente, as pessoas sentem uma maior empatia para com o sofrimento de membros do seu grupo (por exemplo, familiares próximos) ou de vítimas que estão fisicamente presentes, em comparação com as que lhes são distantes. No entanto, acreditamos que é possível que a inclusão de empatia em máquinas inteligentes e sociais possa ser um dos pilares do comportamento moral nas máquinas, superando simultaneamente as limitações actuais da empatia humana (Bloom, 2017) e mantendo os seus benefícios sociais.

4. Perspectivas futuras

Desde a emergência da IA nos anos 50, passámos por fases em que se geraram expectativas desmesuradas sobre o seu potencial a curto prazo, seguidas de fases de descrença. Actualmente, temos consciência das grandes limitações das abordagens de aprendizagem automática, relativamente simplistas, que muitas vezes atingem um ponto de funcionamento que é um óptimo «local» e não «global». Estas limitações são sobretudo patentes em termos de capacidades cognitivas. Apesar de estarmos cientes dessas limitações, as expectativas são altíssimas. Será que estamos perto de uma nova fase de descrença? O facto de o progresso não se restringir a um sector estreito, mas a um leque cada vez maior de aplicações, e de se apoiar em código aberto[9] induz a um maior optimismo. Mas os recursos para IA em termos humanos, computacionais e de dados estão cada vez mais concentrados num leque muito pequeno de grandes empresas, o que torna ainda mais difícil prever o futuro.

---

[9] Código-fonte disponibilizado e licenciado com uma licença de código aberto.

À medida que os sistemas de IA entram no nosso dia-a-dia e as suas capacidades continuam a melhorar, começamos cada vez mais a tomá-los como garantidos e deixamos mesmo de reparar neles como tecnologia isolada. Num futuro não muito longínquo, em que os sistemas de IA sejam completamente generalizados na nossa sociedade, caber-lhes-á tomar decisões que afectam o bem-estar dos humanos. Podem ser decisões com um impacto restrito, como as de classificar como bom ou mau o trabalho de um aluno, ou de dar ou não uma bebida alcoólica ao utilizador; mas pode também caber-lhes tomar decisões em contextos políticos ou governamentais, afectando populações inteiras.

Os problemas éticos que conseguimos prever com base no comportamento dos sistemas de IA actuais estarão certamente distantes dos levantados pela possível futura criação de máquinas cuja «inteligência» venha a ser superior à dos humanos. Estas máquinas supostamente «superinteligentes» poderão eventualmente criar outras tecnologias e aprender a construir novas aplicações de IA. Nesse futuro eventual, habitado por máquinas «superinteligentes», será crucial dotá-las de moralidade e motivação para serem amigáveis para com os humanos (Bostrom, 2003).

Referências e leituras recomendadas

«Ethically Aligned Design: A Vision for Prioritizing Human Wellbeing with Artificial Intelligence and Autonomous Systems (AI/AS)».

Asimov, I., Runaround, *Astounding Science Fiction* 29, 1942: pp. 94–103.

Bloom, P., *Against Empathy: The Case for Rational Compassion*, [*s.l.*], Random House, 2017.

Bostrom, Nick, Ethical Issues in Advanced Artificial Intelligence, *in* Smit, Iva e Lasker, George E. (eds.), *Cognitive, Emotive and Ethical*

Aspects of Decision Making in Humans and in Artificial Intelligence, vol. 2, Windsor: Ontário, International Institute for Advanced Studies in Systems Research/Cybernetics, 2003, pp. 12–17.

Charles, J.; Magee, D. e Hogg, D., Virtual Immortality: Reanimating characters from TV shows, *ECCV Workshop on Virtual/Augmented Reality for Visual Artificial Intelligence (VARVAI)*, 2016.

Clarke, R., Asimov's laws of robotics: implications for information technology-Part I, *Computer* 26, 1993: pp. 53–61.

Coeckelbergh, M., Moral appearances: emotions, robots, and human morality, *Ethics and Information Technology* 12, 2010: pp. 235–241.

De Waal, F., *The age of empathy*, Nova Iorque, Harmony, 2009.

Decety, J. e Cowell, J., Friends or foes: Is empathy necessary for moral behavior?, *Perspectives on Psychological Science* 9, 2014: pp. 525–537.

Deng, L. [*et al.*], Recent advances in deep learning for speech research at Microsoft, *IEEE International Conference on Acoustics, Speech, and Signal Processing (ICASSP)*, 2013: pp. 8604–8608.

Greene, J. D., An FMRI investigation of emotional engagement in moral judgment, *Science* 293, 2001: pp. 2105–2108.

Hoffman, M., *Empathy and moral development: Implications for caring and justice*, [*s.l.*], Cambridge University Press, 2001.

Krizhevsky, A.; Sutskever, I. e Hinton, G. E., ImageNet Classification with Deep Convolutional Neural Networks, *Advances in Neural Information Processing Systems*, 2012.

LeCun, Y.; Bengio, Y. e Hinton, G., Deep Learning, *Nature* 521, Maio de 2015: pp. 436–444.

Oliveira, A., *The Digital Mind: How Science is Redefining Humanity*, [*s.l.*], MIT Press, 2017.

Paiva, A. [*et al.*], «Towards more humane machines: creating emotional social robots», 2017.

Pereira, L., *A Máquina Iluminada – Cognição e Computação*, [*s.l.*], Fronteira do Caos, 2016.

Picard, R. W., «Affective Computing», M.I.T. Media Laboratory Perceptual Computing Section, Technical Report No. 321, 1997.

Pereira, L. M. e Saptawijaya, Ari, *Programming Machine Ethics*, [*s.l.*], Springer, 2016.

Schuller, B., Editorial: IEEE Transactions on Affective Computing – Challenges and Chances, *IEEE Transactions on Affective Computing* 8, Janeiro–Março de 2017: pp. 1–2.

Sloman, A. e Croucher, M., «Why robots will have emotions», *in* IJCAI 1981.

Wallach, W. e Allen, C., *Moral machines: Teaching robots right from wrong*, [*s.l.*], Oxford University Press, 2008.

Yamagishi, J. [*et al.*], Introduction to the issue on spoofing and countermeasures for automatic speaker verification, *IEEE Journal of Selected Topics in Signal Processing* 11, Junho de 2017: pp. 585–587.

Robótica

João Silva Sequeira e *José Santos-Victor*
Institute for Systems and Robotics, Lisboa
LARSyS – Laboratório de Robótica e Sistemas de Engenharia
Instituto Superior Técnico, Universidade de Lisboa

1. A robótica

A robótica *stricto sensu* é uma área científica relativamente recente, da época da transição entre os séculos XIX e XX, com fronteiras difusas com a Automação (disciplina relacionada com o estudo de técnicas e tecnologias para automatizar a realização de tarefas), ligada à concepção, operação e autonomização de dispositivos mecânicos. A partir de meados do século XX, com a evolução das tecnologias de *software* (incluindo linguagens de programação e programas especializados no acesso a dispositivos físicos), dispositivos virtuais começam a ser introduzidos e a robótica expande-se também para o mundo virtual, no qual não se colocam limites tecnológicos ao tipo de dispositivos a comandar e em que é possível ficcionar relativamente a aplicações. Actualmente, a noção de robô tem sido estendida muito além do dispositivo com capacidade de locomoção ou acção física. Dispositivos unicamente com capacidade de interacção (assistentes digitais), como por exemplo a Amazon Alexa[1], podem ser considerados robôs neste entendimento mais alargado.

A ficção, especialmente a de carácter científico, potencia o aparecimento de questões de ordem moral. No entanto, é de referir que o desejo de criar seres humanos artificiais pode ser seguido até à mitologia grega, em que Hefesto, o deus do fogo, criou mulheres artificiais para o ajudarem, e tão perfeitas que podiam ser confundidas com seres humanos reais (Homero, *Ilíada*). Ou seja, pode considerar-se que a robótica *stricto sensu* é intrínseca ao ser humano (real) e, portanto, é natural que características típicas dos seres humanos, como, por exemplo, a possibilidade de socializarem, a capacidade de induzirem emoções e a diversidade de personalidades, sejam objecto de estudo também no universo dos robôs. A atribuição de características humanas a objectos não é exclusiva da robótica. A tribo Maori Whanganui viu, em Março de 2017, o parlamento neozelandês reconhecer o rio Whanganui como entidade viva e pessoa de direito jurídico.

O aumento da complexidade dos sistemas de decisão responsáveis pelo comportamento dos robôs levou, durante a segunda metade do século XX, ao estudo de arquitecturas que organizaram os componentes associados a robôs. As referências iniciais a valores morais na robótica encontram-se, de forma explícita e implícita, nas arquitecturas de controlo de sistemas como, por exemplo, o modelo RCS (formado por uma rede de blocos cada um incluindo, entre outros, componentes dedicados à avaliação e valoração do ambiente e das decisões tomadas; a sigla é relativa à designação anglo-saxónica *Real-time Control System*) (MEYSTEL e ALBUS, 2002) e o modelo genérico da máquina inteligente (KOPLOWITZ e NOTON, 1973).

---

[1] alexa.amazon.com/spa/index.html.

A literatura actual destaca três áreas em que as questões éticas se colocam com maior acuidade, nomeadamente: no uso de acções letais por parte de robôs (Asaro, 2009); no uso de robôs na área da saúde (Kahn [*et al.*], 2012); e na manipulação de emoções humanas (Sullins, 2012). Em todas estas áreas se apresentam questões de privacidade, contenção, engano (indução de comportamentos), responsabilização e danos psicológicos (Sharkey e Sharkey, 2006).

A questão da privacidade suscita uma pluralidade de percepções, por vezes contraditórias, e a actual discussão sobre a exposição excessiva das pessoas nas redes sociais exemplifica bem as diferentes interpretações sobre a privacidade. Um robô tem necessariamente de usar sensores para percepcionar o mundo em redor. Essa informação é usada para tomar decisões, à semelhança de um ser humano, e sem objectivos de exposição. O facto de a informação poder ficar registada sem ser adulterada (os processos de memória dos seres humanos podem corromper a informação armazenada) é um factor diferenciador que torna os robôs mais verdadeiros do que os seres humanos e, estranhamente, menos dignos de confiança. De facto, assumindo que não há corrupção da informação adquirida e armazenada por um robô, qualquer processo de decisão é verificável e justificável. No entanto, esta verificação pode ser um processo complexo/moroso e não viável num contexto social e, como tal, capaz de gerar sensações de desconfiança em observadores humanos.

A contenção, isto é, a possibilidade de um ser humano discordar de um robô, está associada à possibilidade de um robô exercer directamente autoridade sobre seres humanos, em alternativa ao aconselhamento. Experiências reportadas na literatura sugerem que os seres humanos aceitam receber ordens (Cormier [*et al.*], 2013b), mas tendem a ser menos submissos relativamente a robôs em posição de autoridade em comparação com outros seres humanos em idêntica posição de autoridade (Cormier [*et al.*], 2013a). Paradoxalmente, tecnologias como os *smartphones*, computadores ou mesmo automóveis tornaram as sociedades dependentes. Assim, verificamos que hoje em dia se confia em aplicações de telemóvel para viajar entre dois pontos, seguindo obedientemente as instruções recebidas; outro exemplo é a programação de períodos de descanso em viagens longas. Com efeito, de uma forma subtil, os seres humanos são já levados a executar tarefas usando a tecnologia actual. Por exemplo, a utilização de ferramentas como «motores de busca» está a vulgarizar a aplicação de técnicas de *nudging* (por exemplo, sugestão indirecta – técnica muito utilizada em certas áreas de *marketing*).

Relativamente à indução de comportamentos ou engano por parte de robôs, trata-se de uma área repleta de subtilezas. Por exemplo, induzir comportamentos em seres humanos através de ilusão pode não ser considerado especialmente diferente se for protagonizado por robôs ou por seres humanos. Frequentemente, à dissimulação, enquanto comportamento humano, os seres humanos contrapõem igualmente a dissimulação, num permanente jogo de estratégia em que a questão ética é frequentemente ignorada. Argumentar que um robô não deve usar estratégias de dissimulação pode ser, portanto, apontado como incoerente.

A questão da responsabilização é especialmente importante quando existe a possibilidade de um robô causar danos importantes, psicológicos e/ou físicos. No estado actual da robótica, um robô não é, no essencial, diferente de qualquer outro dispositivo. Por exemplo, armas podem activar-se sem intervenção directa de seres humanos; aplicações para *smartphones* podem induzir utilizadores em erro e causar danos; crianças a brincar podem causar danos numa loja. Em todos estes casos existem hierarquias de responsabilização bem identificadas. Esforços legislativos recentes começam a clarificar esta questão no domínio da robótica.

Os aspectos identificados por Sharkey e Sharkey (2006) têm associadas contradições. Qualquer deles ocorre de formas variadas e em várias áreas da sociedade que têm sabido adaptar-se. Os recentes incidentes com *drones* nas imediações de aeroportos são um exemplo de como robôs capazes de comportamentos inteligentes podem ser socialmente controlados com tecnologia inovadora.

2. A percepção da robótica pela sociedade

A forma como a robótica é percepcionada pela sociedade está fortemente enviesada por fenómenos relacionados com os *media*, a ficção científica e uma certa noção de que os seres humanos dominam a tecnologia. À medida que a tecnologia se massifica, descobrem-se novas aplicações e conjectura-se a possibilidade de novas criações transferirem para o mundo real tecnologias e conceitos por vezes ainda em fases de desenvolvimento incipientes, num processo que tende a ignorar as dificuldades práticas.

Os *media* têm usado as leis da robótica enunciadas por Isaac Asimov como catalisador para discussões sobre a ética na robótica, nomeadamente:

– «Um robô não pode fazer mal a um ser humano ou, por inacção, permitir que seja feito mal a um ser humano».

– «Um robô deve obedecer a ordens recebidas de seres humanos, excepto quando isso conflitue com a primeira lei».

– «Um robô deve proteger a sua própria existência enquanto essa protecção não conflituar com a primeira ou segunda lei».

– «Um robô não pode fazer mal à humanidade ou, por inacção, deixar que a humanidade seja maltratada».

Os paradoxos nelas contidos – como quando se criam situações práticas em que a primeira lei deve/pode ser violada, por exemplo se um automóvel totalmente autónomo numa situação de acidente iminente deve escolher entre atropelar o menor número possível de pessoas sendo que este número pode ser maior do que zero – têm sido amplamente discutidos (*vide* o filme *Eu, Robot*) e têm conduzido a variações como as leis da Robótica Responsável (Murphy e Woods, 2009). A dificuldade da questão ética é simplesmente traduzida numa linguagem comum pelo receio de que os robôs possam sobrepor-se socialmente aos seres humanos, e gera as contradições já referidas.

A variante de Murphy e Woods (2009) das três leis originais é expressa em termos que revelam a preocupação ética.

– Um ser humano não pode desenvolver um robô sem que o sistema humano-robô verifique os mais altos padrões de segurança e ética.

– Um robô deve responder a um ser humano de forma apropriada aos papéis que ambos desempenham.

– Um robô deve ter autonomia e suficiente conhecimento do contexto em que se insere de forma a proteger a sua existência, enquanto essa protecção permitir transições suaves de controlo para outros agentes que verifiquem a primeira e a segunda leis.

Alguns dos termos desta variante levantam questões quanto à forma como devem ser confirmados e questões de implementação prática, por exemplo, o que se deve entender pelo «papel» de um robô.

É necessário assumir que criar máquinas (físicas e/ou virtuais) inteligentes é um desejo ancestral dos seres humanos, talvez com raízes numa necessidade de constante busca pelo conhecimento. Sharkey e Sharkey (2010) referem que a criação de robôs sencientes aparenta ser um objectivo de longo prazo, sendo que, como em qualquer processo de desenvolvimento, tem riscos associados. Paradoxalmente, a sociedade parece ignorar potenciais fontes de instabilidade noutras tecnologias como, por exemplo, a dependência de serviços de fornecimento de energia e água, de sistemas de decisão com grande autonomia ou a utilização de agentes de *software* para decisões no contexto de mercados mobiliários, podendo conduzir a situações de instabilidade ou a equilíbrios indesejados. Como exemplo, no contexto de um mercado de valores mobiliários, considerem-se dois *traders* a negociar de forma independente, isto é, sem interdependência entre decisões, e ambos em situação de estabilidade. Se a partir de certa altura (i) ambos os *traders* adoptarem estratégias de risco (eventualmente moderado) na compra de valores mobiliários, em que se afastam momentaneamente do seu equilíbrio, (ii) as respectivas transacções se tornarem interdependentes, e (iii) entre cada transacção não houver um tempo suficientemente longo para permitir a recuperação adequada de cada um, então há o risco de que o sistema global se afaste do equilíbrio. Este é um fenómeno estudado no contexto da análise de estabilidade de sistemas híbridos (em que o estado tem algumas componentes que evoluem em tempo discreto e outras que evoluem em tempo contínuo).

Apesar das contradições e dos paradoxos atrás apontados, o receio da dominância dos robôs tem ainda assim eco na comunidade da robótica. Shim e Arkin (2017) propõem o uso de um «Regulador Ético» como forma de obrigar os robôs a agirem de acordo com normas socialmente aceitáveis. Desenhar comportamentos para robôs sociais directamente baseados em princípios de ética continua a ser um problema difícil, visto que requer uma humanização dos robôs e a aplicação de avanços da Psicologia que alguns autores argumentam ser impossíveis de aplicar à interacção humano-robô (Kahn [*et al.*], 2006). Alguns autores sugerem que a criação de «agentes morais artificiais» deve ser feita de forma incremental (Powers, 2011). Este argumento é, aliás, consistente com o uso de técnicas *Wizard of Oz* (WoZ) para adquirir conhecimento sobre os ambientes sociais e/ou testar soluções envolvendo robôs.

Nas técnicas WoZ os robôs são semiautónomos, existindo sempre um humano com capacidade de supervisão das decisões que os robôs tomam.

3. Os robôs sociais

O fascínio que advém da possibilidade de criar dispositivos capazes de estabelecerem relações interessantes com seres humanos conduz inevitavelmente ao estudo de como integrar robôs na sociedade. Claramente, nem todos os robôs são adequados ao estabelecimento de interacções interessantes, numa perspectiva social, com seres humanos. Para um manipulador robótico (vulgarmente conhecido por «braço-robô») utilizado, por exemplo, na indústria automóvel, será difícil interagir com pessoas na forma de uma relação social das habitualmente existentes entre seres humanos. Competências sociais requerem, em regra, capacidades sensoriais que possam percepcionar adequadamente o ambiente, de ajuste da personalidade ao ambiente e de reconhecimento e geração de emoções. Robôs com estas capacidades são designados robôs sociais.

O pragmatismo económico, o envelhecimento das populações e um desejo de melhoria na qualidade de vida fomentam o estudo dos robôs sociais e têm constituído o *leitmotiv* de programas de desenvolvimento científico e tecnológico, nomeadamente na Europa, numa nova área científica que se designa usualmente por Robótica Social. Esta é uma área multidisciplinar, abrangendo das Ciências Sociais, como a Filosofia e a Sociologia, até às Ciências Exactas, nas quais a Matemática é estruturante mas em que se incluem a Medicina e a Psicologia, entre outras.

O utilitarismo implícito na primeira lei de Asimov – «um robô não pode fazer mal a um ser humano ou, por inacção, permitir que seja feito mal a um ser humano» – pode ser aproveitado como guia no desenvolvimento dos robôs sociais, tendendo ainda a facilitar a implementação. No entanto, alguns autores sustentam que o utilitarismo é vantajoso para interacções entre robôs (GRAU, 2006), mas não para suportar interacções entre robôs e seres humanos (*vide* trabalho de NYLANDER, LJUNGBLAD e VILLAREAL, 2012, sobre o uso de robôs para melhorar a independência de pessoas com deficiência). Apesar destas aparentes dificuldades, o número de projectos europeus nesta área atinge largas dezenas, constituindo um forte indicador da motivação da comunidade da robótica.

Diferentes classes de ambientes sociais têm sido abordadas como, por exemplo, crianças em ambiente hospitalar (SHIBATA [*et al.*], 2001; DAUTENHAHN e WERRY, 2004; LIU [*et al.*], 2008), crianças em sala de aula (KANDA [*et al.*], 2009), adultos institucionalizados e/ou em ambientes domésticos (TURKLE [*et al.*], 2006), e os resultados são unanimemente considerados positivos.

Recentemente, o projeto europeu Monarch[2] testou a colocação de um robô social em ambiente hospitalar. O robô foi desenhado para entretenimento de crianças e dotado de competências sociais simples. Esta abordagem à formação de relações sociais entre um robô e o universo de pessoas na pediatria de um hospital, nomeadamente crianças, teve uma receptividade extremamente positiva. O robô (figura 1), de aparência coerente com o estereótipo de robô identificado por crianças com idades até 16 anos, é capaz de navegar autonomamente pelo espaço disponível, efectuando interacções simples, verbais e não-verbais, quando reconhece pessoas e quando é tocado (figura 2). Pode ainda fazer alguns jogos simples, envolvendo a movimentação de crianças.

---

[2] www.monarch-fp7.eu.

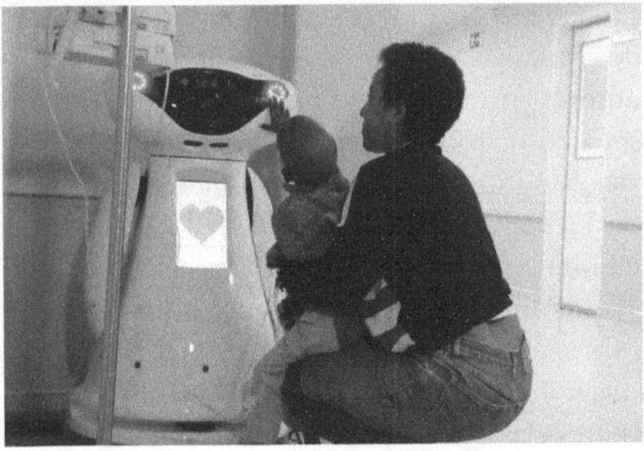

Figura 1: Criança de colo explorando o robô
(fonte: *Exame Informática*, 2016).

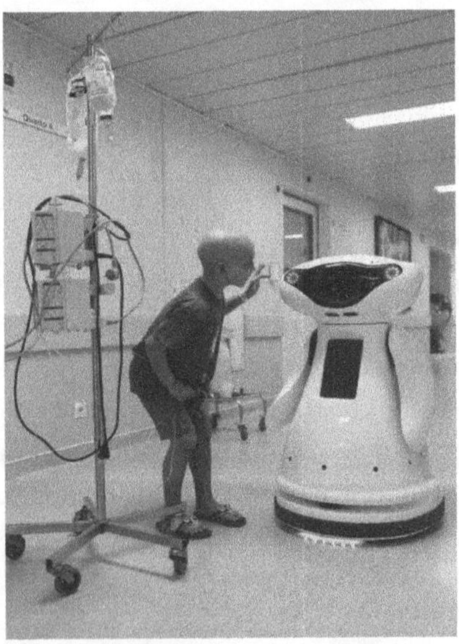

Figura 2: Pré-adolescente interagindo com o robô
(fonte: Agência Lusa, 2015).

O paradigma subjacente ao projeto Monarch é o de que, mesmo com as limitações da tecnologia actual, é possível criar as condições para induzir a ilusão de senciência do robô. No Monarch, esta ilusão é atingida regulando o nível de actividade/vivacidade do robô de acordo com as condições do ambiente em que está inserido.

Esta estratégia de ilusão, admitida mas, ainda assim, questionada (Sharkey e Sharkey, 2006), não coloca dificuldades à interacção. De facto, o nível de senciência dos robôs sociais actuais não difere significativamente do de algumas aplicações sofisticadas disponíveis para *smartphone*, o que, aliado ao reduzido tempo de exposição ao robô, não potencia o estabelecimento de relações sociais prejudiciais.

A privacidade é garantida por construção. O robô não possui capacidade de reconhecimento visual de pessoas, não regista imagens visuais, nem estabelece nenhuma ligação com bases de dados. O reconhecimento de pessoas é efectuado por detecção de etiquetas RFID (*Radio-Frequency IDentification*) contendo informação fornecida voluntariamente pelos utilizadores (e não necessariamente verdadeira).

No que respeita à responsabilização, o Monarch segue as recomendações legais, nomeadamente a prática de consentimento informado pelos intervenientes humanos na experiência (que assim consentem em interagir com o robô) (European Commission, 2017) e a utilização de um código de conduta para os membros da equipa (European Parliament, 2017).

O valor acrescentado trazido à sociedade por estes robôs sociais só poderá ser devidamente avaliado em testes de longa duração. No entanto, o aumento do nível de actividade das crianças em resultado da interacção com o robô é apontado como relevante para a qualidade de vida das crianças. No Monarch, o robô é simplesmente um companheiro de brincadeira que expõe uma população fragilizada a uma experiência nova, não substituindo os profissionais de saúde. A boa integração permite ainda que os profissionais encarem o robô como uma ferramenta com potencial para suavizar o trauma de alguns tratamentos. As figuras 3 e 4 ilustram dois aspectos de uma *interface* gráfica que permite seleccionar alguns comportamentos para o robô através de uma aplicação para *smartphone*. Esta aplicação é acessível a profissionais de saúde e permite comportamentos de reforço na interacção com as crianças.

Figura 3: Aplicação Android para *smartphone*.

Figura 4: Selecção de comportamentos através de menu.

4. A percepção das sociedades pela comunidade da robótica

O desenvolvimento de robôs sociais conduz também a comunidade da robótica a olhar para a sociedade e a desvendar mecanismos que regulam a formação de relações e que podem ser replicados nos robôs.

As sociedades são reguladas por normas de comportamento que definem, em diferentes graus de assertividade, as acções socialmente aceitáveis. Estas normas não são facilmente traduzíveis em termos de tecnologia. À medida que a autonomia dos robôs aumenta, incorporando capacidades de aprendizagem, os robôs começam a ser percepcionados como expandindo as entidades morais.

O projecto europeu RobotCub[3] visou o desenvolvimento de um robô de forma próxima da humana (habitualmente designado por «humanóide») e *open-source*, isto é, em que os desenhos mecânicos, a electrónica e todo o *software* estão disponíveis e abertos a toda a comunidade que tenha interesse em reproduzir uma plataforma idêntica. Este robô foi desenvolvido com o objectivo de ser usado como instrumento para o estudo da cognição e aprendizagem em seres humanos (figura 5). Na sequência deste projecto, existem mais de 30 plataformas humanóides iCub na Europa, EUA e Ásia e uma grande comunidade de investigação, na Engenharia, Psicologia, Neurociência, Linguística, que usa esta plataforma comum para compreender algumas das características que são essenciais («exclusivas») ao ser humano (METTA [*et al.*], 2010).

O projecto iCub tem a particularidade de usar as tecnologias robóticas para estudar a natureza humana, comportamento e cognição, além de estabelecer a ponte para o desenvolvimento de uma nova geração de robôs capazes de interagir com humanos.

Uma questão relevante também do ponto de vista ético é a investigação da capacidade humana de comunicar de forma não-verbal, que permite reconhecer e antecipar as acções

---

[3] http://www.robotcub.org/.

humanas em múltiplos contextos. Essa capacidade permite, por exemplo, colaborar em tarefas cooperativas sem que exista a necessidade permanente de comunicação verbal. A compreensão desses mecanismos, recorrendo a tecnologias da robótica e da aprendizagem automática, permitirá desenvolver máquinas capazes de «ler» as nossas acções e antecipar as nossas intenções, porventura de maneira mais detalhada e completa do que o próprio ser humano (Iacoboni [*et al.*], 2005; Sciutti [*et al.*], 2015). Em que medida essa capacidade poderá vir a pôr em risco a privacidade de cada um de nós pode ser objecto de estudo e reflexão, visto que modelos sofisticados poderiam descodificar algumas das nossas acções e intenções além do que é comum na interacção humano-humano.

Figura 5: O robô iCub desenvolvido para estudo da cognição e comportamento humanos. É uma plataforma aberta (*open-source*) vocacionada para o estudo dos mecanismos cognitivos e de aprendizagem humanos.

O robô Vizzy (figura 6) foi desenhado como uma plataforma com capacidade de mobilidade e interacção com seres humanos. Os aspectos de design foram considerados para criar empatia com os potenciais utilizadores. O Vizzy tem sido utilizado em projectos de investigação e desenvolvimento na área de assistência a pessoas idosas e na colaboração com humanos no contexto das fábricas do futuro.

Figura 6: O robô Vizzy é uma plataforma de teste de interacção entre pessoas e robôs e tem sido utilizado para aplicações específicas na manufactura mas também para a assistência a pessoas idosas.

Um outro aspecto de relevo está relacionado com o risco de estes robôs e sistemas poderem reforçar preconceitos sociais (relativamente a género, raça ou idade, por exemplo), pelo facto de aprenderem com base na observação do comportamento humano ao longo de períodos alargados de tempo. Assim, o seu funcionamento será moldado por padrões de comportamento que são ainda dominantes na sociedade, mas que, do ponto de vista colectivo, importaria combater. Esse risco advém da propensão do robô para repetir as tendências que se observam nos dados, na expectativa de facilitar o processo de aprendizagem. Ao desenhar robôs e sistemas cujo comportamento se baseia fortemente nos dados observados, podemos reforçar, inconscientemente, algumas tendências sociais presentes nos dados e que correspondem a preconceitos que deveriam ser combatidos. Recentemente, publicidade sobre robôs domésticos no Japão ilustrava um robô que procurava as mulheres de um agregado familiar, a trabalhar na cozinha da casa de família, enquanto os homens estavam mais frequentemente na sala a ver televisão. Os *media* fazem com frequência eco de situações que abordam estes tipos de risco[4]. Este facto deu origem a uma procura de algoritmos de aprendizagem transparentes que combinem estes tipos de preocupação com a aprendizagem baseada em dados, como o trabalho de Garcia (2016).

5. A robótica do futuro

Apesar de todas as (legítimas) preocupações relacionadas com a ética, o futuro da robótica apresenta-se excitante. Nos últimos tempos, temos assistido à chegada ao mercado de várias tecnologias robóticas (do robô aspirador aos assistentes digitais), bem como de metodologias que permitem que um robô ou sistema artificial consiga recolher informação e «perceber»

[4] https://www.theguardian.com/inequality/2017/aug/08/rise-of-the-racist-robots-how-ai-is-learning-all-our-worst-impulses. Outro exemplo interessante é o do Tay (*bot*): https://en.wikipedia.org/wiki/Tay_(bot).

o que acontece à sua volta. Um caso particularmente notável é o dos carros autónomos sem condutor, que são hoje objecto de enormes investimentos por parte da indústria automóvel «clássica» mas também de novas empresas da área digital. Em paralelo, surge a necessidade de garantir que a infra-estrutura comunica com os veículos e possibilita a comunicação entre veículos e com centrais de controlo. Estes desenvolvimentos irão por certo revolucionar a mobilidade, aumentar a segurança da circulação e melhorar a qualidade ambiental nos grandes centros urbanos.

Numa outra dimensão, assistimos hoje ao desenvolvimento de plataformas robóticas ditas «sociais» que visam interagir de forma continuada com os seres humanos. Do ponto de vista técnico, a evolução das capacidades de mapeamento, sensores, processamento e raciocínio destes sistemas faz-nos adivinhar um futuro não muito distante em que teremos assistentes robóticos em vários espaços públicos, empresariais e domésticos.

O facto de evoluirmos para uma situação em que haverá uma coexistência regular entre pessoas e máquinas/robôs é uma mudança extraordinária do contexto actual, em que os robôs «vivem» em zonas onde quase não existe presença humana (fábricas). Esta mudança, e o facto de os robôs terem capacidade de aprender e aperfeiçoar o seu comportamento com os dados recolhidos, tem suscitado questões, como «podem os robôs ser mais morais do que os humanos?», que são assertivamente respondidas com «não», usando lógica deôntica (na qual existem operadores de permissão e obrigação, além dos habituais na lógica preposicional, que permitem expressar situações de incerteza, que se criam facilmente na comunicação, e/ou situações em que uma acção se torna mandatória e em que não são admissíveis dúvidas a respeito da sua execução) (Bringsjord, 2017). Esta negativa é reconfortante, já que, implicitamente, deixa nas mãos dos humanos o seu próprio destino.

Podem destacar-se desde já alguns desafios que irão certamente requerer mudanças societais, nomeadamente (i) a possibilidade de se criarem percepções enviesadas da realidade social, (ii) a necessidade de transparência na interacção entre robôs e seres humanos, e (iii) uma necessidade prospectiva de ajustar os paradigmas de educação e consciencializar a sociedade. A integração de um robô social requer competências de identificação das características relevantes do ambiente social e de ajuste de comportamentos. A percepção dos seres humanos relativamente a estas capacidades é facilmente enviesada, por vezes levando à atribuição de características humanas aos robôs. Por exemplo, um robô de assistência pessoal cuja expressão verbal esteja dentro do léxico comum ao ambiente em que se insere pode ser encarado como um robô com capacidade cognitiva para «entender» o ambiente.

A evolução da tecnologia permitirá a breve prazo que robôs de diferentes tipos sejam praticamente omnipresentes nos mais variados ambientes sociais, concorrendo com outras tecnologias. Dado que a sociedade tende a aceitar a tecnologia pelo seu valor acrescentado, nomeadamente económico e de melhoria da qualidade de vida, afigura-se claro que algumas das questões éticas podem ser ultrapassadas de forma gradual e natural. Os robôs sociais tenderão a integrar-se na sociedade se trouxerem uma melhoria à qualidade de vida e contribuírem para a evolução da mesma.

Naturalmente, os robôs poderão ser questionados sobre a forma como interagem e o porquê das decisões que tomam, ou seja, é desejável que exista uma transparência nos processos de decisão.

Esta transparência coloca desafios de implementação, por exemplo, qual a granularidade da informação a preservar para permitir a verificação dos processos de decisão e qual o limite de memória adequado, e desafios de privacidade, por exemplo, um direito básico de um ser humano é pedir a um robô que não guarde registo de uma interacção privada entre os dois, o que poderá não ser desejável, pois acções futuras podem depender dessa mesma interacção privada. No limite, está em causa um direito à privacidade para os robôs. Esta questão tem pontos de contacto com o recente pedido de personalidade jurídica para o dispositivo Alexa (da Amazon), como forma de evitar que gravações feitas pelo sistema e potencialmente úteis num caso de homicídio fossem entregues à justiça dos EUA. Iniciado um precedente de discussão sobre um direito, específico, para um robô é natural que se conjecture sobre, por exemplo, uma carta dos direitos dos robôs.

A massificação da robótica e a discussão que suscita na sociedade representam uma oportunidade para a educação para a responsabilidade e sentido crítico das tecnologias. A comunidade da robótica e os *media* devem desempenhar papéis principais nesta discussão na sociedade em geral. Como muitas outras tecnologias, é importante estarmos atentos (os cidadãos e os reguladores) para que desenvolvimentos potencialmente negativos possam ser evitados (por exemplo, no caso das armas).

No nosso entendimento, os robôs actuais são essencialmente ferramentas de elevado potencial para melhorar a qualidade de vida da sociedade em geral e, em última análise, caberá sempre ao ser humano a capacidade de decisão, a criatividade e a opção de desenvolver estas tecnologias no sentido de promover um maior bem-estar da humanidade, como tantas vezes aconteceu ao longo da História.

Referências e leituras recomendadas

Para uma visão abrangente das questões da ética na robótica veja-se Ferreira [*et al.*] (2017). O volume contém uma selecção de artigos apresentados na International Conference on Robot Ethics 2015, que decorreu em Lisboa em Outubro de 2015.

ASARO, Peter M., Modeling the Moral User, *IEEE Technology and Society Magazine* 28, 2009: pp. 20–24.

BRINGSJORD, Selmer, A 21st-Century Ethical Hierarchy for Robots and Persons: EH, *in A World with Robots – International Conference on Robot Ethics: ICRE 2015*, [*s.l.*], Springer, 2017.

CORMIER, D. [*et al.*], *Placing Robots in Positions of Authority: A Human--Robot Interaction Obedience Study*, Universidade de Manitoba, 2013a.

CORMIER, D. [*et al.*], Would You Do as a Robot Commands? An Obedience Study for Human-Robot Interaction, *in Proceedings of the First International Conference on Human-Agent Interaction, iHAI'13*, 2013b.

DAUTENHAHN, K. e WERRY, I., Towards Interactive Robots in Autism Therapy: Background, Motivation and Challenges, *Pragmatics and Cognition* 12, 2004: pp. 1–35.

EUROPEAN COMMISSION, *Ethical Review in FP7: Guidance for Applicants – Informed Consent*, European Commission – Research Directorate-General, Directorate L – Science, Economy and Society, Unit L3 – Governance and Ethics, 2017. Disponível em: http://ec.europa.eu/research/participants/data/ref/fp7/89807/informed-consent_en.pdf [consultado em Abril de 2017].

EUROPEAN PARLIAMENT, «Civil Law Rules on Robotics», P8_TA-PROV (2017)0051, European Parliament resolution of 16 February 2017 with recommendations to the Commission on Civil Law Rules on Robotics [2015/2013 (INL)], 2017.

FERREIRA, M. I. A. [*et al.*] (eds.), *A World with Robots – International Conference on Robot Ethics: ICRE 2015* (Intelligent Systems, Control and Automation: Science and Engineering), vol. 84, [*s.l.*], Springer, 2017.

GARCIA, Megan, Racist in the Machine: The Disturbing Implications of Algorithmic Bias, *World Policy Journal* 33, 2016: pp. 111–117.

GRAU, Christopher, There Is No «I» in «Robot»: Robots and Utilitarianism, *IEEE Intelligent Systems* 21, 2006: pp. 52–55.

IACOBONI, M. [*et al.*], Grasping the Intentions of Others with One's Own Mirror Neuron System, *PLoS Biology* 3, 2005: e79. doi: 10.1371/journal.pbio.0030079.

KAHN, Peter H. [*et al.*], What is a Human? – Towards Psychological Benchmarks in the Field of Human-Robot Interaction, *in RO-MAN 2006 – The 15th IEEE International Symposium on Robot and Human Interactive Communication*, Reino Unido, Setembro de 2006.

KANDA, T. [*et al.*], Interactive Humanoid Robots and Androids in Children's Lives, *Children, Youth and Environments* 19, 2009: pp. 12–33. Disponível em: www.colorado.edu/journals/cye.

KHAN, Peter H. [*et al.*], Do People Hold a Humanoid Robot Morally Accountable for the Harm It Causes?, *in 7th ACM/IEEE International Conference on Human-Robot Interaction (HRI)*, Boston: EUA, Março de 2012.

KOPLOWITZ, Jack e NOTON, David, Motivation System for a Robot, *IEEE Transactions on Systems, Man, and Cybernetics*, 1973: pp. 425–428.

LIU, C. [*et al.*], Online affect detection and robot behavior adaptation for intervention of children with autism, *IEEE Transactions on Robotics* 24, 2008: pp. 883–896.

METTA, Giorgio [*et al.*], The *iCub* humanoid robot: An open--systems platform for research in cognitive development, *Neural Networks* 23, 2010: pp. 1125–1134. Disponível em: http://dx.doi.org/10.1016/j.neunet.2010.08.010.

MEYSTEL, A. e ALBUS, J., *Intelligent Systems, Architecture, Design, and Control*, [*s.l.*], Wiley Interscience, 2002.

MURPHY, Robin R. e WOODS, David D., Beyond Asimov: The Three Laws of Responsible Robotics, *IEEE Intelligent Systems*, 2009: pp. 14–20.

NYLANDER, Stina; LJUNGBLAD, Sara e VILLAREAL, Javier Jiménez, A complementing approach for identifying ethical issues in care robotics – grounding ethics in practical use, *in 21st International Symposium on Robot and Human Interactive Communication: IEEE RO-MAN*, 2012.

POWERS, T. M., Incremental Machine Ethics, *IEEE Robotics & Automation Magazine* 18, 2011: pp. 51–58.

SCIUTTI, A. [*et al.*], Investigating the ability to read others' intentions using humanoid robots, *Frontiers in Psychology* 6, 2015.

SHARKEY, Noel e SHARKEY, Amanda, Artificial Intelligence and Natural Magic, *Artificial Intelligence Review* 25, 2006: pp. 9–19.

SHARKEY, Noel e SHARKEY, Amanda, The crying shame of robot nannies: An ethical appraisal, *Interaction Studies* 11, 2010: pp. 161–190.

SHIBATA, T. [*et al.*], Mental Commit Robot and its Application to Therapy of Children, *IEEE/ASME International Conference on Advanced Intelligent Mechatronics*, 2001, pp. 1053–1058.

SHIM, Jaeeun e ARKIN, Ronald C., An Intervening Ethical Governor for a Robot mediator in Patient-Caregiver Relationships, *in A World with Robots – International Conference on Robot Ethics: ICRE 2015*, [*s.l.*], Springer, 2017.

SULLINS, John P., Robots, Love, and Sex: The Ethics of Building a Love Machine, *IEEE Transactions on Affective Computing* 3, 2012: pp. 398–409.

TURKLE, S. [*et al.*], Relational Artifacts with Children and Elders: The Complexities of Cybercompanionship, *Connection Science* 18, 2006: pp. 347–362.

Produção Circular

Fernando Santana e *Maria da Graça Martinho*

Faculdade de Ciências e Tecnologia da Universidade Nova de Lisboa

1. Do conceito de circularidade

O conceito de «produção circular» ou, generalizando, de «economia circular» terá as suas raízes mais profundas na década de 70, enquanto reflexão de ambientalistas e académicos, numa aparente tentativa de fazer convergir a economia com o ambiente. Representa, de certa forma, uma reformulação de vários paradigmas económicos que se têm sucedido, substituindo-os para procurar mitigar as suas limitações face aos objectivos ambientais que se propunham alcançar, ao desgaste da sua utilização indiscriminada e inconsequente e à necessidade de reanimar políticas económicas.

De facto, foi nos anos 70 que se registou uma série de marcos importantes, embora embrionários, de várias correntes de pensamento.

No domínio político, destacam-se dois acontecimentos importantes nesta década. O primeiro verificou-se nos Estados Unidos da América (EUA), em 1970, com a realização do primeiro Dia da Terra, uma iniciativa do senador Gaylord Nelson, com o objectivo de suscitar uma manifestação nacional de protesto contra a poluição e de, assim, potenciar a consecução de uma agenda política ambiental. Esta iniciativa conduziu à publicação de legislação ambiental e à criação da Agência de Protecção Ambiental dos Estados Unidos da América (EPA), actualmente uma das entidades governamentais com maior notoriedade no âmbito da protecção do ambiente. Dois anos mais tarde, o segundo acontecimento a destacar foi a realização, em Estocolmo, da primeira Conferência Internacional sobre o Ambiente, sob a égide das Nações Unidas. Na sequência deste evento, alguns governos lançaram as suas primeiras políticas do ambiente.

Foi ainda na década de 70 que se publicaram obras de grande impacto mediático, entre as quais se destacam:

– *Primavera Silenciosa,* da bióloga Rachel Carson, talvez a obra pioneira mais perturbadora, que deu a conhecer os terríveis efeitos dos pesticidas, em particular do DDT (diclorodifeniltricloroetano), nomeadamente a disrupção de equilíbrios ecológicos e a evidência epidemiológica como causa de cancro no Homem. Embora editado em 1962, é considerado o livro mais influente na assim designada revolução ecológica nos EUA, e no mundo, na década de 70.

– *Choque do Futuro,* de Alvin Toffler, em 1970, que evidenciou as consequências brutais para a sociedade do «pronto a deitar fora» e das relações cada vez mais transitórias com as coisas, alertando assim para os efeitos do consumismo.

– *Os Limites do Crescimento,* em 1972, da responsabilidade do Clube de Roma, que racionalizou uma visão prospectiva, progressiva e catastrófica da exaustão dos recursos naturais, a qual, vinte anos mais tarde, em 1992, viria a ser reafirmada com o *Beyond the Limits,* de Donella Meadows, Dennis Meadows e Jørgen Randers, em que se salienta a urgência da alteração do ritmo de consumo dos recursos.

– *Small Is Beautiful*, de Ernst Schumacher e publicado em 1973, é considerado o precursor das tecnologias intermédias e de um estilo de vida responsável.

– *La convivialité*, um ensaio crítico à sociedade materialista da autoria de Ivan Illich, publicado em 1973.

– *Choisir d'être humain*, de René Dubos, publicado em 1974, no qual o autor reforça a ideia de que o esforço feito em todo o mundo para salvaguardar o ambiente transcende os problemas de poluição e de recursos naturais, vindo propor uma abordagem pelo reencontro de determinados valores da vida sensorial e afectiva, cuja necessidade fundamental é imutável, por estar inscrita no código genético da espécie humana.

– *O Macroscópio*, escrito em 1975 pelo biólogo e informático Joel de Rosnay, dando a conhecer a sua visão sistémica e pós-moderna do mundo, propondo uma nova economia (reconciliadora da economia tradicional e da ecologia, dominada pela bioindústria e pela ecoengenharia) e uma nova sociedade (a sociedade da integração do cérebro humano, das redes de telecomunicações e dos computadores, ou seja, uma ecossociedade).

– *Gaia: A New Look at Life on Earth* é um fabuloso e controverso trabalho do investigador britânico James Lovelock, publicado em 1979, que descreve a Terra como um ser vivo personificado, o que viria a ter grande influência nos trabalhos sobre as perturbações da biosfera (os problemas da destruição da camada de ozono, do efeito de estufa, da desflorestação, das alterações climáticas).

Estes e muitos outros trabalhos que alargavam a escala de observação dos problemas ecológicos, ligando-os ao estilo de vida da sociedade pós-industrial, contribuíram para que muitos militantes ecologistas mais radicais se divorciassem das organizações clássicas, que actuavam em moldes muito académicos e mais ligadas ao conservantismo, procurando levar a cabo, no terreno, acções de carácter mais mediático, com o objectivo de alertar a sociedade para o ritmo de degradação do ambiente. É neste contexto que surgem as duas organizações com maior impacto na opinião pública: a Friends of the Earth, criada em 1970, nos EUA, e a Greenpeace, fundada em 1971, no Canadá.

Paralelamente, na área da economia, é também na década de 70, e na sequência da crise do petróleo da OPEP (Organização dos Países Exportadores de Petróleo), que a economia ambiental surge como uma subárea disciplinar preocupada com as externalidades ambientais resultantes da actividade económica (Bohm e Kneese, 1971), procurando, através do recurso a metodologias de análise custo-benefício e de avaliação monetária (por exemplo, preços hedónicos, avaliação contingente), que o crescimento económico se mantenha, embora internalizando custos ambientais do uso dos recursos e da poluição gerada (Hanley e Spash, 1993).

A incapacidade da economia para alterar as causas dos problemas ambientais levou ao aparecimento, na década de 80, de uma segunda escola de pensamento, a economia ecológica, com uma abordagem mais centrada nas relações sistémicas entre a economia, os ecossistemas e as questões sociais, ou seja, mais preocupada com o desenvolvimento sustentável (Spash e Ryan, 2012; Røpke, 2004).

Assim, os antecedentes mais próximos do conceito de economia circular serão talvez os mais directamente associados à actividade e gestão industrial, nomeadamente o metabolismo industrial, a ecologia industrial e a simbiose industrial, que surgiram nos finais da década de 80 e cujas definições, embora pouco padronizadas e muito mescladas, convergem, metaforicamente, para um sentido do orgânico, do cíclico e do sistémico.

O metabolismo industrial, tal como teorizado por Robert Ayres, em 1989, assenta numa abordagem de aplicação de balanços de massa e de energia ao sistema económico, da extracção de matérias-primas até à sua inevitável reintegração nos ciclos biogeoquímicos globais (Ayres, 1989). Também neste ano, Robert Frosch e Nicholas Gallopoulos publicaram um artigo seminal sobre ecologia industrial (Frosch e Gallopoulos, 1989), no qual sugerem a necessidade de evolução para «um ecossistema industrial», descrito pelo uso optimizado de energia e de materiais, com minimização de resíduos e de poluição.

Contudo, Suren Erkman, já em 1997, havia defendido que a ecologia industrial vai além do metabolismo industrial, já que considera que, primeiro, é necessário entender o funcionamento do sistema industrial, como é regulado e qual a sua interacção com a biosfera, para depois, com base no conhecimento dos ecossistemas naturais, determinar como pode ser reestruturado para o tornar compatível com o funcionamento desses ecossistemas.

Por outro lado, a simbiose industrial pode ser conceptualizada como uma aplicação mais alargada da economia industrial, pois suporta-se em relações interorganizacionais características dos ecossistemas naturais, tais como a conectividade, a comunidade e a cooperação (Costa e Ferrão, 2010).

Para Yuan, Bi e Moriguichi (2006), o conceito de economia circular é originário do paradigma da ecologia industrial e terá sido originalmente proposto pelo investigador chinês Zhu Dajian, em 1998.

Refira-se, no entanto, como decorre das observações de Murray, Skene e Haynes (2017), a maior importância atribuída à economia circular, comparativamente com conceitos anteriormente propostos, de tal forma que veio a ser adoptada por vários governos como potencial estratégia político-económica para o desenvolvimento e a resolução dos problemas ambientais (como a escassez de recursos, a poluição, os resíduos), tendo o governo chinês sido pioneiro nesta matéria quando, em 2002, incluiu bases da economia circular no seu plano quinquenal de desenvolvimento económico e social.

Resulta assim, como recentemente foi constatado por Kirchherr, Reike e Hekkert (2017), que discutiram o conceito de economia circular com base em 114 definições propostas por outros autores, que a sua conceptualização, embora com bases comuns, é ainda muito diversa, ou seja, está ainda distante de ser concretizada de forma efectiva e inquestionável.

Para aqueles autores, a economia circular descreve um sistema económico baseado em modelos de negócio que substituem o conceito de fim de vida de um produto, quando já praticamente corresponde ao que actualmente se consideram os respectivos resíduos, por um outro que preconiza a redução destes resíduos ou, em alternativa, a sua reutilização, reciclagem e recuperação de materiais nos processos de produção//distribuição e consumo, aplicados tanto a um micronível (produtos, empresas, consumidores), como a nível intermédio (parques ecoindustriais), ou ainda a um macronível (cidade, região, país ou espaços mais alargados), visando o desenvolvimento sustentável, com as implicações inerentes para a qualidade do ambiente, a prosperidade económica e a equidade social, a benefício das gerações actuais e futuras.

Esta definição claramente abrangente, embora sendo adequada para a explicitação do domínio, para ser eficaz haveria de ser dotada de um complemento que objectivamente identificasse o que é determinante para que a economia circular possa progressivamente constituir o paradigma futuro de optimização do uso de recursos naturais, de modo a assegurar um determinado nível de qualidade de vida, minimizando a deterioração da qualidade do ambiente. De facto, a falta de maior objectividade permite, como referido, uma conceptualização que, de tão ampla, se torna naturalmente pouco eficaz.

O conceito de economia circular tem um duplo significado: o linguístico, como antónimo de uma economia linear, extracção de matéria-prima, produção, comercialização, utilização e sua transformação em resíduos; e o descritivo, associado ao conceito de ciclo (Murray, Skene e Haynes, 2017), no qual, segundo o Relatório da Ellen MacArthur Foundation (2013), se enquadram dois ciclos, o biológico e o tecnológico. Numa lógica de economia restauradora de qualquer dano resultante da extracção, transformação e utilização dos recursos, é através destes ciclos que é assegurada a transformação de resíduos biológicos e não biológicos em novos recursos para a economia.

É, portanto, na programação do desenvolvimento de actividades em sequência e nas *interfaces* dessas actividades que se poderá vir a consubstanciar a economia circular. Note-se, contudo, que na avaliação da eficácia da economia circular a variável objectivo deverá sempre ser constituída pela quantidade de novos recursos naturais utilizados num determinado ciclo, variável esta que, por condição, porque os recursos naturais são finitos, terá de ser minimizada. De contrário, o que se considerar economia circular não passará de um disfarce para obter benefícios de mercado, ante uma crescente sensibilização do consumidor para as questões ambientais.

Importa, portanto, que a economia circular seja implementada desde o licenciamento industrial, isto é, que se procure que este modelo de economia se concretize e que não se esgote em mera retórica que, por tão insistente e vazia de conteúdo, leve à sua trivialização, como se verificou com o conceito de desenvolvimento sustentável.

Na verdade, o modelo de economia circular é o instrumento mais importante para a consecução do desenvolvimento sustentável, advindo-lhe interesse acrescido por ser claro quanto à sua potencial concretização, não se limitando a equacionar objectivos desejáveis de forma genérica, tendente a admiti-los como intangíveis. Trata-se afinal de criar condições para que a humanidade possa beneficiar de um desenvolvimento sustentável, o qual não decorre estritamente do modelo de economia circular, abrangendo múltiplos aspectos pertinentes à qualidade do ambiente, nomeadamente todos os que directa ou indirectamente concorrem para as alterações climáticas. O conceito operacional de economia circular não se reduz, pois, a um aumento da recolha dos resíduos para a reciclagem, mas exige uma alteração profunda dos modelos de produção e dos comportamentos individuais dos cidadãos/consumidores.

As universidades têm um papel crucial a desempenhar nesta transformação, devendo-lhes ser exigido que as suas missões passem a contemplar estratégias dirigidas à sustentabilidade ambiental. Por um lado, compete-lhes repensar os planos curriculares de todos os cursos, introduzindo os conceitos de economia circular e sustentabilidade ambiental, capacitando os estudantes, não apenas enquanto indivíduos consumidores, mas também no exercício das suas especialidades, a tomarem decisões mais conscientes e responsáveis (por exemplo, na preferência por produtos com o menor impacto ambiental, que incorporem matérias-primas secundárias, que sejam reutilizáveis e recicláveis). Por outro lado, no âmbito da sua responsabilidade pela formação de futuros profissionais e decisores, compete-lhes proporcionar uma formação orientada para as diferentes dimensões da economia circular, no mínimo, fazendo incluir na formação o contacto com boas práticas em todas as áreas das ciências naturais, engenharia, gestão, direito, política, economia, sociologia, entre outras. Por fim, compete-lhes promover e estimular a inovação e a investigação necessárias para a transição para a economia circular.

No que se refere à produção são necessários sistemas inovadores, mais baseados na venda de serviços do que na venda de produtos, o que inclui, por exemplo, alterações no ecodesign (concepção ecológica) de produtos e processos que assegurem uma maior durabilidade dos mesmos, facilitem o *upgrading* (actualização), a reparabilidade e o recondicionamento, bem como novas tecnologias associadas à logística necessária para que o ciclo se estabeleça (rastreamento, monitorização, disponibilidade de peças de reposição, recolha e distribuição de produtos/resíduos). Paralelamente, é da maior importância procurar consciencializar os futuros profissionais e os consumidores para a mudança da cultura do «ter» para a do «ser», de ser criativo, cívico, socialmente participativo e responsável.

Estas são as verdadeiras variáveis, antecedentes e cruciais, para a produção e consumo circular, as quais devem concorrer para o objectivo comum de melhorar o bem-estar social, económico e pessoal das gerações actuais e futuras, de modo a assegurar que possam viver em equilíbrio com a natureza e com a inexorável contingência de recursos.

2. Da perspectiva europeia sobre a produção circular

A introdução da economia circular na agenda política da União Europeia (UE) deve-se, principalmente, a Walter Stahel, co-autor do relatório elaborado para a Comissão Europeia, em 1976, «O Potencial de Substituição de Mão-de-obra por Energia» (Stahel e Reday-Mulvey, 1976), no qual é transmitida a visão de uma economia em *loops* (ou circular), baseada na gestão sustentável de recursos, na prevenção de resíduos e nos seus efeitos positivos para a criação de emprego, inovação e competitividade.

Neste relatório, Stahel e Reday-Mulvey, através de uma microanálise e macroanálise às indústrias automóvel e da construção, concluem que três quartos do consumo de energia industrial estão associados à extracção ou produção de materiais básicos, como o aço e o cimento, e apenas um quarto é usado na transformação desses materiais em produtos acabados, como máquinas ou edifícios. Referem ainda que se verifica o inverso em relação ao trabalho, que é cerca de três vezes mais usado na conversão de materiais em produtos acabados. Tendo por base esta constatação, Stahel e Reday-Mulvey defendem que a extensão do ciclo de vida de um produto ou serviço, pela reutilização, recondicionamento ou reciclagem, que corresponde a uma substituição do trabalho por energia, é uma estratégia sustentável para a criação de mais empregos, a redução de resíduos, de consumos de energia e de gases com efeito de estufa. Salientam ainda a vantagem de os produtores poderem estar localizados em qualquer área rural ou urbana com alto desemprego, tornando estas actividades duplamente atractivas para a criação de emprego.

A economia circular, porém, só ganhou maior visibilidade mediática em 2010, quando Ellen MacArthur (a famosa velejadora que em 2005 bateu o recorde de navegação solitária sem escalas à volta do mundo) criou a Fundação Ellen MacArthur. Esta é uma das instituições que mais têm contribuído para e influenciado a comunidade política e empresarial pelas suas iniciativas e pelo seu primeiro relatório, de 2012, «Rumo à Economia Circular: Racionalidade Económica e de Negócios para Uma Transição Acelerada» (Ellen MacArthur Foundation, 2013), muito inspirado em anteriores correntes de pensamento. Além da economia industrial, outras escolas mencionadas como inspiradoras neste relatório são as seguintes:

– «Design Regenerativo» (*Regenerative Design*), um conceito criado na década de 70 por John Lyle, um professor de Arquitectura Paisagista que lançou um desafio aos seus estudantes para que criassem ideias para uma sociedade na qual «as actividades diárias eram baseadas no valor de viver dentro dos limites dos recursos renováveis disponíveis sem degradação ambiental» (Cal Poly Pomona, 2014). O conceito de design regenerativo de John Lyle enfatiza o desenvolvimento de sistemas de apoio comunitário capazes de serem restaurados, renovados, revitalizados ou regenerados, através da integração de processos naturais, acção comunitária e comportamento humano (Lyle, 1996).

– Biomimética (*Biomimicry*), uma área disciplinar criada por Janine Benyus (Benyus, 1997) que recorre ao conhecimento sobre o funcionamento dos sistemas biológicos como fonte de inspiração e modelo para a concepção de novas soluções em áreas diversas, como a engenharia, arquitectura, biotecnologia, electrónica e informática.

– «Do Berço ao Berço» (*Cradle to Cradle*), conceito criado na década de 90 pelo químico alemão Michael Braungart e pelo arquitecto americano William McDonough, em oposição à análise «do berço à cova» (utilizada para descrever o processo linear de extracção, produção e descarte), e que traduz uma metodologia na qual os materiais envolvidos nos processos industriais e comerciais, considerados recursos (biológicos e técnicos), são analisados numa lógica circular de produção e reutilização em fluxos mais seguros para o ambiente e saúde humana (McDonough e Braungart, 2002).

– «Economia de Desempenho» (*Performance Economy*), conceito criado pelo arquitecto e analista industrial Walter Stahel, que esboçou a visão de uma economia em *loops* (ou economia circular) e seu impacto na criação de emprego, competitividade, redução do consumo de recursos e prevenção de resíduos, defendendo uma economia mais baseada na venda de serviços, de manutenção, de reparação e de recondicionamento, por oposição à venda de produtos (Stahel, 2006).

– «Economia Azul» (*Blue Economy*), movimento iniciado pelo ex-CEO da Ecover, o empresário belga Gunter Pauli, que traduz um modelo económico reorientado para soluções baseadas em tecnologias mais simples e mais limpas, usando os recursos disponíveis de sistemas em cascata, em que o desperdício de um processo constitua matéria-prima para outro que possa criar um novo fluxo de valor (Pauli, 2010).

No domínio da política europeia, os primeiros passos foram dados em Dezembro de 2012, quando a Comissão Europeia publicou o documento «Manifesto para Uma Europa Eficiente na Utilização de Recursos» (EUROPEAN COMMISSION, 2012), que aborda a necessidade de a Europa transitar para uma economia regenerativa, circular, mais eficiente na utilização de recursos e com menor produção de resíduos.

Com esta visão política, de transição da economia linear para a economia circular, a União Europeia perspectivava uma possível solução para a crise económica que surgiu na Europa, em 2011, ambicionando uma melhoria da sua competitividade global, a promoção de um crescimento económico sustentável e a geração de novos empregos (EUROPEAN COMMISSION, 2015b). Vários economistas realizaram projecções muito promissoras como, por exemplo, MITCHELL e JAMES (2015), que estimaram que o emprego em actividades de economia circular, ligadas aos sectores de recolha, reparação, reutilização e reciclagem de resíduos, mercado de segunda mão e aluguer de equipamentos, já envolvia cerca de 3,4 milhões de postos de trabalho em toda a Europa e que o potencial impacto da expansão destas actividades no mercado de trabalho poderia representar a criação de mais 1,2 a 3 milhões de empregos e uma redução de cerca de 250 a 520 mil desempregados, em todos os Estados-Membros da UE, até 2030.

Em Julho de 2014, a Comissão apresentou a primeira proposta legislativa, o Pacote da Economia Circular (PEC), a qual foi posteriormente retirada no início de 2015, sob o pretexto de desregulamentação, mas que deverá ter sido consequência de críticas e pressões do sector empresarial. A Comissão prometeu então o relançamento deste pacote, o que efectivamente aconteceu em 2 de Dezembro de 2015 (EUROPEAN COMMISSION, 2015a). Comparativamente com a proposta de 2014, este segundo PEC introduz melhorias mas revela-se menos ambicioso nalgumas metas. Alguns aspectos beneficiaram da alteração produzida, nomeadamente:

- clarificação dos limites à deposição em aterro, máximo de 10% para os resíduos domésticos, até 2030, podendo incluir resíduos recicláveis e compostáveis (o que não era permitido na proposta anterior);
- indicação de objectivos e prazos para a redução e utilização de recursos na política de ecodesign (a proposta anterior não definia prazos);
- prevenção da obsolescência injustificada de produtos, assunto não abordado na proposta de 2014 e agora contemplado com um programa de testes independentes sobre a obsolescência planeada (2018), como parte do plano de acção não vinculativa;
- introdução de normas de qualidade para as matérias-primas secundárias (em especial para plásticos), agora como parte do plano de acção não vinculativa;
- informação obrigatória sobre recursos utilizados num produto, potenciando melhor intercâmbio de informação entre fabricantes e recicladores, em particular para produtos electrónicos.

Não obstante, esta proposta de 2015 também protagonizou a regressão de alguns objectivos anteriores, nomeadamente:

- a taxa de reciclagem de resíduos urbanos foi reduzida de 70% para 65%, até 2030;
- a taxa de reciclagem de resíduos de embalagens foi reduzida de 80% para 75%, até 2030;
- a taxa indicativa da redução de resíduos alimentares foi eliminada, quando na proposta de 2014 era de 30% até 2025, tendo como base o ano de 2017;
- não é definida nenhuma meta ou prazo para a separação selectiva de resíduos orgânicos, sendo apenas indicado que deverá ser assegurada a recolha separada, desde que

técnica, económica e ambientalmente possível, enquanto na proposta de 2014 se previa que esse objectivo fosse alcançado até 2025;
- a meta para a eficiência do uso de recursos nem sequer é mencionada, por oposição à proposta anterior, que estabelecia a meta de 30% com base no consumo de matérias-primas.

Em Março de 2017, o Parlamento Europeu reviu e aprovou novas metas e objectivos para o PEC, impondo uma meta para a taxa de redução de resíduos alimentares de 50%, até 2020, a recolha selectiva obrigatória de resíduos urbanos biodegradáveis (RUB) até 2020, uma taxa de preparação para a reutilização e reciclagem de resíduos urbanos (RU) de 70%, até 2030, uma taxa de reciclagem de resíduos de embalagens de 80%, até 2030, e um limite de deposição de RUB e RU em aterro de no máximo 5%, até 2030 (não podendo incluir resíduos recicláveis e compostáveis).

Este novo pacote legislativo foi aprovado, provisoriamente, no dia 19 de Dezembro de 2017, em Bruxelas, após uma difícil sessão final de negociação entre as três instituições (Conselho, Parlamento e Comissão). O resultado destas negociações foi uma taxa de preparação para a reutilização e reciclagem de RU de 55% até 2025, 60% até 2030 e 65% para 2035, e um limite para a deposição de RU em aterro de 10% até 2035, com uma derrogação de cinco anos para os países que enviaram mais de 60% dos RU para aterro sanitário em 2013 (Perchard, 2017).

Este novo acordo, cuja aprovação final pelo Conselho Europeu está prevista para o primeiro trimestre de 2018, vai introduzir alterações em seis Directivas, designadamente, a Directiva-Quadro Resíduos (2008/98/CE, de 19 de Novembro), a Directiva de Embalagens e Resíduos de Embalagens (94/62//CE, de 20 de Dezembro), a Directiva Aterros (1999/31/CE, de 26 de Abril), a Directiva dos Resíduos de Equipamentos Eléctricos e Electrónicos (2012/19/EU, de 4 de Julho), a Directiva dos Veículos em Fim de Vida (2000/53/EC, de 18 de Setembro) e a Directiva das Pilhas e Baterias e dos Resíduos de Pilhas e Baterias (2006/66/EC, de 6 de Setembro).

O debate político em Bruxelas tem-se centrado, principalmente, na gestão de resíduos, com grande incidência na reciclagem, e pouco no ecodesign e muito menos ainda na alteração dos actuais padrões de produção e consumo, a parte mais difícil do ciclo. De facto, o actual modelo económico tem sobrevivido graças ao forte aumento do consumo que se verificou nas últimas décadas, conseguido à custa da criação de novas necessidades e do estímulo do desejo (pela publicidade), e à redução da duração de vida média dos objectos por um processo de encurtamento psicossociotecnológico, acelerado pelo fenómeno da obsolescência.

Uma vez que os produtos têm ao longo da sua cadeia de valor vários intervenientes, as iniciativas de produção circular exigem também uma colaboração sistémica multissectorial entre todos. A este nível, é exemplar o papel da Fundação Ellen MacArthur na promoção da produção circular. Esta fundação, no âmbito do seu Programa Circular Economy 100 (CE 100), criado em 2013, está a promover a cooperação entre grandes empresas globais (por exemplo, Cisco, Google, H&M, Phillips, Renault, Unilever, Apple, Dell, eBay, Danone, Coca-Cola, Nike, Intensa, Solvay, entre outras) e instituições académicas pioneiras no domínio da economia circular (por exemplo, Universidade de Bradford, Universidade de Cranfield, Universidade Técnica de Delft, University College London, Golisano Institute for Sustainability, Universidade do Estado do Arizona, Universidade de São Paulo, Universidade de Exeter), para o desenvolvimento de iniciativas inovadoras e exemplares de produtos e negócios em torno da economia circular. Estas iniciativas incluem a alteração das regras de concepção dos produtos, desenhados para facilitar a reparação, a actualização, o recondicionamento e a desmontagem para a recuperação de peças ou materiais destinados à reciclagem. Incluem ainda novos modelos de negócio baseados na venda de serviços e não na venda de produtos e também novos serviços para a recolha reversa dos produtos/ /resíduos para remanufactura e reciclagem.

Os produtos de plástico, em especial as embalagens, foram dos primeiros grupos de produtos a merecer especial atenção por parte da Fundação Ellen MacArthur, porque representam um bom exemplo de produtos que estão a ser produzidos numa lógica de economia linear (apenas 14% das embalagens de plástico são actualmente recicladas) e porque representam 80% dos materiais presentes no lixo marinho.

Na sequência de um trabalho de pesquisa, durante três anos, que aquela Fundação promoveu e que envolveu a participação de 11 marcas líderes de empresas produtoras de embalagens de plástico e retalhistas que, em conjunto, representam mais de seis milhões de toneladas de embalagens de plástico por ano (Amcor, Ecover, Evian, L'Oréal, Mars, M&S, PepsiCo, The Coca-Cola Company, Unilever, Walmart e Werner & Mertz), foram avaliadas diferentes estratégias baseadas no redesenho das embalagens de plástico de acordo com os princípios da economia circular.

Deste trabalho resultou um compromisso destes líderes para a produção de embalagens de plástico 100% reutilizáveis ou recicláveis, até 2025, e a publicação do relatório «The New Plastics Economy: Rethinking the Future of Plastics» (Ellen MacArthur Foundation, 2016), que fornece uma nova abordagem sobre os plásticos como fluxo de material global efectivo, alinhado com os princípios da economia circular.

Registe-se a publicação de um outro relatório, «The New Plastics Economy: Catalysing Action» (World Economic Forum e Ellen MacArthur Foundation, 2017), que propõe um plano de acção, aprovado por mais de 40 líderes do sector, para a indústria global de plásticos, através do projecto de melhores embalagens, do aumento de taxas de reutilização e reciclagem e pela introdução de novos modelos para o uso das embalagens, prevendo o aumento da reciclagem de embalagens de plástico para 70%.

Ainda relativamente aos plásticos, outra iniciativa importante da referida Fundação foi o concurso «Circular Design Challenge», enquanto desafio à criação de ideias de design inovadoras dirigidas à redução do consumo de plásticos descartáveis. Os vencedores deste concurso foram divulgados durante a realização do Fórum Económico Mundial (World Economic Forum, em inglês) que se realizou em Janeiro de 2018, em Davos, e estão anunciados na página daquela Fundação (https://newplasticseconomy.org/innovation-prize). O sucesso alcançado com a iniciativa dos plásticos levou a Fundação a lançar, no final de 2017, uma nova pesquisa dedicada às fibras têxteis.

3. Da ética da produção circular

De acordo com as projecções da Organização das Nações Unidas, até 2050, a população mundial deverá aumentar dos actuais cerca de 7,6 mil milhões para mais de 9,8 mil milhões, sendo expectável que o rendimento médio *per capita* triplique. Em consequência, prevê-se que a procura e o consumo global de recursos (por exemplo, energia, alimentos e recursos naturais), concomitantemente, no mínimo dupliquem naquele período (United Nations, 2017).

Neste cenário, e a manterem-se os actuais modelos e padrões de produção e de consumo, seriam necessários os recursos naturais de quase três planetas Terra para se manter a actual qualidade de vida da humanidade, ou seja, produzir mais 60% de alimentos, 50% de energia e 40% de água, sendo previsíveis, pelo correspondente aumento da extracção de recursos, sua utilização e eliminação como resíduos, consequências económicas e sociais graves, com impactos negativos na saúde e no ambiente, nomeadamente um acréscimo de 50% da emissão de gases com efeito de estufa e a perda de 10% da biodiversidade.

Ora, estando o Homem, por enquanto e por tempo ainda indeterminado, confinado a este planeta de recursos naturais finitos e com limitada capacidade para absorver os efeitos colaterais do progresso, a adopção de mecanismos, modelos ou práticas que procurem assegurar o desenvolvimento sustentável tornou-se numa questão ética.

A responsabilidade das gerações actuais de procurarem assegurar condições de vida idênticas para as gerações futuras é algo que, sendo o Homem um ser moral, resultante da sua evolução social e cultural, potenciada pela acumulação de conhecimento e de experiência que a sua natureza lhe permitiu, apela à dimensão normativa da moral, consubstanciada na ética das decisões e das atitudes. Logo, todos os que ignorem ou deixem de desempenhar esta responsabilidade incorrem em flagrante atropelo da ética inerente à transitoriedade da vida. Com efeito, se, por um lado, cabe aos decisores, democraticamente instituídos, impor orientações que concorram para que os modelos sociais e económicos, sem perda de liberdade, contribuam eficazmente para que o direito à vida se perpetue, por outro, cabe ao cidadão comum, enquanto consumidor ou eleitor, não abdicar do exercício de uma cidadania plena que inclua, nas exigências da dignidade humana, o direito de usufruir de um ambiente saudável e de o preservar.

Dissimular práticas de economia linear (usar-recursos-produzir-descartar-resíduos) como sendo de economia circular, por exemplo, através de um incremento de reciclagem, sem cuidar de assegurar que tal se traduz numa produção mais eficiente, relativamente à desejada minimização do uso de recursos, é, no mínimo, duplamente reprovável: conduz à continuada e silenciosa depauperação de recursos e induz à adopção de comportamentos indesejáveis por decorrerem de informação baseada numa realidade distorcida.

A sociedade actual evidencia aspirações contraditórias: almeja um forte crescimento industrial, gerador de empregos e de elevados rendimentos, principalmente à custa do consumo, e, simultaneamente, um modo de vida menos febril num ambiente de melhor qualidade baseado numa gestão sustentável de recursos. Este é um dilema social tão ou mais complexo do que o das alterações climáticas, para o qual convergem considerações de carácter político, económico, técnico, psicossocial, ético e cultural.

Os conceitos de eficiência do uso de recursos e de economia circular que, nos últimos anos, têm atraído a atenção dos decisores políticos e das empresas requerem uma mudança profunda, incompatível com os actuais padrões de produção e de consumo, o que se afigura muito complexo e, note-se, que apenas tem registado progressos incipientes.

A esperança que se deposita na economia circular, enquanto solução prática para a emergente crise de recursos do planeta, através da redução do consumo de recursos decorrente da maior disponibilidade de matéria-prima secundária a circular no mercado, é ainda do domínio da utopia política. A crise não se resolverá apenas com a fixação de algumas metas por alterações legislativas no sector dos resíduos; pelo contrário, reclama uma mudança cultural profunda e necessariamente morosa.

Actualmente, já quase tudo é apontado como de grande importância para a mudança do modelo de economia (de linear para circular). Já quase parece mal que, num qualquer discurso que supostamente vise demonstrar dimensão ou grande visão de preparação do futuro, não se aborde a relevância de uma trivialidade como a contribuição para a consecução da economia circular. Sendo certo que é do somatório de pequenas acções que se consegue um grande resultado e, consequentemente, importando que se progrida passo a passo, dosear a ambição do discurso só poderá tornar a questão mais séria e suscitar maior responsabilidade dos destinatários.

Persistir em não procurar que o crescimento económico seja desacoplado do uso de recursos, pela promoção do modelo de economia circular, acrescenta a acuidade de um problema que, inexoravelmente, se concretizará no futuro. Subestimá-lo ou deliberadamente ignorá-lo, além de uma questão cívica, é, sem dúvida, um afrontamento grosseiro da ética que deverá presidir à resposta permanentemente exigida pelos desafios globais.

Em conclusão, se a ética presidisse à tomada de decisões, uma vez que a sua assertividade de há muito não decorre de insuficiência de conhecimento, não pareceria hoje que já entrámos no Antropoceno, como recentemente observaram as investigadoras Maria Paula Diogo e Ana Simões em artigo de divulgação científica, antevendo que, se não travarmos rapidamente a «crise ambiental», mais rapidamente transformaremos a Terra em Vénus do que iremos a Marte!

A sustentabilidade, que é o objectivo que suporta a economia circular, alicerça-se em três pilares fundamentais: o social, o económico e o ambiental. Contudo, as referências públicas dirigidas à economia circular têm sido praticamente omissas em relação à componente social. Comparativamente ao conceito de desenvolvimento sustentável e às preocupações sociais expressas no Relatório Brundtland (World Commission on Environment and Development, 1987), que incluem o legado intergeracional dos recursos, a pobreza, o emprego, a qualidade de vida, a justiça e a equidade como condição para uma participação efectiva da sociedade na tomada de decisões que visam o desenvolvimento sustentável, a economia circular não reconhece de forma explícita os aspectos sociais que inevitavelmente lhe estão associados, concentrando-se mais no redesenho dos sistemas de produção e nos serviços.

De facto, como apontam MITCHELL e JAMES (2015), não é claro que a economia circular venha a conduzir a uma maior igualdade de oportunidades sociais, o que coloca importantes questões morais e éticas, as quais devem ser abordadas atempadamente.

A escalada de novas tecnologias e soluções de reciclagem, motivadas pelo constante apelo à inovação, através de novos produtos, sem se cuidar dos impactos que poderão ter no futuro, quer em relação à dependência de matérias-primas críticas, quer ao aumento da contaminação ambiental ou aos riscos para a saúde humana, poderá configurar uma preocupação ética.

A História tem demonstrado que muitas soluções para os problemas do presente se transformam nos grandes problemas do futuro. São exemplos o insecticida DDT (diclorodifeniltricloroetano), o amianto, os retardadores de chama halogenados bromados (os PBDE – éteres difenílicos polibromados), utilizados numa grande variedade de produtos com a finalidade de evitar ou retardar a propagação de incêndios, ou outros poluentes orgânicos persistentes (POP), que se espalharam pelo ambiente e que, por serem tóxicos e bioacumuláveis, causaram e continuam a causar graves problemas para a saúde humana.

A indústria utilizou, e continua a utilizar, muitas substâncias químicas perigosas na composição dos mais diversos produtos, os quais dão origem a resíduos que, quando reciclados, representam um risco continuado de contaminação para o ambiente e para a saúde humana. Por exemplo, apesar de, no âmbito da Directiva 2011/65/UE, de 8 de Junho de 2011, relativa à restrição do uso de determinadas substâncias perigosas em equipamentos eléctricos e electrónicos, mais conhecida por Directiva RoHS (*Restriction of Certain Hazardous Substances*), a utilização de retardadores de chama (bromados) nos plásticos de equipamentos eléctricos e electrónicos ter sido restringida, há ainda muitos equipamentos, produzidos em data anterior à da Directiva, ou provenientes de espaços geográficos não regulados, que contêm estes químicos na sua composição. Ao serem reciclados, acabam por perpetuar a presença destes tóxicos no ambiente e a sua exposição aos seres humanos.

Os resultados de um estudo realizado pela Arnika, uma organização ambientalista da República Checa, que testou a presença de retardadores de chama (bromados) em 47 produtos vendidos na União Europeia (16 brinquedos infantis e 31 acessórios de higiene pessoal), revelaram a presença de níveis alarmantes destes tóxicos nos produtos testados (DiGangi, Strakova e Bell, 2017). Estes produtos químicos, que fazem parte do grupo dos poluentes orgânicos persistentes, estão associados a vários problemas de saúde, como perturbações do sistema nervoso, distúrbios da tiróide, de memória e problemas de aprendizagem.

É por tudo isto que se considera que a União Europeia, ao estabelecer como objectivo uma taxa de reciclagem de 70% até 2035, não terá valorizado devidamente o problema da contaminação por produtos químicos presentes nos materiais reciclados. Embora os retardadores de chama mais perigosos tenham sido banidos, no âmbito da Convenção de Estocolmo (aprovada em 2001 e a vigorar desde 2004), ou seja, há mais de dez anos, os equipamentos que os incorporaram continuam a ser reciclados, pelo que é necessário investir rapidamente no desenvolvimento de tecnologias que permitam, aos agentes de reciclagem, descontaminar os plásticos que contêm estes produtos químicos tóxicos.

Para uma produção circular inócua para o ambiente e para a saúde humana, é também necessário garantir que certos tipos de poluente químico não entrem nos processos de reciclagem, o que passa por medidas de política internacional mais restritivas em relação à utilização de certos químicos, ou mesmo a sua proibição na produção de determinados equipamentos.

Só quando os produtos químicos forem eliminados e substituídos por alternativas mais naturais e seguras é que a produção circular, baseada na reutilização e reciclagem de materiais, poderá ser considerada sustentável.

4. Em conclusão

Como decorre da visão geral anteriormente apresentada, a produção circular levanta questões éticas de natureza diversa, associadas às diferentes etapas que compõem este novo paradigma económico que procura reverter a utilização desmesurada de recursos naturais.

A questão de fundo centra-se no que poderão ser os limites éticos da utilização intergeracional de recursos, dada a condição, por enquanto inexorável, da sua finitude. O problema está em determinar qual a fracção de recursos eticamente aceitável a ser usada por uma geração, transformando-os, para usufruir dos correspondentes benefícios. Esta problemática é muitíssimo complexa, desde logo, porque não é evidente definir uma quota de recursos atribuível a cada geração para um determinado período, para a vida média, por exemplo, porquanto o referencial subjacente a tal distribuição poderia variar de satisfazer condições mínimas de sobrevivência até às dos níveis mais altos de bem-estar, que, necessariamente, implicam maior utilização de recursos. Acresce que, como é natural, ninguém desejará ver retroceder níveis de conforto que o progresso permitiu atingir ou que já se podem antever, face ao imparável desenvolvimento científico e tecnológico.

Por outro lado, não sendo homogénea a distribuição de recursos no planeta, não poderia ser expectável que o seu uso deixasse de reproduzir uma grande diversidade das formas como são valorizados, principalmente, decorrentes da manutenção de níveis de qualidade de vida ou, nas zonas menos desenvolvidas, para, tendencialmente, procurar que os níveis prevalecentes possam evoluir para os padrões mais elevados.

É talvez por esta complexidade e por não existir um direito planetário sobre o uso de recursos, ao qual todos se deveriam submeter, que a fronteira da moral, que permitiria distinguir o que é ético do que é inaceitável, não tem, nem é previsível que venha a ter, contornos bem definidos.

Esta dificuldade não deve, no entanto, poder justificar que tudo se mantenha como até hoje, num deplorável alheamento que, a prosseguir, conduzirá ao esgotamento dos recursos. Pelo contrário, há que adoptar essa dificuldade como um dado do problema e, no mínimo, procurar desacelerar a vertiginosa evolução do uso crescente de recursos.

Sendo o crescimento económico, aparentemente, determinante de bem-estar e, mais genericamente, de melhor qualidade de vida, a produção circular surge neste contexto como uma abordagem para procurar desacoplar a produção de resíduos do crescimento económico. Ou seja, para permitir que o crescimento económico, o qual praticamente não é regulável, possa prosseguir utilizando menos recursos naturais, através de matérias-primas disponibilizadas pelos resíduos que, de contrário, seriam desperdiçadas, implicando maior utilização de recursos.

A minimização do uso de recursos que a produção circular pode assegurar, embora não resolvendo o problema ético intergeracional, ou seja, não sendo evidente quantificar o que é razoável ser utilizado hoje sem prejudicar as gerações futuras, pode contribuir significativamente para reduzir o desperdício, parecendo constituir, de momento, a melhor abordagem disponível para o uso de recursos naturais finitos, podendo assim considerar-se que a sua prossecução se insere na ética possível para o compromisso entre bem-estar e natureza.

No entanto, se a produção circular se materializar, a título exemplificativo, por procedimentos eticamente reprováveis como dissimulações de «produções lineares» (recursos-produtos-resíduos) – com maiores níveis de reciclagem, ainda que quase inúteis, ou o desenvolvimento de produtos que incorporem poluentes que impossibilitem a sua reutilização como matérias-primas –, prevalecerá a progressiva delapidação de recursos, com consequências imprevisíveis para a humanidade.

Neste novo modelo, a ética deverá presidir às decisões que assegurem a circularidade da produção, do licenciamento industrial, à regulamentação de características de matérias-primas secundárias, a imposições no âmbito da reutilização e reciclagem de resíduos.

Há, portanto, uma mudança que é preciso encarar e que será morosa, porque radica forçosamente em questões culturais alicerçadas em valores sociais que, além de serem pouco consentâneos com os valores naturais, são exponenciados por políticas efémeras e, insuportavelmente, egoísticas.

Promover o bem-estar social pelo crescimento económico, principalmente suportado pelo consumo, sem cuidar de minimizar o uso de recursos naturais associado, isto é, sem promover eficazmente a produção circular, é um atropelo de ética agravado, porque, por condição de temporalidade, serão as gerações futuras a sofrer as consequências sem sequer disso poderem responsabilizar as gerações actuais.

Referências e leituras recomendadas

AYRES, R. U., Industrial Metabolism, *in* AUSUBEL, J. H. e SLADOVICH, H. E., *Technology and Environment*, Washington, D. C., National Academy Press, 1989, pp. 23–49.

BENYUS, J., *Biomimicry: Innovation inspired by nature*, Nova Iorque, Quill Publishers, 1997.

BOHM, P. e KNEESE, A. V. (eds.), *The Economics of Environment*, Reino Unido, Palgrave Macmillan, 1971.

CAL POLY POMONA, *History of the Lyle Center*, Lyle Center for Regenerative Studies, California State Polytechnic University, 2014. Disponível em: https://env.cpp.edu/rs/history-lyle-center.

COSTA, I. e FERRÃO, P., A case study of industrial symbiosis development using a middle-out approach, *Journal of Cleaner Production* 18, 2010: pp. 984–992.

DIGANGI, J.; STRAKOVA, J. e BELL, L., *POP'S Recycling Contaminates Children's Toys with Toxic Flame Retardants*, Arnika e IPEN, 2017. Disponível em: http://ipen.org/sites/default/files/documents/toxic_toy_report_2017_update_v1_5-en.pdf.

EUROPEAN COMMISSION, *Manifesto for a resource-efficient Europe*, Bruxelas, 17 de Dezembro de 2012.

EUROPEAN COMMISSION, *Circular Economy Package: Questions & Answers*, Fact Sheet, MEMO/15/6204, Bruxelas, 2015a. Disponível em: http://europa.eu/rapid/press-release_MEMO-15-6204_en.htm.

EUROPEAN COMMISSION, *Closing the loop – An EU action plan for the Circular Economy*, COM (2015) 614 final, Bruxelas, 2015b.

ELLEN MACARTHUR FOUNDATION, *Towards the Circular Economy* Vol. 1: Economic and business rationale for an accelerated transition, 2013. Disponível em: https://www.ellenmacarthurfoundation.org/assets/downloads/publications/Ellen-MacArthur-Foundation-Towards-the-Circular-Economy-vol.1.pdf.

ELLEN MACARTHUR FOUNDATION, *The New Plastics Economy: Rethinking the Future of Plastics*, Maio de 2016.

ERKMAN, S., Industrial ecology: an historical view, *Journal of Cleaner Production* 5, 1997: pp. 1–10.

FROSCH, R. A. e GALLOPOULOS, N. E., Strategies For Manufacturing, *Scientific American* 261, 1989: pp. 144–152.

HANLEY, N. e SPASH, C. L., *Cost-Benefit Analysis and the Environment*, Aldershot: Inglaterra, Edward Elgar, 1993.

KIRCHHERR, J.; REIKE, D. e HEKKERT, M., Conceptualizing the circular economy: An analysis of 114 definitions, *Resources, Conservation & Recycling* 127, 2017: pp. 221–232.

LYLE, J. T., *Regenerative Design for Sustainable Development*, [*s.l.*], John Wiley & Sons, Inc., 1996.

MCDONOUGH, W. e BRAUNGART, M., *Cradle to Cradle: Remaking the Way We Make Things*, Nova Iorque, North Point Press, 2002.

MITCHELL, P. e JAMES, K., *Economic Growth Potential of More Circular Economies*, Waste & Resources Action Programme, 2015. Disponível em: http://www.wrap.org.uk/sites/files/wrap/Economic%20growth%20potential%20of_more%20circular%20economies.pdf.

MURRAY, A.; SKENE, K. e HAYNES, K., The Circular Economy: An Interdisciplinary Exploration of the Concept and Application in a Global Context, *Journal of Business Ethics* 140, 2017: pp. 369–380.

ORGANISATION FOR ECONOMIC CO-OPERATION AND DEVELOPMENT, OECD *Environmental Outlook to 2050: The Consequences of Inaction*, 2012. Disponível em: http://dx.doi.org/10.1787/9789264122246-en.

PAULI, G., *The Blue Economy: 10 Years, 100 Innovations, 100 Million Jobs*, Report to The Club of Rome, [*s.l.*], Paradigm Publications, 2010.

PERCHARD, E., Are Circular Economy Laws Ambitious to Meet Challenges Facing Europe?, *Resource*, 19 de Dezembro de 2017. Disponível em: https://resource.co/article/are-circular-economy-laws-ambitious-enough-meet-challenges-facing-europe-12315.

RØPKE, I., The early history of modern ecological economics, *Ecological Economics* 50, 2004: pp. 293–314.

SPASH, C. L. e RYAN, A., Ecological, Heterodox and Neoclassical Economics: Investigating the Differences, *Journal of Economics* 36, 2012: pp. 1091–1121.

Stahel, W. R. e Reday-Mulvey, G., *Jobs for Tomorrow: The Potential for Substituting Manpower for Energy*, Report to the Commission of the European Communities, Bruxelas/Nova Iorque, Vantage Press, 1976/1981.

Stahel, W. R., *The Performance Economy: Business Models for the Functional Service Economy*, [*s.l.*], Macmillan Publishers Limited, 1.ª edição: 2006, 2.ª edição: 2010. Disponível em: https://www.researchgate.net/publication/226704628_The_Performance_Economy_Business_Models_for_the_Functional_Service_Economy.

United Nations, *World Population Prospects: The 2017 Revision*, Volume I: Comprehensive Tables (ST/ESA/SER.A/399), United Nations, Department of Economic and Social Affairs, Population Division, 2017.

United Nations Environment Programme, *Stockholm Convention on Persistent Organic Pollutants*, Text and Annexes as amended in 2009, Secretariat of the Stockholm Convention on Persistent Organic Pollutants, 2009. Disponível em: http://www.wipo.int/edocs/trtdocs/en/unep-pop/trt_unep_pop_2.pdf.

World Commission on Environment and Development, *Our Common Future*, Oxford, Oxford University Press, 1987.

World Economic Forum e Ellen MacArthur Foundation, *The New Plastics Economy: Catalysing Action*, 2017.

Yuan, Z.; Bi, J. e Moriguichi, Y., The Circular Economy: A New Development Strategy in China, *Journal of Industrial Ecology* 10, 2006: pp. 4–8.

A Fundação Ellen MacArthur disponibiliza na sua página de Internet um conjunto de publicações sobre economia circular, que podem ser consultadas em: https://www.ellenmacarthurfoundation.org/publications.

Tecnologias espaciais

Luís Braga Campos

Instituto Superior Técnico da Universidade de Lisboa

A ética e as actividades espaciais

A ética está subjacente a toda a actuação humana e as actividades espaciais não são excepção em qualquer dos domínios referidos nesta introdução.

As actividades espaciais podem dividir-se em dois grandes grupos: as que visam o conhecimento e «Exploração do Universo» exterior à Terra (secção 1) e as que usam o Espaço para «As utilizações terrestres de satélites» (secção 2). A exploração do Espaço é a última fronteira de «expansão da humanidade» e requer cuidados de «não-contaminação do Espaço» (ponto 1.1.). O aspecto mais crítico é o da «adaptação do corpo humano ao Espaço» (ponto 1.2.).

A exploração espacial é geradora de detritos que podem ser divididos em dois grupos: os «satélites mortos» não devem afectar as utilizações dos satélites activos, passando para «órbitas-cemitérios» (ponto 1.3.), e os numerosos fragmentos de várias dimensões que constituem o «lixo espacial» devem ser eventualmente «eliminados» minorando-se, entretanto, a sua «acumulação» (ponto 1.4.).

A utilização do Espaço (já na secção 2) inclui «satélites militares» cujo uso tem sido curiosamente, não exclusiva mas principalmente, um «contributo para a paz» (ponto 2.1.). Por outro lado, os «satélites civis» tornaram-se numa parte integrante «da vida quotidiana» (ponto 2.2.). Os «satélites de comunicações, navegação e informática» têm múltiplas aplicações (ponto 2.3.), quer civis, quer militares. A ameaça recorrente da «militarização do Espaço» é presentemente um risco limitado que está ainda longe de uma «guerra das estrelas» (ponto 2.4.).

Em conclusão, as actividades espaciais têm trazido grandes benefícios, acompanhados de alguns problemas éticos, decerto muito menores e nada comparáveis com outros domínios, tais como o terrorismo e totalitarismo, a manipulação do genoma humano ou a poluição e degradação do ambiente.

1. A ética na exploração espacial

A exploração espacial nos séculos XX e XXI tem muitas analogias com as navegações dos portugueses dos séculos XV e XVI, no sentido em que necessitaram da resolução de problemas científicos, técnicos e humanos semelhantes (navegação, transporte e saúde) em contextos históricos muitos diferentes e com meios disponíveis diversos.

O primeiro problema da viagem do ser humano através de um meio desconhecido e hostil aplica-se quer às caravelas, que navegavam contra o vento no mar tempestuoso, quer aos lançadores ou foguetes, que vencem a gravidade terrestre de forma a colocar cargas no Espaço depois de terem atravessado a atmosfera terrestre (Isakowitz, 1991) (ponto 1.1.). A questão da sobrevivência do ser humano em condições adversas – como o flagelo do escorbuto nos navegadores – é, nos tempos actuais mais civilizados, mais bem cuidada pela medicina, que tenta minimizar os efeitos fisiológicos sobre os astronautas da ausência de gravidade (ponto 1.2.). A exploração espacial também partilha dos problemas de poluição da Terra, designadamente no que se refere ao destino a dar a satélites inactivos (ponto 1.3.) e como minimizar e eventualmente eliminar o lixo espacial (ponto 1.4.).

1.1. Expansão da humanidade e não-contaminação do Espaço

O crescimento populacional acompanhado pelo aumento do nível médio de vida começa a aproximar-se dos limites da capacidade do planeta Terra para fornecer recursos e reciclar detritos. Os esforços para resolver estes problemas são essenciais para a sobrevivência da humanidade tal como a conhecemos e para o progresso da sociedade, e permitem ganhar tempo para materializar uma solução que ultrapasse os limites da Terra. Terminada a exploração da Terra, dos mares e da atmosfera, a fronteira que resta é a exploração do Espaço, e os desafios são semelhantes aos do passado num contexto diferente e com meios mais poderosos. Os navegadores portugueses do século XV dependiam do progresso na área da navegação astronómica; a investigação em Ciências do Espaço fornece o conhecimento essencial para a sua eventual exploração (LANG e GINGERICH, 1979; LANG, 1995; PANNEKOEK, 1989; RIDPATH, 1997; WHIPPLE, 1959; WOLFENDALE, 1997). A tecnologia do século XV desenvolveu a caravela, um navio manobrável, capaz de navegar contra o vento e realizar longas viagens sobrevivendo a um mar tempestuoso; os lançadores actuais permitem atingir velocidades no vácuo do Espaço de 8 km/s, para manter um satélite em órbita, ou de 11 km/s, para enviar uma sonda para outros planetas (Freeman, 1979; Furniss, 1985). As perdas de vida associadas às navegações (Fernão de Magalhães iniciou a volta ao mundo com 153 marinheiros e só 26 regressaram com Sebastián de Elcano) seriam totalmente inaceitáveis na sociedade actual; embora a exploração espacial tenha riscos, todos os esforços têm sido mobilizados para os reduzir ao mínimo e a níveis felizmente muito inferiores aos do passado (a maior perda de vidas foi dos sete tripulantes no acidente do vaivém americano [Joeh e Kennedy, 1988; Smith, 1989]).

A expansão colonial que se seguiu à navegação para «o novo mundo» não foi apenas marcada pelo sucesso da ousadia de conquistadores que conseguiram vencer, pelas armas, populações muito mais numerosas de indígenas. Houve também epidemias devastadoras entre as populações locais, causadas por micróbios trazidos do exterior para os quais não tinham defesas. A exploração do Espaço implica a responsabilidade de não contaminar nem o espaço exterior, nem os corpos celestes onde aterram sondas; essa contaminação, a ocorrer, seria nefasta para o ambiente planetário e espacial, e teria consequências imprevisíveis, incluindo para uma eventual colonização humana. Neste aspecto ético, os programas espaciais têm sido exemplares, usando «salas limpas» com elevado nível de filtragem de poeiras e micróbios, e com sobrepressão para evitar a entrada de substâncias indesejáveis; é nessas salas que se produzem e montam todos os componentes de satélites, havendo também cuidados correspondentes no seu transporte até serem lançados para o Espaço. O esforço para tentar garantir a não-contaminação do Espaço é um bom exemplo de ética que prevalece sobre as implicações de aumento de complexidade e custo dos programas espaciais. Um segundo exemplo dos princípios éticos ainda mais relevante é o grande cuidado com a saúde dos astronautas nas condições adversas de missões espaciais.

1.2. Adaptação do corpo humano ao Espaço

As navegações dos portugueses implicavam problemas graves de saúde devido à ausência de alimentos frescos durante períodos prolongados, acrescida de um ambiente hostil, escassez de cuidados médicos e limitações de nutrição. O corpo humano evoluiu de modo a viver numa atmosfera sob os efeitos da gravidade, que não existe no Espaço. As cápsulas e fatos espaciais contêm uma atmosfera artificial com pressão igual à atmosférica; as limitações de movimento do fato espacial são eliminadas na cápsula espacial. A transição entre o exterior (fato) e interior (cápsula) requer cuidados de descontaminação. O oxigénio é o gás essencial sendo o nitrogénio, que compõe cerca de 80% do ar, uma forma de evitar o risco de combustão do oxigénio.

O programa norte-americano Apollo, iniciado em 1961, em uma década colocou o homem na Lua sem perda de vida de astronautas em missões espaciais. No entanto, há a lamentar a morte de três astronautas numa sessão de treino no solo antes do primeiro voo espacial, devido a um incêndio de uma atmosfera de oxigénio quase puro. Apesar de todos os cuidados, o risco em missões espaciais não pode ser totalmente eliminado, mesmo recorrendo-se à tecnologia mais avançada disponível. Por exemplo, um lançador tem uma probabilidade média de sucesso de 92%, mas, no caso de o lançamento envolver astronautas, exige-se uma fiabilidade de 98%, isto é, o máximo atingível pela tecnologia actual, requerendo um maior esforço de projecto, do fabrico e da operação.

Além do problema respiratório, o Espaço causa problemas múltiplos a nível cardíaco, muscular, ósseo e de orientação, particularmente graves e complexos devido à ausência de gravidade.

O coração está feito para bombear sangue para o cérebro contra a gravidade e ser auxiliado pela gravidade para irrigar as pernas. Na ausência de gravidade, há um excesso de sangue na parte superior do corpo e um défice na parte inferior, o que acaba por afectar o número de vasos sanguíneos. A ausência de gravidade deixa os músculos sem peso para suportar e causa uma hipertrofia semelhante à que se verifica num doente acamado. Daí a necessidade de exercício físico nas estações espaciais.

O esqueleto sofre de osteoporose no Espaço, semelhante a um envelhecimento acelerado, por razões ainda não perfeitamente esclarecidas. Os otólitos do ouvido interior, que gerem o equilíbrio, perdem a orientação na ausência de gravidade; os astronautas de regresso à Terra precisam de ser ajudados e recuperam gradualmente o equilíbrio. Aos efeitos fisiológicos há que acrescentar os psicológicos, do isolamento em missões prolongadas sem a mobilidade ou opções de entretenimento disponíveis na Terra.

Todos estes aspectos são objecto de atenção médica cuidada, que começa com o treino no solo e continua com o acompanhamento durante a missão e após a recuperação. Porém, uma eventual expansão humana para o Espaço irá envolver não só os mais saudáveis, mas todos, incluindo crianças, idosos e enfermos – o que deverá ser tido em devida consideração. Os exemplos de aplicação dos princípios éticos não são todos tão bons como os anteriores, como testemunha a poluição do Espaço.

1.3. Os satélites mortos e as órbitas-cemitérios

Os satélites (King-Hele, [*s.d.*]; Capraro, 1986) têm uma duração de vida determinada pelo seu projecto, como todos os objectos artificiais (electrodomésticos, automóveis, equipamentos informáticos), visto que usam princípios e componentes semelhantes. Havendo sérias limitações ou impossibilidade de reparação no Espaço, a ênfase é colocada na qualidade, fiabilidade e redundância, que deverão estar nos limites do possível. Resulta que muitos satélites continuam operacionais muito além da sua duração prevista de vida.

No entanto, há uma outra limitação dos satélites. A sua utilidade pode depender da sua orientação, que tem de ser muito precisa: por exemplo, apontar uma antena de telecomunicações para uma zona precisa da Terra. A estabilização que mantém ou altera a orientação do satélite recorre a pequenos motores de foguete que consomem propergol. Uma vez esgotado o propergol, a impossibilidade de estabilizar ou orientar o satélite pode tornar a missão inútil, embora todos os sistemas de bordo ainda funcionem correctamente. Por isso, a vida útil de um satélite pode ser limitada quer por falha de um sistema de bordo que não seja recuperável, quer por se ter esgotado o propergol de estabilização.

Para evitar poluir o Espaço com satélites inactivos, adoptam-se soluções diferentes para órbitas baixas e altas, tendo em conta que o raio da Terra é de 6400 km e a altura da atmosfera é de 200 km. Um satélite em órbita baixa dá 16 voltas à Terra por dia, pelo que só é visível menos de uma hora seguida de cada vez; um satélite geoestacionário, com posição fixa em relação à Terra, visível permanentemente, está a uma altitude de 36 000 km, logo seis vezes o raio da Terra.

A atmosfera não termina abruptamente a 200 km de altitude; vai ficando mais rarefeita até atingir um vácuo quase total em órbitas altas. Assim, as órbitas baixas têm alguma resistência do ar remanescente e o satélite acaba por cair para a Terra ao fim de algum tempo (meses ou anos). A entrada na atmosfera de um objecto com 1 kg de massa a uma velocidade de 8 km/s, que se reduz muito rapidamente devido à resistência do ar, dissipa num espaço de tempo curto uma potência elevada, equivalente a uma central térmica. Esse calor vaporiza o satélite, a não ser que este seja de grandes dimensões ou tenha protecção térmica. A Terra é constantemente bombardeada com um grande número de meteoritos que se vaporizam na atmosfera. Só os maiores atingem a superfície da Terra, em algumas situações históricas com efeitos devastadores. No caso de uma cápsula espacial que traz astronautas de regresso à Terra, é necessária uma protecção térmica muito eficaz, incluindo um revestimento ablativo que se vaporiza, para suportar o calor e garantir a segurança dos ocupantes. No caso de queda na Terra de um objecto grande, como a estação espacial soviética Mir (mais pequena do que a actual estação espacial internacional liderada pelos Estados Unidos da América), que não se vaporize totalmente, há que garantir o impacto numa zona desabitada como o oceano; no caso da grande maioria dos satélites de órbita baixa, basta uma desaceleração para uma velocidade ligeiramente inferior à de satelização de 8 km/s para que a queda para a Terra e a vaporização na atmosfera ocorram.

Os vestígios de ar reduzem com a altitude assim como a resistência associada, e um satélite em órbitas médias com altitudes superiores a 1000 km leva milhares de anos a cair na Terra; um satélite geoestacionário a 36 000 km de altitude só deixa o lugar vago se for desacelerado para uma órbita superior ou acelerado para uma órbita inferior que serve de órbita-cemitério. Os motores usados na Terra, para mover automóveis, barcos, comboios, aviões e outros veículos, são na maioria aeróbios, isto é, usam o oxigénio do ar para queimar um combustível como a gasolina, o *diesel*, o querosene, o hidrogénio ou outros. No Espaço não há ar nem oxigénio, e para ter combustão num motor de foguete, há que acrescentar ao combustível (por exemplo, hidrogénio líquido) um comburente (por exemplo, oxigénio líquido). Logo, um motor de foguete usa dois propergóis (combustível e comburente), que determinam a sua autonomia ou tempo de utilização na Terra ou no Espaço. A passagem de um satélite morto para uma órbita-cemitério, superior ou inferior, consome propergol, assim reduzindo a sua duração de vida. O operador do satélite, ao gastar o último propergol para o transferir para a órbita-cemitério, perde a receita que teria se usasse todo o propergol para prolongar a operação do satélite cujos sistemas permanecem operacionais. Este é mais um exemplo do conflito de interesses comerciais com a preservação do ambiente. Uma legislação que obrigue os operadores a transferirem um satélite geoestacionário em fim de vida para uma órbita-cemitério não é fácil de implementar; idealmente, seria necessário um acordo com a Organização das Nações Unidas (ONU), dependente ainda de quem subscrevesse e das questões de verificação e cumprimento. Uma solução no caso de satélites de telecomunicações seria recorrer ao organismo da ONU que atribui as frequências de satélite; este organismo podia recusar frequências a operadores que tivessem satélites inactivos em órbitas geoestacionárias. Seria preciso o acordo dos representantes nacionais e nem todos os satélites geoestacionários são de telecomunicações, embora as transmissões para a Terra sejam necessárias para a operação de quase todos os satélites. Ao problema ambiental dos satélites mortos acresce o do lixo espacial.

1.4. Acumulação e eliminação de lixo espacial

O lixo espacial consiste em restos de fragmentos de satélites e lançadores que permanecem em órbita. No caso de órbitas baixas, caem para a Terra ao fim de algum tempo e vaporizam-se na atmosfera. No caso de órbitas médias e altas, o lixo espacial permanece quase indefinidamente colocando várias questões: Quais as consequências? Como se minimiza a sua acumulação? Como pode ser eliminado?

Em relação às consequências da permanência de lixo em órbita, os Estados Unidos da América (EUA) têm um elaborado sistema de radares (o *Deep Space Tracking Network*) capaz de detectar todos os objectos em órbita até uma dimensão muito pequena (secreta, mas decerto abaixo dos 10 cm), catalogando a sua dimensão e órbita; devem existir sistemas semelhantes em outros países e, embora tenham motivações militares, também têm outras utilizações como se descreve a seguir. Sendo a velocidade orbital de 8 km/s, um pequeno fragmento tem uma grande energia, pelo que um impacto pode causar grandes estragos, atendendo a que as estruturas espaciais são leves e frágeis. A Estação Espacial Internacional (EEI) foi desviada da órbita mais de uma vez para evitar o impacto com objectos em órbita. Os EUA avisam os operadores de satélites civis do risco de colisão com detritos espaciais a tempo de possibilitar uma mudança de órbita. Com o aumento das missões espaciais, o acréscimo de lixo espacial em órbita aumenta o risco de colisões, pondo a questão de pelo menos reduzir a acumulação de lixo espacial mitigando o problema na origem.

A colocação de um satélite numa órbita baixa requer um foguete de três andares com um quarto andar para órbitas altas, como a geoestacionária, e para sondas interplanetárias. A separação dos andares é feita por métodos pirotécnicos e a explosão cria detritos de várias dimensões que permanecem no Espaço mais tempo ou quase indefinidamente para órbitas médias e altas.

Neste contexto, importa mencionar que a China lançou um míssil contra um satélite morto chinês em órbita média duplicando o número de detritos em órbita. Este teste, mal disfarçado de uma arma anti-satélite chinesa, foi condenado internacionalmente e talvez não se repita. Pelo contrário, a Administração Nacional da Aeronáutica e do Espaço (National Aeronautics and Space Administration – NASA) e a Agência Espacial Europeia (European Space Agency – ESA) comprometeram-se a mitigar a acumulação de lixo espacial usando métodos de separação de andares e satélites que minimizem o número e dimensão dos detritos, não havendo garantias de que todos os operadores espaciais façam o mesmo. Naturalmente, coloca-se a necessidade de eliminar o lixo espacial, para o que abundam ideias sobre procedimentos possíveis: basicamente, trata-se de localizar o detrito, aproximar-se dele com uma rede ou outro meio para o fazer perder velocidade, de forma a cair na Terra e vaporizar-se na atmosfera. Parece simples, mas há obstáculos de vária ordem, nomeadamente económicos, entre outros.

Um quilograma em órbita custa cerca de 10000€ e, portanto, lançar um satélite que elimina detritos tem um custo elevado: quem paga a factura? Não é fácil identificar quem causou o detrito, mesmo que fosse possível obrigá-lo ao pagamento. A eliminação de lixo espacial poderia necessitar de um programa internacional dispendioso. Há, no entanto, outro problema com os satélites que podem eliminar lixo ou mesmo reparar outros satélites: estes podem igualmente visualizar e danificar satélites activos, e existem satélites militares cujo valor unitário excede mil milhões de euros e cujas características são secretas. Para identificar o lixo espacial são necessárias imagens de grande resolução, as quais, incidindo sobre um satélite militar, revelam as suas características principais: a dimensão dos painéis solares indica a potência disponível; a dimensão das antenas e a frequência determinam a resolução. Quem investiu valores elevados em satélites secretos terá reservas quanto à trivialização de imagens de alta resolução de objectos espaciais.

Os meios de eliminação de lixo espacial também podem ser usados para inibir satélites importantes para a paz. As tecnologias para identificar e eliminar lixo espacial, para se aproximar de satélites para os reparar e para visualizar e danificar os satélites activos são próximas e podem ser usadas numa perspectiva de guerra no Espaço. Curiosamente, alguns dos satélites militares que poderiam ser atacados dão um contributo importante para manter a paz.

2. As utilizações terrestres dos satélites

O desenvolvimento da tecnologia espacial tem implicações não só na exploração do Espaço, como evidenciámos na secção anterior, mas também na vida sobre a Terra, como justificaremos nesta secção, sendo os satélites uma parte integrante do nosso dia-a-dia, mesmo que não haja muita consciência da amplitude deste facto. Ironicamente, os satélites de alerta e de espionagem/reconhecimento militares têm dado um contributo importante para manter a paz na era das armas atómicas (ponto 2.1.), enquanto os satélites civis influenciam a vida quotidiana do cidadão (ponto 2.2.), através da meteorologia, gestão de recursos terrestres e de emergências e desastres naturais; e os satélites de telecomunicações e de navegação são um exemplo de múltiplas aplicações civis e militares difíceis de separar (ponto 2.3.), uma dualidade de uso que põe a questão da militarização do Espaço divulgada no cinema sob a forma de uma «guerra das estrelas» (ponto 2.4.).

2.1. Contributo de satélites militares para a paz

Um dos maiores problemas éticos do século XX foi o desenvolvimento de armas de destruição maciça (atómicas, biológicas e químicas) e dos meios de as projectar a distâncias que cobrem a totalidade da Terra, através da tríade bombardeiros estratégicos, mísseis balísticos intercontinentais com base em silos ou lançadores móveis e mísseis balísticos lançados de submarinos nucleares submersos com grande autonomia. Este arsenal, nunca visto na história da humanidade, tornou possível a destruição numa escala que perspectiva uma guerra total quase inconcebível. Passou-se à da dissuasão (Nahmias, 1967; *Strategic survey*, 1978): um potencial agressor seria objecto de uma retaliação tão destrutiva, que desistiria à partida de iniciar um ataque. Este tipo de paz à beira do abismo supõe que nenhum potencial agressor tem a ilusão de que pode ganhar, o que significa que ambas as partes têm conhecimento suficiente da capacidade destrutiva da outra; e que um ataque de surpresa não conseguiria evitar uma retaliação maciça e dissuasora. Os satélites de alerta respondem ao primeiro aspecto e os de reconhecimento, ao segundo, como se detalha a seguir.

Um míssil balístico intercontinental lançado da Rússia para os EUA levaria 30 minutos a chegar ao alvo. Se a detecção for feita por radar, quando a ogiva surgisse acima do horizonte, o tempo de aviso seria reduzido para metade, cerca de 15 minutos; se fosse detectado o lançamento por um satélite de alerta, o tempo de aviso seria de 30 minutos. É no curto intervalo de tempo de alerta que o Presidente dos EUA tem de decidir se há um ataque real e se deve iniciar a retaliação antes de os seus meios poderem ser destruídos. Neste cenário apocalíptico de decisão, é crucial o tempo de alerta de 30 minutos dado por um satélite que, embora curto, é decerto muito preferível aos 15 minutos de um radar em terra. Os satélites de alerta baseiam-se em sensores de infravermelhos que detectam a grande emissão de calor associada ao lançamento de um míssil. Permitem também seguir a trajectória do míssil e prever o ponto de impacto: dirige-se para os EUA ou é um lançador de satélites? Permite ainda acompanhar o desenvolvimento de novos mísseis e verificar que não causam um desequilíbrio estratégico perigoso.

Felizmente, existem acordos de limitação de armas estratégicas entre os EUA e a Rússia, reduzindo o potencial destrutivo excessivo que ambos possuem; a França, o Reino Unido e a China (e talvez mais algum país) têm arsenais mais pequenos, dimensionados para a dissuasão. Um acordo de limitação de armas estratégicas só é possível se for minimamente verificável, o que requer satélites de reconhecimento (ou espionagem). Os satélites permitem contar o número: de bombardeiros (embora não quantas bombas levam); de silos de mísseis com base em terra (e talvez o número de lançadores móveis), embora não o número de ogivas; de submarinos estratégicos e o número de mísseis de cada um (embora não o número de ogivas). Estas observações, embora nem infalíveis nem perfeitas, são essenciais para verificar o cumprimento de acordos de limitação de armas estratégicas, que de outra forma não poderiam ser assinados. Os satélites de reconhecimento e espionagem têm outras funções: detectar instalações militares, recolher sinais electromagnéticos, documentar o desenvolvimento e operação de novas armas (navios, aviões, tanques), contribuindo para a «corrida aos armamentos», mas também evitando que um dos lados possa causar uma surpresa ao outro, tenha ilusões de poder ganhar uma guerra ou cometa a imprudência de causar um conflito em larga escala. Assustador, mas real. Os satélites militares de alerta e reconhecimento usam técnicas de observação da Terra que aplicam ainda em maior escala a satélites civis.

2.2. Satélites civis como parte da vida quotidiana

Os satélites de observação da Terra, quer civis, quer militares, podem ser classificados pela parte do espectro electromagnético que utilizam como: ópticos, infravermelhos e multiespectrais, e radares. As imagens de satélites ópticos são familiares através do Google Maps. Os satélites militares conseguem resoluções muito mais elevadas: a partir de um satélite em órbita, é possível verificar se um operário de construção civil tem o capacete bem ou mal posto. Os EUA tentam limitar a resolução de imagens disponíveis comercialmente a cerca de um metro, para evitar utilizações sensíveis a nível militar. Na realidade, o Departamento de Defesa dos EUA e de outros países são dos maiores clientes de imagens comerciais. Estas imagens comerciais são a forma mais económica de fazer reconhecimento de grandes áreas com baixa resolução e de localizar alvos de interesse, que, depois, são alvo de imagens detalhadas obtidas por satélites militares de alta resolução. As imagens com resolução de um metro são suficientes para numerosas aplicações terrestres, como ordenamento do território, contagem de veículos e detecção de acidentes ambientais.

As imagens ópticas estão limitadas ao período do dia e ao bom tempo no sentido de ausência de nuvens. Os sensores de infravermelhos medem temperaturas de dia ou de noite, mas não penetram nuvens. A tendência na observação da Terra consiste na utilização de sensores multiespectrais, que cobrem uma gama de frequências do óptico aos ultravioletas incluindo os infravermelhos, permitindo obter um conjunto de imagens com utilidades múltiplas: algumas são melhores para visualização, outras, para detecção de incêndios e outras, para distinguir vegetação viva de morta. Os sensores a bordo de satélites também podem medir propriedades da atmosfera, como perfis de temperatura, vento e composição química, observar o oceano, etc. A utilização eficaz de dados de satélite pode implicar a combinação com observações terrestres, por exemplo em meteorologia. As observações via satélite têm a vantagem de cobrir toda a superfície da Terra, mesmo regiões remotas ou pouco acessíveis, como os pólos, florestas tropicais ou superfícies oceânicas distantes.

O radar tem a vantagem de funcionar de dia ou de noite e de penetrar nuvens, permitindo a observação permanente da Terra. Os satélites radar militares permitem detectar operações nocturnas ou escondidas por baixo de nuvens. No domínio civil, os satélites radar fornecem dados sem interrupções. A vantagem do radar sobre sensores ópticos e multiespectrais, que consiste em fornecer imagens em qualquer momento do dia ou da noite e sob quaisquer condições meteorológicas, tem como contrapartida uma menor resolução: as ondas mais longas do radar requerem antenas maiores. Uma solução é o radar de abertura sintética (*Synthetic Aperture Radar* – SAR), que usa o movimento do satélite para simular uma antena maior. Um satélite em órbita desloca-se a 8 km/s, pelo que, com um sinal de radar com a duração de uma pequena fracção de segundo, pode simular uma antena de centenas de metros, muito maior do que é possível por um satélite mesmo com uma estrutura desdobrável. O radar de abertura sintética permitiu observações únicas e impossíveis por outros meios: por exemplo, o meio do oceano Pacífico está oito metros abaixo das costas. O SAR permite fazer mapas detalhados do relevo terrestre e das ondas nos oceanos. A dualidade de uso civil e militar estende-se aos satélites de telecomunicações, navegação e informática.

2.3. Satélites de telecomunicações, navegação e informática

Os satélites de telecomunicações representam a maior quota do mercado, sendo a utilização civil muito maior do que a militar. Os militares usam os satélites civis para realizar mais economicamente comunicações pouco sensíveis, reservando os satélites militares para comunicações codificadas de comando ou actividades operacionais. Os satélites de comunicações civis têm aumentado continuamente em dimensão, o que traz benefícios mais do que proporcionais no número de canais disponíveis, na potência utilizável e na duração de vida, muitas vezes limitada pela quantidade de propergol disponível a bordo para estabilização. O principal rival dos satélites de telecomunicações são as fibras ópticas terrestres e submarinas. Os satélites de telecomunicações também servem para receber dados de sondas interplanetárias e podem comunicar entre eles passando os dados para estações terrestres fora da linha de visão. A tendência para satélites eléctricos, estabilizados por pequenos motores iónicos, irá conduzir à sua maior duração de vida, embora estes precisem de mais tempo para chegar à posição geossíncrona desejada.

O primeiro sistema de satélites de navegação – o GPS (*Global Positioning System*) americano, tal como o GLONASS soviético – tinha motivações militares: localizar alvos e meios ofensivos em todo o globo, de forma a usá-los de modo mais rápido, preciso e eficaz uns contra os outros. As utilizações civis da navegação por satélite foram reconhecidas desde o princípio, tendo o GPS dois canais: o militar, codificado e de maior precisão, e o civil, de precisão deliberadamente degradada para não ter utilidade militar. A utilização de satélites para controlo de tráfego aéreo pode requerer maior precisão e não tolerar interrupções de sinal, que poderiam provocar acidentes. Nestes casos, o GPS pode ser complementado por sistemas locais como o EGNOS europeu (*European Geostationary Navigation Overlay Service*), que fornece sinais de satélite adicionais para melhorar a precisão e compensar interrupções de sinal. O sistema de navegação por satélite europeu Galileu usa também o EGNOS, que foi desenvolvido antes para o GPS de modo a ser compatível com os dois sistemas. O sistema Galileu é civil, mas tem um canal de uso restrito para entidades oficiais. Novas actividades, como os automóveis de condução autónoma, vão requerer precisões da ordem de dois centímetros para evitar colisões de veículos e atropelamento de peões, pelo que também um uso de navegação de maior precisão.

A miniaturização da electrónica permite construir satélites mais pequenos com boas potencialidades – os mini, micro, nano e picossatélites –, reduzindo o seu custo e complexidade e abrindo assim o caminho para grandes constelações de centenas ou milhares de satélites, que poderiam fazer chegar a Internet a todos os pontos da Terra. Os planos de grandes constelações de satélites, divulgados há cerca de duas décadas por empresas novas (Teledesic) e conhecidas (Motorola), acabaram por não se concretizar. O ressurgimento recente destes planos já conduziu a encomendas (Orbcom) e poderá assinalar uma nova fase de desenvolvimento das actividades espaciais. Além disso, a combinação de minissatélites, propulsão iónica e constelações pode tornar as actividades espaciais menos dispendiosas e mais acessíveis, generalizando o seu uso; poderá também potenciar o desenvolvimento de mini e microlançadores dimensionados para colocar pequenos satélites em órbitas específicas, sendo que os satélites pequenos podem ser lançados em grupos ou como cargas secundárias por grandes lançadores apenas em órbitas próximas umas das outras. Embora o mercado civil e as motivações ambientais e científicas dominem cada vez mais as actividades espaciais, o risco de militarização do Espaço não pode ser excluído e é o objecto cinematográfico da Guerra das Estrelas.

2.4. Militarização do Espaço e Guerra das Estrelas

Antes de analisar o tema sensível da militarização do Espaço, é importante delimitar este conceito. No presente contexto, entende-se por militarização do Espaço a colocação de armas ou sistemas ofensivos em órbita. Não inclui a utilização de satélites de observação da Terra, de alerta ou de reconhecimento, e de satélites de telecomunicações e navegação, que não envolvem armas no Espaço e não são directamente ofensivos: estes satélites tanto podem ser usados para dirigir operações militares terrestres, como para manter a paz e vigiar o cumprimento de acordos de desarmamento.

Existem armas anti-satélite, em geral mísseis lançados de bases terrestres ou de aviões, capazes de destruir satélites, mas não envolvem a existência permanente de armas no Espaço. Embora a informação disponível sobre armas anti-satélite seja limitada, não há indicação de uso permanente de armas no Espaço, tendo a maioria dos sistemas anti-satélite base em terra.

A produção de um satélite já projectado pode levar mais de um ano, devido a componentes de fabrico lento e que não podem ser armazenados. O desenvolvimento de um novo satélite pode levar cinco anos ou mais. Por esta razão, a substituição a curto prazo de um satélite destruído ou inoperante requer a existência de um satélite de substituição em órbita (caso do GPS, que tem múltiplas reservas ou redundâncias) ou de um satélite de reserva no solo com lançador pronto. Este último caso limita-se a satélites de alerta e reconhecimento críticos para a segurança nacional.

Ao longo das seis décadas de desenvolvimento de tecnologia espacial, houve alguns alarmes sobre militarização do espaço. A União Soviética lançou várias centenas de satélites Cosmos, com finalidades variadas, das científicas e tecnológicas às militares, permitindo disfarçar as finalidades de alguns deles. Foi lançado um par de satélites Cosmos em órbitas algo diferentes, tendo-se um aproximado e destruído o outro. Apesar de ser possível usar um satélite para destruir outro, não há indicação de lançamento de satélites com esse fim, embora possa ocorrer talvez não de uma forma generalizada.

A União Soviética também experimentou um sistema apelidado nos EUA de FOBS (*Fractional Orbital Bombardment System*) como alternativa ao lançamento directo de um míssil balístico da Rússia para a América por cima do Árctico. No sistema FOBS, a arma atómica era posta em órbita passando pela Antárctida e caía de órbita sobre os EUA vinda do sul. A ideia seria evitar os sistemas de detecção americanos virados a norte.

Os EUA já dispunham do sistema de detecção de objectos espaciais por radar e teriam detectado o FOBS sem a mínima dificuldade com um tempo de aviso de duas horas ou mais, muito superior ao tempo de aviso de uma arma soviética lançada sobre o Árctico. Por essa razão, o FOBS nunca terá sido instalado operacionalmente.

A intercepção de mísseis balísticos intercontinentais, que reentram na atmosfera a uma velocidade de 7,2 km/s, é possível e por um míssil com base em terra, mas pode ser complicada com ogivas múltiplas e outros objectivos destinados a criar alvos falsos. O mais desejável seria interceptar um míssil balístico na fase ascendente sobre território inimigo, mas requer um tempo de recepção de menos de dez minutos e é muito difícil de concretizar. A intercepção na fase descendente sobre território amigo é menos difícil, mas pode deixar detritos perigosos. Durante a presidência de Ronald Reagan, foi iniciado o programa Guerra das Estrelas, envolvendo mais de 300 000 cientistas, que decerto teve análogo na União Soviética. A ideia era interceptar a ogiva no Espaço, onde um *laser* não sofre absorção nem dispersão pela atmosfera. Seria necessário instalar num satélite uma fonte de energia, miniaturizando um vagão de caminho-de-ferro, e apontar um *laser* a uma bola de golfe à distância de Londres a Tóquio. Os satélites podiam defender-se de ataques usando os seus *lasers* no modo defensivo. A tecnologia da Guerra das Estrelas requeria progressos de sete a oito ordens de grandeza, e faltavam três ou quatro quando o programa foi cancelado. A ficção científica e o cinema prolongaram a ideia, que continua longe da realidade, embora haja progressos em *lasers* de alta potência com base em terra e com dimensões, peso e precisões longe do que era suposto na Guerra das Estrelas.

3. Conclusão

Embora as questões de ética estejam presentes nas actividades espaciais, estão longe de apresentar a gravidade de outros domínios, como as violações de direitos humanos por terroristas e regimes totalitários, as manipulações do genoma humano e os problemas de poluição e ambientais.

A resolução dos satélites mortos e do lixo ambiental é, ironicamente, a que poderia mais facilmente contribuir para a guerra no Espaço: a tecnologia para reparar satélites também pode ser usada para os danificar e a capacidade de retirar pequenos detritos espaciais podia ser usada para inibir satélites activos. Por outro lado, e curiosamente, algumas das utilizações militares do Espaço têm contribuído para a paz: os satélites de alerta, que avisam de potenciais de ataque de surpresa, e os satélites de reconhecimento, que permitem verificar o cumprimento de acordos de desarmamento. Os satélites militares de observação da Terra e de comunicações e navegação usam as mesmas tecnologias que os satélites civis, cuja utilização é parte integrante da vida quotidiana. O cuidado na não-contaminação do Espaço e a atenção médica dada aos astronautas são bons exemplos da aplicação de princípios éticos que poderão, no futuro, permitir à humanidade libertar-se das limitações do nosso planeta explorando a última fronteira: a colonização do Espaço.

Referências e leituras recomendadas

CAPRARO, G., *Enciclopedia ilustrada de todos los satélites espaciales*, [*s.l.*], Ediciones Anaya, 1986.

FREEMAN, M., *Space Traveler's Handbook*, [*s.l.*], Hamlyn, 1979.

FURNISS, T., *Guinness space flight records*, [*s.l.*], Guinness Books, 1985.

ISAKOWITZ, S. J., *International Reference Guide to Space Launch Systems*, [*s.l.*], American Institute of Aeronautics and Astronautics, 1991.

JOEH, K. M. e KENNEDY, G. P., *The space shuttle operator's manual*, [*s.l.*], Ballantine Books, 1.ª edição: 1982, 2.ª edição: 1988.

KING-HELE, D. G [*et al.*], *The RAE table of earth satellites 1975–1989*, [*s.l.*], Royal Aircraft, [*s.d.*].

LANG, K. R. e GINGERICH, O., *A source book in astronomy and astrophysics, 1900–1975*, [*s.l.*], Harvard University Press, 1979.

LANG, K. R., *Sun, Earth and Sky*, [*s.l.*], Springer, 1995.

NAHMIAS, M. E., *Science, défense, dissuation*, [*s.l.*], Dunod, 1967.

PANNEKOEK, A., *A History of Astronomy*, [*s.l.*], Dover, 1989.

RIDPATH, I., *Oxford Dictionary of Astronomy*, [*s.l.*], Oxford University Press, 1997.

SMITH, M., *The space shuttle*, [*s.l.*], Haynes, 1.ª edição: 1985, 2.ª edição: 1989.

Strategic Survey, [*s.l.*], ISSS, 1978.

WHIPPLE, F. L., *Larousse Encyclopedia of Astronomy*, [*s.l.*], Hamlyn, 1959.

WOLFENDALE, A., *The Photographic Atlas of the Stars*, [*s.l.*], Institute of Physics, 1997.

Veículos rodoviários autoguiados

José Manuel Viegas
Professor Catedrático aposentado de Transportes,
Instituto Superior Técnico

Embora o conceito de carros sem condutor, e até mesmo alguns casos de demonstrações simples, tenha surgido na década de 1930, foi apenas nos anos de 1980 e 1990 que um progresso significativo foi feito e exercícios realistas foram concretizados. Só desde então muitos fabricantes de veículos, e mais recentemente também as empresas de Tecnologia de Informação (TI), dedicaram investimentos sérios à busca desse tipo de produto.

Em 2013, a US National Highway Traffic Safety Administration (NHTSA) lançou um sistema de classificação formal com cinco níveis (de 0 = condução humana a 4 = automação total). Em 2014, a SAE International, organismo de normalização automóvel, publicou um sistema de classificação baseado em seis níveis (de 0 = condução humana a 5 = automação total). Estes dois sistemas acabaram por se fundir quando a NHTSA decidiu adoptar o sistema SAE J3016_201609 (uma pequena revisão da norma de 2014) em Setembro de 2016 (SAE, 2016).

Uma breve descrição do que significa cada um desses seis níveis é a seguinte:

Nível 0, Sem automação – o desempenho a tempo inteiro de todos os aspectos da tarefa de condução dinâmica é realizado pelo motorista humano, mesmo quando apoiado por sistemas de alerta ou intervenção.

Nível 1, Assistência ao condutor – algumas operações específicas de direcção ou aceleração/desaceleração são asseguradas por um sistema de assistência ao condutor, usando informações sobre o ambiente de condução e com a expectativa de que o condutor humano cumpra todos os aspectos restantes da tarefa de condução dinâmica.

Nível 2, Automação parcial – semelhante ao Nível 1, mas abrangendo as operações de direcção e aceleração/ /desaceleração.

Nível 3, Automação condicional – todas as operações de condução dinâmica são asseguradas por um sistema de condução automatizado, com a expectativa de que o condutor humano responda adequadamente a um pedido para intervir.

Nível 4, Alta automação – semelhante ao Nível 3 mas sem exigir a resposta adequada de um condutor humano a um pedido de intervenção.

Nível 5, Automação total – um sistema de condução automatizado assegura em permanência todos os aspectos da tarefa de condução dinâmica, em todas as condições de estrada e ambientais que podem ser geridas por um condutor humano.

As principais marcas de veículos actualmente oferecem soluções ao Nível 2, embora a Tesla considere estar muito próxima de poder oferecer desempenho de Nível 3.

Embora seja esperado que muitos dos tipos de acidente de viação que hoje ocorrem possam ser evitados com veículos automatizados, nomeadamente aqueles causados por comportamento ilegal, fadiga ou distracção dos condutores, não se deve esperar que os veículos automáticos operem com zero acidentes. Mesmo se supusermos que os sistemas robóticos subjacentes nunca falharão (hipótese pouco verosímil face à experiência em todos os domínios de engenharia), a *interface* entre veículos automáticos, veículos conduzidos por humanos, peões, ciclistas e animais certamente criará condições para colisões inevitáveis com diferentes níveis de gravidade.

Neste contexto, reconhecendo que as acções dos veículos automatizados resultarão de programas informáticos pré-carregados com instruções explícitas ou baseadas em indução apoiada em experiências reais ou simuladas, e que as consequências dessas acções não serão neutras em termos de quem é afectado e sofre, as questões éticas surgem naturalmente. A discussão no plano ético deve ajudar a orientar os trabalhos técnicos para que as soluções obtidas sejam socialmente aceitáveis.

No entanto, nas declarações públicas dos políticos e dos líderes empresariais, a dimensão ética está muito pouco presente, com a clara excepção muito recente do governo alemão (ver abaixo).

Este capítulo tenta formular essas questões éticas, no que o autor considera ser um contexto inovador, a partir da seguinte estruturação: a secção 1 aborda a dimensão macroética (a automação do veículo é um benefício geral para a sociedade?); a secção 2 trata da ética nos aspectos de segurança de veículos rodoviários autoguiados numa perspectiva tradicional (embora bastante recente); a secção 3 introduz uma nova perspectiva dinâmica nesta discussão, tratando explicitamente dos problemas da inovação em mercados competitivos e das políticas públicas, destacando-se seguidamente algumas notas conclusivas.

1. A dimensão macroética

As discussões éticas sobre os veículos rodoviários autoguiados devem ter um contexto mais amplo do que a segurança rodoviária, porque a sua presença em grande escala no mercado terá impactos significativos, alguns positivos e alguns negativos, em diferentes grupos da sociedade. Isso está relacionado com a responsabilidade social associada às decisões sobre tecnologia, às vezes chamada macroética (Herkert, 2005). Esta secção faz uma breve sinopse das principais áreas de impacto.

Os veículos autoguiados permitirão mobilidade independente para muitos cidadãos que não são capazes de conduzir o seu próprio veículo. Este é o caso de idosos que conduziram os seus carros durante muitos anos, mas perderam alguma acuidade de percepção, velocidade de reacção e controlo de movimentos.

Outro grupo com benefícios semelhantes é formado por pessoas com múltiplos tipos de deficiência de mobilidade que ainda lhes permitem uma pequena marcha independente, comunicação oral e consciência de lugar, mas não as capacidades finas exigidas pela condução de um carro ou pelo uso dos transportes públicos de massa.

O acesso aos destinos desejados também será melhorado através de serviços de transporte mais baratos e mais amplamente disponíveis, já que os custos relacionados com o condutor normalmente representam pelo menos 35% (e muitas vezes mais) do custo total de operação dos autocarros e táxis. Não são apenas os mesmos serviços que podem ser mais baratos, mas inovações mais profundas associadas ao conceito de Mobilidade como Serviço (*Mobility as a Service* – MaaS), com serviços de resposta à procura utilizando pequenos veículos autoguiados, particularmente em áreas e horários de baixa procura (ITF, 2016). Em locais onde o transporte público já existe hoje, os preços podem ser muito mais baixos.

Estes impactos constituem elementos fortes de inclusão social e, como tal, correspondem a um claro ganho de macroética. Além disso, os custos mais baixos do transporte rodoviário também melhoram a acessibilidade dos bens aos mercados, assim estimulando economias mais competitivas e eficientes.

Não se pode, porém, esquecer a perda de emprego pelos motoristas profissionais de veículos rodoviários – autocarros, táxis e outros serviços de transporte de pessoas, camiões – que representam uma parte significativa da força de trabalho, na ordem de milhões de empregos, se olharmos a escala dos EUA ou da UE. Estes são trabalhadores com educação formal abaixo da média e, provavelmente, com maior dificuldade de adaptação aos novos tipos de trabalho oferecidos na economia digital.

Crê-se que o transporte rodoviário de mercadorias a longa distância será um dos primeiros segmentos a adoptar significativamente a automação do veículo, tanto por razões de um ambiente rodoviário mais simples – auto-estradas sem peões nem ciclistas, e com configurações geométricas muito padronizadas –, como pelos benefícios económicos adicionais decorrentes de horas de trabalho mais longas, uma vez que não haja legislação laboral para cumprir. Mesmo olhando apenas para este segmento, a escala do problema é assustadora, a velocidade esperada dessas perdas de emprego é bastante alta e as soluções estruturadas são possíveis, mas devem ser elaboradas em antecipação (ITF, 2017a).

Haverá certamente outros impactos decorrentes das diferentes formas de utilização futura dos veículos rodoviários. Alguns desses usos são relativamente fáceis de imaginar, mas as possibilidades são muitas e ir-se-ão materializando sob a influência conjunta da criatividade dos empresários e das políticas públicas que definem o campo de jogo. E haverá também naturalmente muita criação de novos empregos associados a essas novas utilizações e serviços, se bem que com requisitos diversos daqueles entretanto suprimidos. Devemos estar preparados para alguns usos bastante diferentes dos actuais, emergindo da combinação desta e de outras novas tecnologias. É obviamente muito cedo para iniciar qualquer discussão ética sobre esses usos futuros.

Em síntese, há benefícios sociais muito significativos esperados dos veículos rodoviários autoguiados além da segurança rodoviária, mas as perdas de emprego são um fardo pesado que cairá sobre um grupo social específico – motoristas e suas famílias – que não tem relação particular com aqueles que mais fortemente beneficiam. Isso torna a dimensão macroética relevante e a conclusão é que há um elemento significativo de injustiça que justifica a criação de mecanismos adequados de transição e compensação como parte do contrato social associado à introdução de veículos rodoviários autoguiados.

2. Configuração de problemas tradicionais na escala da microética

Há análises recentes que sugerem que a paridade entre computadores e humanos na segurança rodoviária pode já ter sido obtida (VTTI, 2016). É claro que vários factores agravantes do risco serão anulados, nomeadamente os associados à condução sob a influência de álcool ou drogas, fadiga e distracção, mas outros podem ser criados, por exemplo associados ao mau julgamento de informações ambíguas, a sinais de estrada incoerentes, a falhas de interpretação de linguagem corporal de participantes humanos no sistema rodoviário, etc. E pode admitir-se que «o grande problema para os carros sem condutor são as pessoas» (Brooks, 2017), no sentido em que a indisciplina das pessoas nas áreas urbanas, e o facto de actualmente muitos conflitos potenciais serem resolvidos pela linguagem corporal entre dois humanos, levanta novos e significativos desafios para os veículos autoguiados.

Apesar do elevado número de mortes, os acidentes de estrada não são um evento frequente na perspectiva de um em cada motorista: na média para os EUA, uma participação de colisão às companhias de seguros é feita por cada motorista a cada 17,9 anos, aproximadamente equivalente a 390 mil quilómetros (Aho, 2016); em relação às mortes, os 20 países mais seguros do mundo têm actualmente médias entre 3,0 e 6,0 mortes por milhar de milhões de quilómetros (ITF, 2017b). Desta forma, deve-se esperar que vários novos tipos de risco associados aos veículos autoguiados e ao seu desempenho geral de segurança só se tornem evidentes à medida que a experiência com esses veículos em condições realistas aumente. Isto justifica a importância das demonstrações incentivadas por vários governos, não só para melhorar o desempenho de segurança em geral, mas também para identificar as condições em que esse desempenho ainda não satisfaz. Naturalmente, essas demonstrações vão sendo feitas em ambientes de crescente complexidade e/ou desafio computacional, nomeadamente começando por auto-estradas com bons níveis de projecto e manutenção, e operações de «último quilómetro» em ambientes urbanos e com velocidades muito baixas.

Uma característica muito positiva do sistema de controlo dos veículos autoguiados é a de a experiência e a aprendizagem obtidas por cada veículo serem consolidadas no lançamento seguinte de *software* e compartilhadas com todos os veículos dentro da mesma marca. Com os condutores humanos, a experiência de cada condutor não tem valor para os outros, excepto indirectamente quando o mesmo tipo de problemas/ /erros ocorre muitas vezes e é feito um esforço para o corrigir, seja na infra-estrutura, seja nas próximas versões dos veículos.

Supondo que os veículos autoguiados estão realmente progredindo para (rapidamente) se tornarem mais seguros do que os motoristas humanos, a primeira questão ética e política relevante a ser levantada deve ser: quão seguro é suficiente para atribuir a permissão legal para operar?

Uma vez que estamos a partir de um sistema com múltiplas falhas, exigir um sistema de veículo autoguiado sem nenhuma falha como condição para tal permissão – mesmo que tal fosse conceptualmente possível – equivaleria a permitir muitas mortes evitáveis, a partir do momento em que os veículos autoguiados se tornassem (em média) mais seguros do que os condutores humanos.

A realidade é mais complicada do que simplesmente dizer que «melhor do que os condutores humanos» deve ser o limiar para essa permissão. De facto, a tolerância (de cidadãos) por erros de condução feitos pelos computadores é provavelmente menor do que os feitos pelos outros cidadãos, não só por se tratar de uma prestação profissional (ainda que de autores remotos no espaço e no tempo), mas também por parecer haver uma aura de infalibilidade associada ao facto de ser um computador a estar no comando. Assim sendo, um bom limiar seria que o computador não falhasse nas situações em que um motorista humano competente não falharia. Este pode ser um critério importante para evitar refluxos negativos na penetração de veículos autoguiados cada vez mais sofisticados.

Duas abordagens complementares parecem possíveis para lidar com essa questão durante um período de transição: na primeira, o computador adoptará um estilo de condução mais defensivo quando enfrentar uma situação actualmente classificada como de menor competência (é isso que é feito nas demonstrações a muito baixa velocidade nos percursos urbanos); na segunda, poderia haver uma cabina de condução remota com motoristas humanos experientes, tomando o controlo do veículo quase instantaneamente, como sugerido em ITF (2017a), quando se detectasse uma situação de potencial risco. Eis o que parece possível tecnicamente (com redes de telecomunicações 5G) e organizacionalmente (com turnos de trabalho curtos para os motoristas humanos nos centros de comando remotos, semelhantes aos controladores de tráfego aéreo), podendo facilitar a gestão política da transição e acelerá-la, já que os computadores aprenderiam com as decisões humanas nessas situações problemáticas.

A questão ética clássica em relação aos veículos autoguiados é uma adaptação do «problema da carruagem» (*trolley problem*) originalmente introduzido por Philippa Foot, em 1967. Esta é uma «experiência de pensamento» em que há uma carruagem sem ninguém a bordo a descer uma encosta pela via-férrea. Mais abaixo, na mesma via, há cinco pessoas amarradas e incapazes de se mover. O participante na experiência deve estar a uma certa distância no centro de controlo da estação, ao lado de uma alavanca. Se ele puxar esta alavanca, a carruagem desviará para uma via diferente, onde se encontra uma pessoa sem possibilidade de fuga. Há duas opções:

- não faz nada, e a carruagem mata as cinco pessoas na via principal;
- puxa a alavanca, desviando a carruagem para a via lateral, onde matará uma pessoa.

Qual é a decisão eticamente mais correcta?

Múltiplas variantes deste problema foram apresentadas desde então, mas a questão acaba sempre por ser a hesitação entre minimizar as consequências prejudiciais (nesse caso, optar por puxar a alavanca e matar apenas uma pessoa) ou «não fazer mal» (nesse caso, não fazer nada, porque assim não contribui para matar nem o grupo de cinco pessoas nem a pessoa singular). A primeira abordagem é de natureza utilitária (não sendo possível cumprir a maximização do bem, cumpre-se a sua correspondente negativa na minimização do mal), enquanto a segunda, chamada de kantiana (derivando remotamente da formulação do imperativo categórico do filósofo), é de natureza deontológica, na medida em que cumpre o seu dever de conduzir pela via estabelecida, sem a ponderação das consequências.

No caso dos carros autoguiados, a abordagem kantiana é menos aplicável, já que na verdade não existe a opção de «fazer nada» quando se enfrenta uma situação perigosa, e a entidade (pessoa ou computador) que controla o veículo terá sempre algo que possa ser tentado para reduzir os danos. Mas há algumas questões práticas a considerar de que decorrem algumas escolhas morais de segunda ordem: até onde se espera que o robô-condutor conheça o potencial de danos associados a outros possíveis participantes num acidente, tanto dentro de veículos como directamente expostos enquanto peões ou ciclistas? E até que ponto essa informação deve ser usada para decidir sobre a acção «menos danosa»?

Por exemplo, o número de ocupantes noutro veículo deve ser estimado e levado em consideração? E quanto às suas idades e condições de saúde? E deveria o robô-condutor preferir embater num ciclista com capacete em vez de noutro sem capacete, com base no facto de que o primeiro teria maior probabilidade de sobrevivência? Estas questões nem sequer foram historicamente formuladas no caso de motoristas humanos, porque se considera impossível para um qualquer motorista recolher este tipo de informação e processá-lo durante o tempo muito curto disponível entre a detecção de um potencial acidente e a acção para o evitar ou minimizar o prejuízo. Com um computador, porém, a realidade pode ser diferente e, por isso, é aconselhável pensar seriamente sobre como decidir em tais casos, se a tecnologia vier a permitir a escolha.

Conforme indicado por Lin (2016), seleccionar o alvo menos frágil (ciclista com capacete, outro carro com melhor protecção dos seus ocupantes contra o choque, etc.), a fim de minimizar danos numa dada situação de colisão, poderia conduzir a um risco moral, ao eventualmente induzir as pessoas a não usarem capacetes ou a comprarem carros menos seguros porque isso baixaria o seu risco de serem atingidas por outros veículos. O resultado agregado dessas escolhas seria certamente muito negativo.

Um requisito importante nesta direcção – aplicado em geral a todos os robôs – é a transparência das decisões tomadas por eles (Bostrom e Yudkowsky, 2011; Adamson, 2017), ou seja, entender porque decidiram o que fazer quando enfrentavam uma situação específica. Isto é reconhecido por muitos como um desafio muito difícil, particularmente quando se trata de robôs de Inteligência Artificial (IA) de *deep learning*, mas também e ao mesmo tempo, como mencionado em Wortham e Theodorou (2017), como um componente essencial para gerar confiança na actuação dos robôs. Estes autores parecem optimistas em que tal transparência seja possível se for tomada como uma prioridade desde o início do trabalho de IA em qualquer projecto específico.

Em «Autonomous Cars: In Favor of a Mandatory Ethics Setting», de Gogoll e Müller (2016), é defendido que o problema da carruagem pode ser uma analogia enganosa, no sentido em que a maioria dos cidadãos não se verá como o agente externo com o poder de decidir sobre quem vive ou morre numa situação particular (como no problema da carruagem), mas sim como participante recorrente (quotidiano ou quase) no trânsito, com decisões (activas) a serem tomadas pelo seu robô-condutor e exposição (passiva) a decisões tomadas por outros robôs-condutores. Isso leva a uma formulação no domínio da teoria dos jogos e a ver a escolha das configurações de segurança para carros autoguiados como um caso de dilema do prisioneiro. Essencialmente, cada motorista estaria disposto a considerar os danos causados aos outros em pé de igualdade com os danos próprios nas configurações de segurança do seu robô-condutor se (e somente se) pudesse ter certeza de que outros participantes agiriam de maneira semelhante. Deixar os cidadãos individuais (ou fabricantes de veículos) com livre escolha neste domínio poderia facilmente levar a uma situação de perda mútua, pelo que os autores recomendam configurações de segurança obrigatórias, a serem definidas pelos governos.

Em «The social dilemma of autonomous vehicles», Bonnefon [*et al.*] (2016) apresentam o seu trabalho empírico sobre as preferências dos cidadãos em relação a diferentes cenários de acidentes possivelmente fatais. Uma maioria significativa dos inquiridos considera uma abordagem utilitária a mais justa, favorecendo as acções que levariam ao menor número de vítimas, mesmo que esse número de vítimas implique que um ou mais dos mortos seja o inquirido ou um membro da sua família.

O «dilema social» mencionado no título desse artigo vem do facto de estes inquiridos indicarem preferir comprar um carro autoguiado sem configurações de segurança impostas pelo governo, preferir um carro mais «egoísta» (com configurações enviesadas em favor dos ocupantes) ou mesmo um carro dirigido por humanos, em vez do automóvel com as configurações de segurança mais justas, o que levaria portanto a uma penetração mais lenta dos veículos autoguiados, a uma redução mais lenta dos mortos e feridos rodoviários. Isso é semelhante ao dilema do prisioneiro mencionado em Gogoll e Müller (2016)[1], mas acrescenta uma perspectiva dinâmica do crescimento mais lento da frota autoguiada, já que um

---

[1] O dilema do prisioneiro é um exemplo clássico de teoria dos jogos, criado em 1950, em que se configura a situação de dois membros de uma quadrilha que são presos e não têm capacidade de comunicar entre si. A polícia oferece a cada um deles a possibilidade de ser libertado se denunciar o outro (que receberia uma pena agravada), em alternativa a uma pena «normal» se ficar calado. Trata-se de um caso em que o comportamento egoísta é beneficiado por comparação com o comportamento cooperante (nesse caso, o silêncio de ambos os presos).

número significativo de pessoas não compraria esses carros se os visse como não suficientemente egoístas.

3. Da discussão conceptual ao mercado e às políticas públicas: uma perspectiva multilateral e dinâmica

O Ministério alemão dos Transportes e Infra-estrutura Digital recebeu recentemente (20 de Junho de 2017) um relatório de uma comissão por si nomeada sobre «A ética da condução autoguiada e conexa» (BMVI, 2017) e, na sua reunião de 23 de Agosto de 2017, decidiu lançar um plano para transpor as recomendações desse relatório. Este é o primeiro documento público governamental neste domínio em todo o mundo e as suas principais recomendações são:

- a condução autoguiada e em rede só é eticamente aceitável se os sistemas causarem menos acidentes do que condutores humanos (avaliação de risco positiva);
- o dano material é subordinado aos ferimentos pessoais: em caso de perigo, a protecção da vida humana tem sempre prioridade máxima;
- no caso de acidentes inevitáveis, não é permitida nenhuma qualificação de pessoas de acordo com características pessoais (idade, sexo, constituição física ou mental);
- em qualquer situação de condução, é necessário definir e identificar claramente quem é responsável pela tarefa de condução: o ser humano ou o computador;
- deve ser sempre documentado e armazenado quem está a conduzir a todo o momento (por exemplo, para esclarecer possíveis problemas de responsabilidade);
- o condutor deve sempre poder decidir (soberania de dados) sobre a entrega a terceiros e utilização dos dados do seu veículo.

Mas em relação a alguns dos pontos mencionados acima neste texto, o relatório desta comissão é menos claro: a transparência da decisão será necessária no caso de um acidente envolvendo (ou mesmo causado por) um carro movido por computador? Os fabricantes de veículos serão livres para projectar as configurações de segurança dos seus veículos, desde que cumpram essas directrizes (ou outras identicamente genéricas)? Estas questões virão certamente a surgir na discussão pública, mas é importante que então se reconheça que a mobilidade urbana já está a iniciar um período de alteração profunda dos seus atributos fundamentais, modelos de negócio e impactos na paisagem e na sociedade, devido à chegada conjunta de três vectores transformacionais: electrificação, automação directa e economia compartilhada (McKinsey & Company, 2016; ITDP, 2017).

À medida que se avança nessa transição, é de esperar uma diminuição da posse privada de carros e um crescimento da Mobilidade como Serviço (MaaS). A MaaS é vista por muitos como um novo paradigma que poderia proporcionar ganhos significativos de sustentabilidade da mobilidade urbana graças a um uso mais inteligente e eficiente dos recursos.

As frotas da MaaS estarão naturalmente entre os primeiros adoptantes de veículos autoguiados, dada a alta parcela dos custos laborais nos custos totais de operação do veículo, bem como devido às estreitas ligações de várias das empresas que se preparam para oferecer esses serviços com os fabricantes de veículos.

Neste contexto, o desempenho de segurança dessas frotas deve ser visto como parte de um pacote multidimensional em torno do serviço de mobilidade oferecido. Mas, no final, isso não é muito diferente do que acontece hoje com a maioria dos proprietários privados de carros: alguns consumidores valorizam a segurança mais do que outros e estão dispostos a pagar por isso.

É importante que, como resultado da discussão sobre a ética na introdução dos veículos autoguiados, se consiga garantir que os governos definam *linhas orientadoras gerais* e regras de respeito obrigatório por *níveis mínimos nos resultados* (por exemplo, acidentes graves por milhão de quilómetros), com o que se facilita a inovação no que diz respeito aos processos e se aceleram os ganhos em termos de segurança. Este conjunto deve ser complementado por uma ampla divulgação pública dos resultados obtidos por cada um dos fornecedores de veículos e serviços, a cargo duma entidade independente, como sucede actualmente com o Euro NCAP a propósito da segurança estrutural dos veículos (Euro NCAP, 2017).

4. Síntese

São grandes as expectativas de ganhos sociais associados à disponibilidade de veículos rodoviários autoguiados, em grande parte relacionados com uma forte redução dos custos de segurança rodoviária. Mas este tipo de veículos também trará outros benefícios sociais significativos, como sejam uma acessibilidade física melhorada para pessoas incapazes de dirigir, mas ainda mentalmente capazes de gerir a sua mobilidade e presença no espaço público, e uma melhor acessibilidade económica para pessoas incapazes de pagar um carro e que vivem em lugares mal servidos por transportes públicos. Esses impactos sociais positivos proporcionam uma sociedade mais justa e abrem, portanto, uma dimensão macroética dos veículos autoguiados. As muitas perdas de emprego (principalmente condutores) contribuem na direcção oposta.

Uma vez que não se espera que os veículos rodoviários autoguiados possam garantir viagens sem acidentes, haverá opções a serem feitas em relação a acções em situações de colisão, e essas escolhas afectam quem as vítimas seriam e quão seriamente elas seriam afectadas. Fazer essas escolhas envolve questões éticas.

Dada a repetida ocorrência de incidentes de segurança rodoviária, uma abordagem utilitária – minimizar danos totais, com prioridade para os de pessoas – surge como base racional para a escolha de acções em tais incidentes.

As questões mais complicadas envolvem como tratar o viés egoísta que a maioria de nós tem como motoristas, a natureza e o nível de interferência governamental na definição de configurações de segurança para a acção nesses veículos e o requisito de transparência nas decisões dos computadores em tais casos (Porque foi essa a decisão do robô-condutor?). Ao passar da análise conceptual para a preparação da entrada nos mercados e a arena das políticas públicas, este capítulo propõe que essas questões sejam tratadas tendo em conta a profunda transformação por que passará a mobilidade urbana nas próximas décadas, tentando garantir ao longo de todo esse processo de transformação não só um tratamento socialmente justo das questões, mas também um ambiente que facilite as inovações que irão levar o sistema de mobilidade a uma configuração mais segura, justa e sustentável.

Referências e leituras recomendadas

Adamson, G., Ethics and Technology, *IEEE Standards University e-magazine*, 2017. Disponível em: https://www.standardsuniversity.org/e-magazine/march-2017/ethics-and-technology/ [consultado em 25 de Agosto de 2017].

Aho, Karen, Here's How Many Car Accidents You'll Have, *Fox Business*, 2016. Disponível em: http://www.foxbusiness.com/features/2011/06/17/heres-how-many-car-accidents-youll-have.html [consultado em 21 de Agosto de 2017].

BMVI, Ethik-Kommission Automatisiertes und Vernetztes Fahren, Junho de 2017. Disponível em: https://www.bmvi.de/SharedDocs/DE/Publikationen/DG/bericht-der-ethik-kommission.pdf?__blob=publicationFile [consultado em 31 de Agosto de 2017].

Bonnefon, J. F. [*et al.*], The social dilemma of autonomous vehicles, *Science* 352, 2016.

Bostrom, N. e Yudkowsky, E., The Ethics of Artificial Intelligence, *in* Frankish, Keith e Ramsey, William (eds.), *Cambridge Handbook of Artificial Intelligence*, [*s.l.*], Cambridge University Press, 2011.

Brooks, R., The Big Problem With Self-Driving Cars Is People, *IEEE Spectrum*, 27 de Julho de 2017. Disponível em: https://spectrum.ieee.org/transportation/self-driving/the-big-problem-with-self-driving-cars-is-people [consultado em 24 de Agosto de 2017].

Euro NCAP, New Car Assessment Programme, 2017. Disponível em: https://www.euroncap.com/en [consultado em 31 de Agosto de 2017].

Foot, P., The Problem of Abortion and the Doctrine of the Double Effect, *Oxford Review* 5, 1967: pp. 5–15.

Gogoll, J. e Müller, J. F., Autonomous Cars: In Favor of a Mandatory Ethics Setting, *Science and Engineering Ethics* 23, 2016. doi: 10.1007/s11948-016-9806-x.

Herkert, J. R., Ways of Thinking about and Teaching Ethical Problem Solving: Microethics and Macroethics in Engineering, *Science and Engineering Ethics* 11, 2005: pp. 373–385.

ITDP (Institute for Transportation and Development Policy), Three Revolutions in Urban Transportation, 2016. Disponível em: https://www.itdp.org/publication/three-revolutions-urban-transportation/ [consultado em 21 de Agosto de 2017].

ITF (International Transport Forum at the OECD), Shared Mobility: Innovation for Liveable Cities, 2016. Disponível em: https://www.

itf-oecd.org/shared-mobility-innovation-liveable-cities [consultado em 24 de Agosto de 2017].

ITF (International Transport Forum at the OECD), Managing the Transition to Driverless Road Freight Transport, 2017a. Disponível em: https://www.itf-oecd.org/managing-transition-driverless-road-freight-transport [consultado em 24 de Agosto de 2017].

ITF (International Transport Forum at the OECD), Road Safety Annual Report 2016, 2017b. Disponível em: https://www.itf-oecd.org/road-safety-annual-report-2016 [consultado em 24 de Agosto de 2017].

Lin, P., Why Ethics Matters for Autonomous Cars, *in* Maurer [*et al.*] (eds.), *Autonomous Driving: Technical, Legal and Social Aspects*, Berlim, Springer, 2016.

McKinsey & Company, An Integrated Perspective on the Future of Mobility, 2016. Disponível em: http://www.mckinsey.com/~/media/mckinsey/business%20functions/sustainability%20and%20resource%20productivity/our%20insights/an%20integrated%20perspective%20on%20the%20future%20of%20mobility/an-integrated-perspective-on-the-future-of-mobility.ashx [consultado em 21 de Agosto de 2017].

SAE, Taxonomy and Definitions for Terms Related to Driving Automation Systems for On-Road Motor Vehicles, Standard J3016_201609, 2016. Disponível em: http://standards.sae.org/j3016_201609/ [consultado em 25 de Agosto de 2017].

VTTI (Virginia Tech Transportation Institute), Automated Vehicle Crash Rate Comparison Using Naturalistic Data, Janeiro de 2016. Disponível em: http://www.vtti.vt.edu/PDFs/Automated%20Vehicle%20Crash%20Rate%20Comparison%20Using%20Naturalistic%20Data_Final%20Report_20160107.pdf [consultado em 31 de Agosto de 2017].

Wikipedia, Autonomous Car, 2017. Disponível em: https://en.wikipedia.org/wiki/Autonomous_car [consultado em 24 de Agosto de 2017].

Wortham, R. H. e Theodorou, A., Robot transparency, trust and utility, *Connection Science* 29, 2017: pp. 242–248. doi: 10.1080/09540091.2017.1313816.

III

QUESTÕES HORIZONTAIS

Políticas de desenvolvimento e financiamento em inovação tecnológica

João Caraça

Fundação Calouste Gulbenkian

A implosão do sistema soviético nos anos de 1980 reforçou e institucionalizou a crença no comércio livre e nas suas virtualidades. A globalização não foi uma consequência fatal do funcionamento dos mercados, pois para que os mercados operem livremente é preciso que o exercício do poder esteja bem estabilizado e que exista um quadro legal (definindo o respectivo regime de propriedade) que claramente os regule. Quer dizer, a nova ordem da globalização foi-se estabelecendo no contexto do sistema internacional vigente, criando conflitos, forçando a sua resolução, coadjuvada pela produção de novos valores e de poderosos símbolos de «como estar» no mundo, suportada por novas tecnologias de base científica e por uma nova infra-estrutura.

1. A ciência: fronteira sem limites

As modernas políticas de inovação tecnológica descendem das políticas científicas lançadas pelo governo federal americano a partir do fim da Segunda Guerra Mundial (apelidadas um pouco mais tarde, por políticos europeus, de políticas científicas e tecnológicas) e fortemente influenciadas pela sua prática, resultados e acordos no domínio da cooperação internacional.

Por este motivo, torna-se interessante analisar os objectivos da política científica dos Estados Unidos da América (EUA) na década de 1940, em termos de recursos, de organização e das principais questões colocadas ao empreendimento científico americano (significando «tecnológico», em linguagem do outro lado do Atlântico), e comparar a este respeito duas fases críticas: o período a seguir à Segunda Guerra Mundial (1950–1960) e aquele que se seguiu à Guerra Fria (1990–2000). Estes dois períodos de transição são significativos pelas continuidades que supõem e pelas mudanças que assumem. É manifestamente difícil desembaraçar a Guerra Fria da meada das aplicações tecnológicas da ciência e da globalização. Mas o discurso sobre o futuro é a melhor transcrição dos anseios, das visões, das aspirações pessoais e dos receios colectivos, em qualquer comunidade.

O documento fundador da política científica é o relatório *Science: The Endless Frontier*, de Vannevar Bush, então conselheiro científico do presidente americano. Este relatório, publicado em Julho de 1945, foi elaborado como resposta à questão de como utilizar eficazmente, nos dias de paz que se iriam seguir ao fim da guerra, a experiência e as capacidades técnicas dos milhares de cientistas em universidades e empresas que colaboraram no esforço de defesa, a fim de melhorar as condições de saúde pública, de criar novas empresas e novos empregos, de aumentar o nível de vida (Bush, 1945).

A resposta dada por Bush foi liminar:

(i) o progresso científico é essencial na luta contra a doença, para a segurança nacional, para o bem-estar público;

(ii) é preciso renovar o talento científico, estimulando os jovens, mas não esquecendo aqueles que participaram na guerra;

(iii) é preciso formular um programa para a acção, criando uma agência para complementar o apoio à investigação básica nas universidades e nos institutos de investigação, quer em medicina, quer nas ciências naturais, e administrando um programa de bolsas de investigação (um esboço do que viria a ser a National Science Foundation, instituída em Maio de 1950).

Os pontos essenciais do relatório eram, pois, os seguintes:

- a ciência era a nova «fronteira» americana, a do novo desenvolvimento nacional;
- era necessário organizar eficazmente, numa nova era de paz, o processo das aplicações tecnológicas da nova ciência criada no âmbito do esforço da guerra;
- o reforço da ciência era uma preocupação legítima da governação.

Estes são os princípios básicos de todas as políticas científicas e tecnológicas consequentes e também, mais recentemente, das políticas de inovação tecnológica, como veremos adiante.

Em *Science: The Endless Frontier*, afirmava-se a importância vital da ciência para a sociedade moderna: «Sem progresso científico nenhuma outra realização em qualquer domínio poderá assegurar a saúde, a prosperidade e a segurança da nossa nação no mundo moderno.» Saúde, prosperidade e segurança eram assim as palavras-chave da relação da ciência com a sociedade em meados do século passado.

Porém, poucos dias após a publicação deste relatório, eram lançadas as bombas atómicas sobre Hiroxima e Nagasáqui. Um ano mais tarde, eram criados o Office of Naval Research (o primeiro laboratório federal de investigação militar) e a Atomic Energy Commission (para coordenar as aplicações pacíficas da energia nuclear). Dois anos depois, era anunciado publicamente o Plano Marshall (lançado pelos EUA para a reconstrução dos países seus aliados na Segunda Guerra Mundial). E a Guerra da Coreia iria começar em Junho de 1950.

O contexto de paz pressuposto no texto de Vannevar Bush transfigurou-se rápida e cruamente num outro de Guerra Fria, uma nova guerra que durou quatro décadas. Não obstante, as ideias básicas de Bush para organizar a ciência ficaram e serviram de quadro ao desenvolvimento do sistema de ciência e tecnologia americano (se bem que num ambiente marcadamente de guerra), influenciando decisivamente a evolução dos outros países do mundo ocidental.

Que ideias principais eram essas? A primeira era a de que o governo federal não deveria interferir nos planos das indústrias privadas, excepto na área da defesa nacional: «O modo mais importante que o Governo tem para promover a investigação industrial é pelo aumento do fluxo de novo conhecimento científico, através do apoio à investigação básica e pela ajuda no desenvolvimento do talento científico.» A segunda ideia principal era a de que a política científica federal devia concentrar-se no suporte à investigação realizada nos centros e institutos universitários, fazendo assim que as universidades fossem ocupar o centro vital do sistema de investigação americano.

Sabemos como estas ideias fizeram carreira, ajudadas pela ordem mundial da Guerra Fria. Os EUA puderam lançar uma poderosa máquina económica de predação e acumulação de capital (as empresas multinacionais) à conquista dos novos territórios seus «aliados», usando como estratégia de diversificação a alta intensidade tecnológica (em resultado directo do aumento do fluxo de novo conhecimento científico). Utilizando, quando conveniente, os grandes contratos federais relacionados com a defesa, os novos sectores de alta intensidade tecnológica emergentes passaram a ditar o ritmo da mudança nas nossas sociedades.

Por outro lado, deu-se no sistema universitário americano o aparecimento de um novo tipo de universidades, as *research universities* (universidades de investigação) ou «universidades da Guerra Fria», das quais Stanford é o melhor exemplo, que se tornaram centros de investigação fundamental sob contrato. Atraindo vultosos contratos federais no domínio da defesa, realizando uma enorme actividade de colaboração em projectos com a indústria, reunindo à sua volta uma constelação de laboratórios de desenvolvimento de armamento e de novas tecnologias a todos os títulos notável, estas novas (ou renovadas) universidades americanas ganharam enorme prestígio.

2. Princípios estruturantes das políticas de inovação

O clima favorável ao crescimento científico e tecnológico foi assumido como o modo americano de marcar o passo do mundo.

Em Agosto de 1947, um outro importante relatório produzido na Casa Branca, intitulado *Science and Public Policy*, traçava pela primeira vez cenários no horizonte de dez anos para a ciência (Blanpied e Bond, 2000). Aí recomendava-se que as despesas em investigação científica e desenvolvimento experimental duplicassem nesse período, de modo que atingissem 1% do produto interno bruto em 1957. Entretanto, no clima da Guerra Fria, a máquina de dominação político-económica americana mostrou-se imparável: de facto, o nível atingido nesse ano pelos EUA foi de 2,2%.

Em 1957, foi lançado pela União Soviética o Sputnik (o primeiro satélite artificial), causando uma enorme consternação na comunidade além-Atlântico, ao sentir-se ultrapassada na corrida ao Espaço. O governo federal decidiu, como resposta, incrementar ainda mais o esforço científico de base com vista a criar novas tecnologias.

Nos 30 anos seguintes, muitos acontecimentos relevantes se passaram nos EUA e no mundo: a crise dos mísseis de Cuba (1962), a Guerra do Vietname (iniciada em 1963), a chegada do primeiro homem à Lua (1969), as «crises do petróleo» (em 1973 e 1979), o lançamento das primeiras políticas para a inovação (1977), a «guerra das estrelas» (a partir de 1981), o acidente de Chernóbil (1986), a queda do Muro de Berlim (1989), a globalização (iniciada nos anos de 1980), a Internet (surgida em 1993). Em 1988, o estado da relação da ciência com a sociedade era bem diferente. No decurso da 150.ª assembleia anual da Associação Americana para o Progresso da Ciência (American Association for the Advancement of Science – AAAS), nesse mesmo ano, o presidente já não perorou de modo inflamado a necessidade de aumentar significativamente (duplicar) o esforço científico e tecnológico, preferindo pôr a sua ênfase nas expectativas societais relativamente à ciência.

As palavras-chave «saúde, prosperidade, segurança», que vinham do relatório de Bush, desapareceram do discurso oficial, que se suportava então numa outra trilogia: «economia, ambiente, qualidade de vida». A agenda política, 50 anos antes, era dominada pela questão da defesa. No final do século, com as cinzas do império soviético enterradas sob o manto virtuoso da globalização, a agenda nacional era dominada pela competitividade e pelos mercados.

O que se passara, entretanto? A década de 1950 servira essencialmente para lançar as estruturas que permitiram o aumento arrebatador do investimento em investigação científica e tecnológica. Os anos de 1960 foram essencialmente palco do esforço organizador e de planeamento da actividade científica com vista às suas aplicações. O primeiro grande debate sobre os critérios de selecção e as escolhas no domínio da investigação científica e tecnológica teve então lugar (Ziman, 1984). Os anos de 1970, pelo contrário, foram inegavelmente de questionamento e de mudança na economia americana e nas dos países ocidentais. Deste modo, o ponto central no questionamento do papel do Estado na sustentabilidade das nações alterou-se, surgindo a estimulação das actividades de inovação tecnológica como a sua intervenção mais relevante a este respeito.

O conceito de «inovação tecnológica» aparecera entretanto como explicação para o desempenho económico e a vantagem competitiva das nações, reintroduzindo a palavra «inovação» para significar agora o esforço de aplicação da nova investigação científica orientada para a produção de tecnologia. Neste contexto, a ciência deixou de ser considerada o «motor do progresso» para passar a ser encarada fundamentalmente como uma «tecnociência», quer dizer, como uma fonte de «resolução de problemas» (dos problemas do desenvolvimento económico). Foi a inovação tecnológica que então se assumiu como motor do crescimento.

A capacidade de resolução de problemas passou a ser a principal razão para financiar, a nível nacional, as actividades de investigação científica, visto ser necessário evitar inadequações técnicas, investimentos errados e riscos de conflitos sociais acrescidos. Surge então uma preocupação centrada na introdução da gestão da ciência e tecnologia, dirigida sobretudo à definição de prioridades e aos processos de avaliação científica e tecnológica. À racionalidade na afectação de recursos passou-se a preferir a razoabilidade.

Data também dos anos de 1970 a criação das actividades de «avaliação social da tecnologia» (*technology assessment* ou TA), apontando para a previsão e antecipação das consequências e dos impactos sociais resultantes da introdução de novas tecnologias. A noção de que se tornava necessário integrar as políticas de ciência e tecnologia nas políticas económicas em geral, visando a inovação, aparece, pois, claramente no decurso desta década (OCDE, 1980), e a primeira política nacional para apoio à inovação tecnológica é lançada pelo presidente dos EUA em 1977.

Nas economias liberais de mercado não é possível definir uma política industrial, pois tal instrumento contraria as regras da livre concorrência. Mas políticas dirigidas para estimular as bases do crescimento económico – como as da ciência, lançadas nos anos a seguir à Segunda Guerra Mundial, ou as da inovação tecnológica, a partir da década de 1970 – são admissíveis politicamente, ainda que na prática não sejam mais do que políticas industriais encapotadas. É na década de 1980 que se assiste a uma intensificação dos fenómenos de globalização da economia, das finanças, da ciência e da tecnologia. O papel do sistema financeiro, das grandes empresas transnacionais e multinacionais (altamente eficientes na afectação global de recursos e muito eficazes na geração de nova riqueza) tornou-se dominante a nível mundial, diminuindo e fragilizando concomitantemente o papel dos Estados no domínio das economias nacionais.

A globalização instalou-se à custa de vultosos investimentos intangíveis, em que se incluem (a par da investigação científica e tecnológica) o *marketing* e o conhecimento sobre valores e preferências dos consumidores dos novos mercados a conquistar, o *software* e os novos sistemas de comunicação, a estratégia e organização de novas entidades para operar nos novos mercados, a educação e formação de recursos humanos capazes de alto desempenho nas novas condições de trabalho com novas máquinas sofisticadas e de emprego maciço nos serviços, a apropriação intensiva de propriedade intelectual e de património cultural.

As políticas de inovação tecnológica possuem, pois, a mesma matriz intangível das políticas de investigação científica, embora o seu âmbito seja mais vasto, uma vez que abrangem todos os quadrantes cognitivos, do científico e tecnológico ao filosófico, social e humanístico, das artes e da estética ao da moral e da ética. Não obstante, em cada um destes, apenas os conhecimentos comercializáveis (ou susceptíveis de comercialização a um curto-médio prazo) são alvos a ter em conta. Os conhecimentos essenciais para os mercados globalizados transformam-se em autênticas mercadorias, em «pacotes» que apenas nestes mercados possuem eficácia e valor de troca. São estes os mercados que têm dominado as economias do mundo.

Como se afirmou anteriormente, os países do continente europeu foram «seguidores» nesta trajectória da evolução recente, com atrasos de maior ou menor monta consoante o respectivo grau de avanço científico e tecnológico (Caraça, 2003). Esta terá sido uma das razões para a tendência de integração que o continente evidenciou durante este período, centrado primeiro num aprofundamento e depois, a partir da implosão do sistema soviético, num alargamento da União Europeia. É talvez na definição de políticas gerais de âmbito europeu, muito elaboradas e de grande qualidade, que a União tem dado o seu mais significativo contributo. Por este motivo, ao procurar os princípios estruturantes das políticas de inovação tecnológica, podemos usar como exemplo aqueles que formatam a organização dos Programas-Quadro de Investigação e Inovação europeus: «as pessoas; os projectos; os grandes desafios» (EC/ /DGRI, 2016). A fronteira continua a não ter limites. Porém, observamos que nuvens se acastelam no horizonte desde o início deste século XXI. A ordem da globalização não é eterna.

3. Financiamento público e privado

As ideias principais que Vannevar Bush deixou em *Science: The Endless Frontier* serviram de guia ao desenvolvimento tecnocientífico subsequente. Foram elas que:

(i) o governo não deve interferir nos planos das indústrias privadas (excepto na área da defesa);
(ii) as políticas (científicas) públicas devem concentrar-se no suporte da investigação científica realizada em centros e laboratórios de investigação públicos e institutos universitários.

Estas ideias vingaram, sobretudo nos EUA. Na Europa, a situação era mais complicada. Muitos países mais avançados estavam em reconstrução no pós-guerra e, nestes, a tradição de grandes negócios ao abrigo de monopólios avalizados pelo Estado imperava, forçando os governos a intervir decisivamente na economia; por outro lado, os sistemas universitários eram poderosos, prestigiados e ciosos da sua autonomia, não vendo imediatamente com bons olhos o método de financiamento sob contrato. Foram precisos dois choques seguidos – a expansão maciça do ensino superior nos países da OCDE na década de 1960 e as «crises do petróleo» nos anos de 1970 – para fazer acordar os académicos para a nova realidade.

Foi apenas a partir de 1980 que o investimento total em investigação científica e desenvolvimento experimental nos EUA passou a ser dominado pelo financiamento privado – o principal responsável pelo seu aumento durante a década de 1990, bem como pelo seu comportamento desde então. O governo federal tem caminhado no sentido da «estabilização» do financiamento à investigação a um nível da ordem do 1% do produto interno bruto, com os países europeus a exibir níveis com padrões semelhantes. Ou seja, dois terços do financiamento do esforço de inovação tecnológica nos países mais avançados é suportado globalmente pelo sector privado, um terço pelo público.

Houve assim dois grandes domínios polarizadores do crescimento da tecnociência e da sua arquitectura organizacional no presente: por um lado, interesses ligados à defesa e à segurança e, por outro, interesses de carácter económico (em que se inclui a saúde). A trilogia do documento de Bush «saúde, prosperidade, segurança» continua a assumir uma importância central na condução das sociedades contemporâneas (EC/ /DGRI, 2017).

Obviamente, a evolução das linguagens de cada disciplina não está condicionada a estes interesses. Porém, estes criam o pano de fundo no qual se movem os actores que poderão decidir a favor de ou contra um determinado projecto ou uma dada iniciativa inovadora. Ou seja, enquanto se mantiver a promessa de que o estudo aprofundado de certos temas conduz à invenção de novas armas e detectores, ou de novos produtos e serviços, pode-se estar certo do apoio de poderosos centros de decisão que condicionam as bifurcações que se apresentam. Entretanto, as próprias estruturas económicas da base societal diversificaram-se e complexificaram-se: do sistema científico e tecnológico, que tão bem interpretava o modelo linear da inovação, passou a ser necessário considerar o funcionamento interactivo de todo o sistema de inovação, compreendendo o próprio sistema de ciência e tecnologia, o sistema educativo, o sistema empresarial, o sistema financeiro, bem como o sistema administrativo e regulador.

Por outro lado, proliferou também o número e variedade de instrumentos de parceria para a investigação e a inovação: dos inspirados pelo sector privado, como as iniciativas tecnológicas conjuntas, às parcerias público-privadas promovidas pelas autoridades com o fim de atrair investimento privado para o reforço da base tecnocientífica. Uma ideia nova neste campo, introduzida no âmbito do Instituto Europeu de Inovação e Tecnologia (EIT), é a KIC (Knowledge and Innovation Community ou, em português, Comunidade de Inovação e Conhecimento), uma parceria institucional interactiva tríplice de entidades académicas, de investigação e empresariais, orientada para a inovação e o empreendedorismo, que tem despertado um considerável interesse em todo o mundo desenvolvido. As fronteiras entre os interesses públicos e os privados encontram-se esbatidas com frequência. A lógica dos investimentos cruzados escapa muitas vezes aos mais atentos.

Vemos surgir preocupações públicas com grandes temas que necessitam fortemente do contributo tecnocientífico, como a segurança, a saúde, o ambiente, o espaço, a mobilidade. Mas sabemos também que não há economia globalizada sem telecomunicações nem computadores, sem satélites nem transporte de massa. Os meios que fazem funcionar esta economia deixaram de derivar do saber comum, assumindo plenamente a sua base tecnocientífica. Público e privado encontram-se assim intimamente interligados, mas não deverão procurar uma amálgama. É que a lógica de sobrevivência do sistema-mundo globalizado foi-se cada vez mais associando à rendibilidade do capital financeiro, aquele que tirou pleno partido da introdução das novas tecnologias electrónicas de informação e de comunicação. Este facto constitui um altíssimo risco. Os próprios governos estão cada vez mais a ser avaliados sobretudo por indicadores que se referem ao impacto financeiro das políticas que põem em execução.

4. Impactos económicos e sociais

As sociedades avançadas instalaram processos estruturados de transformação – a qual teve no processo criação tecnológica de base científica um poderoso motor e que o esforço de inovação assumiu cabalmente – que as forçaram a encarar a inovação como a única resposta para sobreviver economicamente no quadro de uma competição global feroz e alargada. O nosso novo modo de desenvolvimento trouxe significativas mudanças que implicaram grandes alterações nos comportamentos, nos valores, na maneira de organizar as instituições, bem como na estrutura da actividade económica.

A primeira consequência foi o surgimento de sectores novos na indústria transformadora, de alto valor acrescentado, denominados sectores de alta intensidade tecnológica (ou *hi-tech*). A seguir, vimos o aparecimento generalizado de relações directas entre a indústria e a universidade, uma vez que passou a existir um número considerável de investigadores científicos nos laboratórios empresariais. Surge assim uma nova profissão: a de investigador científico (não integrado necessariamente na actividade académica). Aparecem, por sua vez, universidades de um novo tipo (as *research universities*) que funcionam como um nó central no processo de comunicação interactivo que gera as inovações tecnológicas nos sectores de alta intensidade tecnológica. Divisam-se os contornos de uma nova estrutura na actividade económica: o sistema científico e tecnológico, em que se gera a tecnociência. Mais tarde, este sistema serve de modelo à emergência dos sistemas nacionais de inovação.

Aparece então uma nova necessidade política: a de divulgar ao público as grandes questões que se põem à ciência, pois a tecnociência passou a influir sistematicamente no quotidiano dos cidadãos, transformando-o através dos novos produtos e serviços de consumo alargado, no trabalho profissional e no doméstico, no lazer e no entretenimento. Como se sobrevive neste mundo sem aviões, satélites, *drones*, computadores, telemóveis, *lasers*, antenas, redes electrónicas, produtos geneticamente modificados, tomografias axiais computorizadas (TAC), festivais de música e turismo de massas? Como seria possível fazer funcionar e intensificar todos estes dispositivos sem a contribuição da tecnociência? Entretanto, foi preciso fazer os cidadãos aceitarem como «natural» uma mudança contínua (ainda que na maioria dos casos seja apenas de natureza «cosmética») cuja justificação reside afinal na competição avassaladora e selvagem que rege a globalização.

Originalmente concebida como um instrumento para organizar a actividade científica com vista a orientá-la para a necessidade de produção de tecnologia – a nova tecnologia de base científica –, a política científica e tecnológica alcançou um enorme sucesso a nível governamental, tornando-se na matriz de uma série de novas políticas surgidas no século XX, tais como as políticas de inovação tecnológica e as políticas do conhecimento. A política científica e tecnológica é hoje uma disciplina das ciências sociais bem estabelecida e assumida pela estrutura universitária (Caraça, 2003).

É impossível ignorar que os sistemas tecnológicos de grande escala são também construções sociais que, por sua vez, vão orientar a infra-estrutura técnica e económica e influir no desempenho da sociedade. A função das políticas científicas e, mais recentemente, das políticas de inovação tecnológica é a de estimular e permitir planear, gerir e avaliar o esforço científico, tecnológico e de inovação alargando as bases sociais da sua aprendizagem e prática social. Os interessados nestas políticas (os *stakeholders*) não são principalmente (nem exclusivamente) as comunidades científicas ou os inovadores e empreendedores, mas sim a sociedade em geral, as suas instituições, a organização e as redes de comunicação, tal como se verifica em outras políticas sectoriais, como as da justiça, da saúde, da educação. A ligação e a interacção com as políticas dos outros sectores governativos revelam o peso e o valor da ciência em termos da máquina de governação. O peso da ciência na agenda política indicia o nível de (des)envolvimento científico de um país.

5. Principais questões éticas associadas

A globalização tem, como vimos, uma forte componente técnica, mas possui igualmente componentes ideológicas e políticas declaradas: a globalização privilegiou (seleccionou socialmente) um certo tipo de capitalismo, desvalorizando as alternativas, provocando um rearranjo do sistema de poderes para garantir a operacionalidade das novas condições de funcionamento e dos novos mercados. O sistema do mercado auto-organiza a actividade económica através das interacções entre os seus agentes. A sua eficiência, perante outros modos de organização societal, como as sociedades agrícolas, a sociedade industrial ou a sociedade de economia planificada, deriva da diversidade e da complexidade das estratégias dos actores em palco.

O sistema de mercado de hoje não é o mesmo da época de Adam Smith (o século XVIII): em vez de um Estado mínimo, o Estado é, no tempo presente, um enorme fornecedor de infra-estruturas e de serviços, um (por vezes inábil) regulador, uma fonte de financiamentos e subsídios (por norma longamente) esperados, um gigantesco devedor e um frequente credor. Assim, o comando do poder económico corresponde a um capitalismo financeiro, «informacional» (Castells, 2000). Esta nova forma de capitalismo (baseada no poder das redes da finança internacional), por sua vez, evoluiu do primitivo capitalismo mercantil e posteriormente do industrial – cuja legitimidade assenta no regime de propriedade privada dos meios de produção e de comunicação e na apropriação privada da riqueza material gerada através deles – para um capitalismo financeiro que conseguiu liberalizar (isto é, abrir) os mercados de inúmeras nações ao investimento estrangeiro e internacional; conseguiu desregulamentar as economias nacionais no sentido de aceitarem novas regras, mais adequadas à sua penetração e intervenção; conseguiu, pelo mecanismo das privatizações, uma alteração decisiva a seu favor do balanço de forças entre os sectores público e privado das economias dos países ocidentais.

O capitalismo financeiro tornou as fronteiras soberanas dos seus «aliados» porosas à sua influência económica e política, permitindo-se coordenar à distância (com grande eficiência) os seus interesses em largas áreas regionais; fragilizou, por isso, o poder executivo desses países, contribuindo para tornar a palavra «soberania» quase obsoleta, substituída sem glória pelo termo, repescado e recauchutado, de «governança» (Caraça, 2012). O capitalismo financeiro de hoje exige, pois, o regime de direitos de propriedade (tangível e intangível) que mais o favorece, impõe a relação de emprego que mais lhe convém, empurrando os mais fracos para o precariado, pisando e destruindo quem se lhe opõe.

O funcionamento da democracia, ao basear-se na participação dos cidadãos no processo político, bem como nas suas capacidades de verificação das consequências dos actos do poder, implica uma sociedade decisivamente motivada em relação às questões da sua própria condução, isto é, altamente escolarizada, culta e informada. Porque a sua legitimidade e força assentam na vontade popular livremente expressa, constam dos princípios democráticos quer a circulação sem entraves da informação sobre os procedimentos da governação e da tomada de decisões, quer o acesso eficaz dos cidadãos aos respectivos registos.

O regime de poder político democrático possui, assim, uma ambiguidade intrínseca na sua relação com a esfera da actividade económica. As bases que suportam o seu funcionamento pleno pressupõem um certo nível de rendimento e de conhecimentos técnicos por parte da maioria da sua população, sob pena de um considerável número de cidadãos ser excluído da afirmação da vontade popular por ignorância ou por temor, ou ainda por ambos. Este regime precisa, pois, que exista um nível mínimo de desempenho económico e de redistribuição; e o seu reforço passa por conseguir não pôr em causa nem desmantelar estas condições de base.

No mundo desenvolvido de hoje, os maiores perigos que espreitam as sociedades distraídas pela abundância e pelo entretenimento (lembrando a expressão romana *panem et circenses*, «pão e circo») são a iliteracia, a incultura e a desinformação. Quando se consegue controlar os processos de formação da opinião pública, está-se a um passo de a tornar numa farsa da vontade popular.

E assim ressurgem os grandes dilemas da organização social dos seres humanos: mais público ou mais privado? Mais cooperação ou mais competição? Mais conhecimento ou mais superstição? Mais liberdade ou mais repressão? Por este motivo, a luta pela escolaridade, pela cultura e pelo acesso à informação é um aspecto central na autêntica guerra civil surda que se trava no seio das sociedades contemporâneas entre o poder do capital financeiro informacional e o das organizações conscientes dos direitos e deveres dos cidadãos.

Sem uma correcta grelha de leitura do presente, não podem as gerações de jovens que emergem distinguir, por entre os fumos dos oráculos ou dos gases lacrimogéneos, as verdadeiras razões que os amarram a uma situação sem futuro. É para isso que servem as «campanhas» desta nova guerra, dos ataques à escola e às universidades à desacreditação e à trivialização dos valores e das instituições políticas, da idiotização e intoxicação dos cidadãos pelo espectáculo à fatalização e à ritualização das escolhas, que passam por ser «únicas»! É a escolarização que fornece os códigos básicos para entender essa grelha de leitura; é a cultura integral que promove a atitude de interrogação constante do que se passa, que favorece a aprendizagem das novas linguagens em que se exprimem as novas questões surgidas na transformação do quotidiano em novo quotidiano.

O futuro do capitalismo financeiro depende da sua habilidade para «colonizar» os poderes políticos nacionais. Mas esse futuro estará em causa se se atacar a capacidade inovadora intrínseca da sociedade: a educação, a cultura, a solidariedade. Um futuro sustentável só emerge no âmbito de uma visão de longo prazo, uma visão gerada a partir de uma base científica. Não há quem o possa contestar.

Referências e leituras recomendadas

BLANPIED, William e BOND, Jennifer, Science and Technology in Times of Transition, *in* National Science Board, *Science and Engineering Indicators 2000*, Washington, D. C., 2000.

BUSH, Vannevar, *Science: The Endless Frontier*, Washington, D. C., United States Government Printing Office, 1945.

CARAÇA, João, *Do Saber ao Fazer: Porquê Organizar a Ciência*, 2.ª edição, Lisboa, Gradiva, 2003.

CARAÇA, João, The Separation of Cultures and the Decline of Modernity, *in* CASTELLS, CARAÇA e CARDOSO (eds.), *Aftermath: The Cultures of the Economic Crisis*, Oxford, Oxford University Press, 2012.

CASTELLS, Manuel, *The Rise of the Network Society*, 2.ª edição, Oxford, Blackwell Publishers, 2000.

EC/DGRI (European Commission/Directorate-General for Research and Innovation), *Science, Research and Innovation Performance of the EU*, Luxemburgo, EU Publications Office, 2016.

EC/DGRI (European Commission/Directorate-General for Research and Innovation), *Europe's Future: Reflections of the RISE Group*, Luxemburgo, EU Publications Office, 2017.

OCDE, *Changement Technique et Politique Économique*, Paris, 1980.

ZIMAN, John, *An Introduction to Science Studies*, Cambridge, Cambridge University Press, 1984.

Cooperação internacional em Ciência e Inovação e partilha de benefícios

Pedro Lourtie

Professor catedrático aposentado
do Instituto Superior Técnico e Consultor

Ética e partilha de benefícios

As questões de natureza ética que se colocam na cooperação internacional em Ciência e Inovação são, em primeira instância, as que se colocam em qualquer domínio de cooperação e, além destas, as específicas da Ciência e da Inovação. Estas questões são diversas consoante se trate de cooperação global, planetária, a nível bilateral ou multilateral entre Estados ou, ainda, entre instituições, designadamente instituições de ensino superior e de investigação e desenvolvimento, de diferentes países ou regiões.

O conceito de «partilha de benefícios» (*benefit sharing*) tem um historial ligado à investigação médica, à Biologia e à Genética, partindo da ideia de que os participantes em investigações merecem alguma forma de retribuição, porque a sua participação contribui para produtos lucrativos comercializados por empresas. No presente texto considera-se, de uma forma mais abrangente, que o conceito de partilha de benefícios se pode estender a outros domínios e que é útil para perceber o envolvimento de actores e entidades de natureza diversa.

Cooperação global

A cooperação a nível planetário levanta questões próprias, sobretudo quando estão em causa bens públicos globais, como é o caso do combate às alterações climáticas. O clima e a conservação do ambiente são bens públicos globais, dado que ninguém se pode excluir dos benefícios resultantes das acções para o seu controlo, incluindo aqueles que não contribuem para esse resultado.

A posição actual dos EUA, sob a presidência de Donald Trump, é esta, privilegiando as vantagens económicas imediatas da utilização de tecnologias menos dispendiosas, mas de maior agressividade para o ambiente. Os benefícios para a defesa do ambiente que se venham a obter a prazo beneficiarão igualmente os EUA. No entanto, a posição deste país não é linear, na medida em que, mesmo estando oficialmente retirado do Acordo de Paris, um número significativo dos seus Estados, instituições científicas e até empresas se manifestou no sentido de acompanhar os esforços mundiais.

Sendo globais, os benefícios do Acordo de Paris são mais substanciais para alguns países, como os mais pequenos e insulares, em risco de desaparecimento com a subida do nível do mar. Se os benefícios são partilhados por todos, o impacto nas alterações climáticas em cada país e a capacidade de contribuir para o desenvolvimento de conhecimento e de tecnologias relevantes para o combate são muito desiguais. Daí que o Acordo de Paris preveja nos artigos 9.º a 11.º, respectivamente, apoios financeiros, de desenvolvimento e transferência de tecnologia, e de reforço de capacidades, a favor dos países menos desenvolvidos; e ainda, no artigo 12.º, a cooperação em educação, informação e consciencialização pública sobre as alterações climáticas e os seus efeitos.

O desenvolvimento de soluções inovadoras, amigas do ambiente, requer um esforço de investigação, desenvolvimento e inovação cuja capacidade está em grande parte localizada nos países mais desenvolvidos, que são igualmente responsáveis por grande parte do histórico das alterações climáticas. É, assim, um imperativo ético que os países detentores de recursos humanos e financeiros para o desenvolvimento de conhecimento contribuam para a capacidade endógena dos que os não têm e disponibilizem o conhecimento que permita contribuir para o controlo das alterações climáticas, de que serão igualmente beneficiários.

Intervenção das agências mundiais

A Organização das Nações Unidas, como entidade global, tem responsabilidades para com o mundo como um todo. As intervenções realizadas em nome das Nações Unidas ou das suas agências são levadas a cabo por pessoas que têm o dever de reger a sua intervenção por princípios éticos de serviço público global. A complexificação, ou a maior consciência da complexidade, da intervenção dos agentes das Nações Unidas levou à criação do Gabinete de Ética (Ethics Office) com estatuto de independência. Os princípios por que se rege podem, com vantagem, ser igualmente adoptados em intervenções a outros níveis. São eles independência, lealdade, imparcialidade, integridade, prestação de contas e respeito pelos direitos humanos.

É interessante verificar que o pensamento de Dag Hammarskjöld, secretário-geral numa fase de estruturação das Nações Unidas entre 1953 e a sua morte em 1961, ainda é referido no tocante aos princípios pelos quais se devem reger as intervenções da organização. A Fundação que tem o seu nome publica regularmente os *Development Dialogue Papers* sobre assuntos relacionados com o desenvolvimento, a cooperação e a intervenção das Nações Unidas.

A intervenção das agências das Nações Unidas, tal como de outras organizações mundiais ou internacionais, junto de Estados soberanos, é frequentemente feita por consultores não pertencentes aos quadros dessas organizações, por empresas de consultoria e outras entidades, como instituições públicas ou Organizações Não Governamentais (ONG). Nestes casos, está envolvida uma terceira parte, além da organização mundial e do país beneficiário, cada uma com objectivos e interesses próprios, eventualmente conflituantes. As organizações mundiais têm definidas as prioridades para a sua intervenção, embora estas evoluam ao longo do tempo. É bem conhecida, por exemplo, a alteração ao longo dos anos 90 das orientações do Banco Mundial no domínio da educação para os países menos desenvolvidos, passando da prioridade absoluta à educação básica para uma posição mais flexível, reconhecendo o papel dos níveis mais avançados da educação e formação, incluindo o ensino superior, como essenciais à criação de condições para o crescimento desses países.

Em 2000, a Assembleia-Geral das Nações Unidas adoptou a Declaração do Milénio, comprometendo os seus membros num esforço para acabar com a pobreza extrema e definindo oito objectivos, a atingir até 2015, que ficaram conhecidos como os Objectivos de Desenvolvimento do Milénio (ODM). O objectivo para a educação formal era, então, atingir o ensino primário universal. Em 2015, foi aprovada a Agenda 2030 para o Desenvolvimento Sustentável, envolvendo 17 Objectivos de Desenvolvimento Sustentável (ODS) que vieram substituir os ODM. No Objectivo 4 dos ODS, existem extensas referências à formação técnica, vocacional e terciária, incluindo a universitária, estabelecendo metas já para

2020 de aumento dos apoios à formação superior nas áreas científicas. Num relatório de um amplo conjunto de agências das Nações Unidas sobre o papel da ciência, tecnologia e inovação no desenvolvimento pós-2015, *UN System Task Team on the Post-2015 UN Development Agenda: Science, Technology and Innovation for Sustainable Development in the Global Partnership for Development Beyond 2015* (ITU [*et al.*], 2013), é chamada a atenção para a necessidade de investir na capacidade dos recursos humanos dos países menos desenvolvidos, de forma a assegurar um desenvolvimento inclusivo.

A situação mais complexa em que estive pessoalmente envolvido como consultor da Unesco foi na realização de uma missão de elaboração e avaliação de propostas de desenvolvimento da educação num país africano. A minha intervenção realizou-se na sequência de uma anterior, de outro consultor, cujo relatório não foi aceite nem pela Unesco nem pelo referido país, mas que não me foi dado a conhecer. Apenas soube que as orientações do anterior consultor não tinham merecido a concordância da agência e tinham sido recusadas pelo Governo do país a que se dirigiam – um exemplo de desalinhamento entre as orientações da agência e do país, por um lado, e a do consultor, por outro. A necessidade de compatibilizar os interesses do país e as orientações da Unesco, que neste caso actuava em representação do Programa das Nações Unidas para o Desenvolvimento (PNUD), com as minhas próprias ideias era imperativa.

Além da questão do alinhamento entre as orientações ou convicções das várias partes, o interesse objectivo dos consultores, individuais ou institucionais, que executam os projectos das agências e têm como modo de vida a consultoria é a sua continuidade nesse papel. Ou seja, não têm interesse em criar as condições para que a entidade beneficiária se torne autónoma, mas para que necessite da continuação dos seus serviços ou que venha a adquirir bens ou serviços à instituição a que está ligado. Mesmo sem se chegar ao limite de corrupção de agentes locais, a intervenção do consultor requer uma atitude ética, no sentido de contribuir para os objectivos das acções, não lhes sobrepondo os seus interesses.

Cooperação para o desenvolvimento

Os Estados definem as suas políticas de cooperação para o desenvolvimento em função dos seus interesses geoestratégicos e de princípios orientadores da sua acção. Portugal definiu em 2014 o Conceito Estratégico da Cooperação Portuguesa 2014–2020 (adiante designado por Conceito), enquadrando-o em documentos de organizações internacionais, designadamente as Nações Unidas, a União Europeia e a Organização para a Cooperação e Desenvolvimento Económico (OCDE), com foco geográfico nas prioridades nacionais – os Países Africanos de Língua Oficial Portuguesa (Palop) e Timor-Leste – e centrado em três áreas: Cooperação para o Desenvolvimento, Educação para o Desenvolvimento, e Ajuda Humanitária e de Emergência.

O desenvolvimento do Conceito na Educação e Ciência abrange «diferentes níveis de ensino, desde o pré-escolar até ao pós-graduado» e aponta para «programas locais de formação avançada (mestrados e doutoramentos), que contribuem para o desenvolvimento do sistema científico e tecnológico nos diversos países e também para a retenção de quadros».

A execução da cooperação para o desenvolvimento de um Estado, tal como nas agências internacionais, pode ser levada a cabo quer pelas próprias agências de cooperação nacionais ou, como consta do Conceito, para o domínio da educação e ciência, através de «parcerias com instituições públicas e privadas, Organizações Não Governamentais para o Desenvolvimento (ONGD) e fundações».

A definição das intervenções e dos projectos de cooperação implica o acordo entre a entidade ou entidades financiadoras e a entidade beneficiária, ou seja, uma confluência dos interesses e objectivos de ambas as partes. No entanto, na definição dos projectos a relação não é simétrica, podendo implicar que se definam projectos desalinhados das opções políticas das entidades beneficiárias ou que não são as suas principais prioridades, mas que estas aceitam por falta de alternativas ou simplesmente para não perder o financiamento.

Com a intervenção de entidades executoras, quando os projectos não são executados directamente pelas entidades financiadoras, tal como no caso das agências mundiais, há um terceiro protagonista, eventualmente com objectivos e interesses próprios.

É assim que se encontram no terreno situações em que: por exemplo no domínio da formação, se cria ou mantém uma relação de dependência da entidade executora, por a entidade beneficiária, voluntariamente ou não, não ter sido capacitada para a sua realização de forma autónoma; ou a entidade beneficiária é orientada para a aquisição de bens ou serviços oferecidos pela entidade executora; ou ainda há uma apropriação desproporcionada de conhecimento por esta entidade. Estes problemas não se colocam apenas na cooperação para o desenvolvimento, mas também em actividades de cooperação entre entidades que, pelo menos formalmente, são pares entre si.

Perspectiva internacional da partilha de benefícios

A partilha de benefícios tem sido uma preocupação global no que se refere à investigação e aos seus resultados nas áreas da Biologia e da Genética, em particular no domínio da investigação médica. Os princípios a que esta partilha deve obedecer estão plasmados em documentos como a Convenção sobre a Diversidade Biológica (de 1992 e que trata do acesso a recursos genéticos e da partilha de benefícios que resultam do seu uso entre os utilizadores dos recursos e as pessoas ou países que os disponibilizam), complementada em 2011 pelo Protocolo de Nagóia (que visa regular e assegurar uma partilha justa e equitativa de benefícios) e a Declaração de Helsínquia, originalmente de 1964 e regularmente actualizada (que estabelece princípios éticos para a investigação médica envolvendo humanos). Ou ainda, aprovada em 2005, a Declaração Universal sobre Bioética e Direitos Humanos da Unesco (que trata das questões de ética suscitadas pela medicina, pelas ciências da vida e pelas tecnologias que lhes estão associadas, aplicadas aos seres humanos, tendo em conta as suas dimensões social, jurídica e ambiental). É nestas áreas do conhecimento que as questões éticas e de partilha de benefícios se colocam com maior acuidade, podendo, com a necessária adaptação, servir de inspiração para outras áreas da ciência, da tecnologia e da inovação.

A preocupação com a ética e a regulação na investigação científica e na inovação tecnológica está presente na União Europeia através de mecanismos de gestão da política de ciência e inovação, sendo tratada no documento de 2012 da Comissão Europeia *Ethical and Regulatory Challenges to Science and Research Policy at the Global Level.* Este documento aborda em particular a protecção da privacidade e a partilha de benefícios, sendo a reflexão sobre esta última centrada nas áreas da Biologia e da Medicina, incluindo um relato sucinto do caso San-Hoodia, frequentemente usado como caso de estudo da partilha de benefícios. Este reporta-se ao conhecimento tradicional do povo San, disseminado em vários países do sul de África, sobre o uso da planta Hoodia na supressão da fome, tendo sido estudado e usado na obtenção de uma patente em meados dos anos de 1990. Só após uma disputa legal, foi possível chegar a um acordo que incluísse o povo San na distribuição dos benefícios.

Neste documento é feita uma distinção entre a definição de partilha de benefícios, no seu sentido comum de distribuição entre todos os que de alguma forma estejam envolvidos, mesmo que de forma passiva, e a «desejável» (*aspirational*, no original), visando a partilha dos resultados da investigação pela humanidade. O documento reflecte o princípio, que consta da Declaração Universal sobre Bioética e Direitos Humanos da Unesco, de que os benefícios resultantes da investigação científica e das suas aplicações deveriam ser partilhados com a sociedade e com a comunidade internacional, em particular com os países em vias de desenvolvimento.

A preocupação com a ética dos projectos está presente, por exemplo, no Programa Horizonte 2020, que prevê uma avaliação das propostas, incluindo uma auto-avaliação com base numa tabela de questões éticas relacionadas com o trabalho com embriões, fetos, seres humanos, tecidos e células humanas, bem como com animais, as implicações no ambiente ou em países terceiros, além do potencial de utilização militar ou malévola dos resultados e os requisitos de protecção de dados pessoais. Além destes aspectos, é também chamada a atenção para a necessidade de reflectir sobre outras problemáticas éticas que, não estando listadas na tabela, se possam colocar no âmbito dos projectos, designadamente em áreas como a interacção homem-máquina, a criação de andróides ou desenvolvimentos no campo da neurobiologia.

Sendo a ética e a partilha de benefícios particularmente relevantes em áreas do conhecimento como a Biologia e a Genética e na investigação médica, os princípios que se lhes aplicam podem servir de guia ao comportamento noutras áreas do conhecimento e inclusivamente ao enquadramento da cooperação em áreas além da ciência e tecnologia.

Cooperação entre pares

Se a cooperação para o desenvolvimento envolve a intervenção de uma agência de cooperação na definição dos objectivos a atingir e o desenvolvimento de projectos europeus de cooperação implica uma avaliação segundo regras estabelecidas, a cooperação entre pares refere-se à cooperação entre duas ou mais entidades, designadamente instituições de ensino superior ou de investigação, que definem objectivos em conjunto e que frequentemente procuram o financiamento de terceiros. A relação entre os parceiros pode, no entanto, ser desequilibrada, tanto na capacidade de definição de objectivos, como na identificação dos benefícios e nos mecanismos da sua partilha, e ter como consequência a transferência de efeitos negativos para os elementos mais fracos.

O desequilíbrio entre os parceiros resulta de aspectos como a capacidade de aceder a financiamentos, consequência do seu estatuto ou credibilidade, a influência política ou a proximidade às fontes de financiamento, designadamente do país a que pertencem. Mas pode resultar também do respectivo conhecimento e experiência, que se traduz em capacidade para identificar e defender objectivos relevantes para a sua acção, bem como para avaliar os benefícios e eventuais malefícios resultantes dos projectos de cooperação. Este desequilíbrio é bem exemplificado por múltiplas parcerias entre instituições de ensino superior e investigação de países europeus ou norte-americanos, por um lado, e congéneres de países menos desenvolvidos, por outro. Mesmo dentro de espaços mais homogéneos, como o Espaço Europeu ou no seio de um país, os desequilíbrios existem.

O acesso ao financiamento de projectos, além da posição mais ou menos privilegiada das instituições candidatas, depende do alinhamento dos objectivos dos projectos com os princípios e as orientações de política das entidades financiadoras, tão diversas como a União Europeia, uma agência nacional, uma fundação, uma empresa ou qualquer outra. Por exemplo, no que se refere à União Europeia, o Conselho aprovou, por proposta da Comissão, o que designou por «A New Global Partnership for Poverty Eradication and Sustainable Development after 2015», que inclui a promoção dos Objectivos de Desenvolvimento Sustentável, designadamente através da promoção da ciência, tecnologia e inovação, como uma orientação geral para cooperação internacional da União Europeia e, em consequência, para programas como o Horizonte 2020. Apesar destas orientações genéricas, os resultados concretos, no que se refere à partilha de benefícios na cooperação entre pares, dependem de múltiplos factores ligados às parcerias e aos projectos, do estatuto de cada uma das instituições parceiras às suas políticas no que se refere ao estabelecimento de parcerias.

Os benefícios dos parceiros da cooperação em Ciência e Inovação

Os benefícios resultantes da cooperação entre instituições de ensino superior e investigação, apoiada por entidades financiadoras, podem ser de natureza diversa: de benefícios posicionais ou de estatuto, a benefícios materiais, passando por benefícios de conhecimento ou de qualificação dos recursos humanos.

Por benefícios posicionais ou de estatuto entende-se a valorização do estatuto social, designadamente em comparação com instituições congéneres, resultante da participação em actividades de cooperação com outras instituições, quer estas sejam mais ou menos cotadas: no primeiro caso, por ser aceite como parceira; no segundo, em particular no caso de projectos de qualificação da parceira menos cotada, não só por lhe ser reconhecida a capacidade de contribuir para o desenvolvimento institucional, como por poder passar a ser considerada uma parceira preferencial. Sem excluir o caso da cooperação entre pares equilibrados, em que todos são valorizados pela capacidade que conjuntamente detêm.

No que se refere a benefícios de qualificação e conhecimento, envolvendo a cooperação entre instituições com cotação diferenciada, embora o fluxo de benefícios explicitado seja sobretudo unidireccional – da mais cotada para a menos cotada –, a realidade é menos taxativa: se a instituição menos cotada beneficia da qualificação do seu pessoal e/ou da apropriação de conhecimento que não detinha anteriormente, a mais cotada beneficia também dos resultados da investigação do pessoal da instituição parceira e até de conhecimento a que, de outra forma, não teria acesso. Nesta classificação incluem-se os efeitos de fuga de cérebros das parceiras menos cotadas para as parceiras mais cotadas.

Em terceiro lugar, nos benefícios materiais, físicos ou financeiros inclui-se desde obtenção de novas instalações ou equipamentos à utilização dos resultados dos projectos para a obtenção de proventos, por exemplo através do registo e exploração de patentes. Esta é uma área em que a indefinição sobre como são partilhados os resultados tende a funcionar a favor das instituições mais experientes.

A experiência da participação em projectos de cooperação, seja por via institucional ou como consultor individual, bem como o contacto com outras actividades de cooperação permitiram identificar situações diversas em que os benefícios não são devidamente explicitados e acautelados à partida. No caso de projectos de apoio ao desenvolvimento de instituições de países menos desenvolvidos, havendo desequilíbrio entre as partes na capacidade de análise dos resultados potenciais, a negociação entre as instituições foca-se frequentemente nos benefícios específicos para as instituições a desenvolver, ficando omissos os benefícios para outra ou outras instituições.

O papel e os benefícios das entidades financiadoras

As entidades financiadoras de cooperação, além de objectivos próprios, têm um papel importante de regulação das instituições que participam em projectos que financiam. Estes tanto podem resultar da iniciativa das próprias entidades financiadoras, tendo em vista atingir os seus objectivos, como do apoio a projectos propostos por uma ou mais instituições. No caso de países e das suas agências de cooperação, ou, por exemplo, da União Europeia, os objectivos da cooperação com países terceiros no domínio da Ciência e Inovação incluem a melhoria das condições para o desenvolvimento e produção de conhecimento, designadamente através do aumento de massas críticas, mas também de apoio ao desenvolvimento de países menos desenvolvidos.

Este apoio a países terceiros menos desenvolvidos, na área da Ciência e da Inovação, podendo parecer, numa análise superficial, que envolve benefícios unidireccionais, na realidade não só favorece o reforço da capacidade dos países terceiros, contribuindo para a fixação das populações e redução da pressão migratória (actualmente fora de controlo nas fronteiras da União Europeia), como tem benefícios diplomáticos, permitindo inclusivamente a manutenção de relações com países, ou com as suas instituições, relativamente aos quais há desacordo quanto a outras matérias, nomeadamente de regime político.

Tratando-se de fundações ou outras organizações sem fins lucrativos que financiam projectos de cooperação em Ciência e Inovação, os objectivos dos projectos devem estar alinhados com os fins sociais estabelecidos nos estatutos da entidade financiadora, cabendo-lhes igual papel regulador dos projectos. Finalmente, o financiamento por parte de empresas supõe a existência de benefícios próprios, sejam materiais ou posicionais.

Um domínio diverso

O domínio da cooperação, mesmo que especificamente na área da ciência e tecnologia, coloca questões tão variadas quanto variados são os intervenientes no desenvolvimento dos projectos de cooperação, as entidades financiadoras, os países envolvidos ou a natureza dos benefícios visados e dos beneficiários identificados. Das agências internacionais ou nacionais às empresas de consultoria e consultores individuais, os interesses e objectivos próprios são igualmente diversificados, assim como é diferente também a cooperação quando a parceria é equilibrada ou quando envolve parceiros com estatuto e capacidade diversa.

Para que a partilha de benefícios possa ser justa, é necessário que os benefícios sejam explicitados e as regras de partilha claras desde o início das intervenções. Quando os projectos têm lugar através de instituições e entidades executoras, sendo a intervenção acordada entre as diferentes partes, compete à entidade financiadora assegurar que existe uma definição clara de objectivos e regular a execução do projecto, assegurando que a intervenção da entidade executora respeita as regras éticas por que se devem pautar as intervenções e que não há um aproveitamento abusivo de benefícios.

No caso de projectos de cooperação para o desenvolvimento, as entidades beneficiárias são de países menos desenvolvidos e estão mais expostas a aproveitamentos indevidos, dada a maior fragilidade negocial e, eventualmente, receio de perda de financiamentos ou das oportunidades previstas nos projectos. Mesmo em projectos entre pares, a maior fragilidade de algum ou alguns dos parceiros expõe-os a uma partilha desequilibrada dos benefícios.

A regulação da partilha dos benefícios, não sendo clarificada à partida e/ou regulada pelas agências financiadoras ou promotoras, arrisca-se a que não seja justa. A capacidade de recurso à justiça, designadamente quando envolve processos internacionais, é desigual consoante a natureza ou capacidade financeira, de conhecimento ou estatuto das partes em litígio, não se perfilando, pois, como substituta para objectivos e regras de partilha de benefícios claramente estabelecidos.

Referências e leituras recomendadas

European Commission, *Ethical and Regulatory Challenges to Science and Research Policy at the Global Level*, Luxemburgo, 2012.

Governo de Portugal, *Conceito Estratégico da Cooperação Portuguesa 2014–2020*, RCM n.º 17/2014.

Hayden, Cori, Taking as Giving: Bioscience, Exchange, and the Politics of Benefit-sharing, *Social Studies of Science* 37, 2007: pp. 729–758. doi: 10.1177/0306312707078012.

ITU [*et al.*], *System Task Team on the Post-2015 UN Development Agenda: Science, Technology and Innovation for Sustainable Development in the Global Partnership for Development Beyond 2015*, Thematic Think Piece, 2013.

Nações Unidas, *Declaração do Milénio*, Resolução da Assembleia-Geral n.º A/RES/55/2, 2000.

Secretariat of the Convention on Biological Diversity, *Nagoya Protocol on Access to Genetic Resources and the Fair and Equitable Sharing of Benefits Arising from their Utilization to the Convention on Biological Diversity: text and annex*, 2011.

Unesco, *Declaração Universal sobre Bioética e Direitos Humanos*, Comissão Nacional da Unesco, 2006.

União Europeia, *Carta dos Direitos Fundamentais da União Europeia*, JO C 326/392, 2012.

United Nations, *Convention on Biological Diversity*, Rio de Janeiro, 1992. Disponível em: https://www.cbd.int/convention/text/ [consultado em Julho de 2017].

United Nations, *Paris (Climate) Agreement*, 2015a.

United Nations, *Transforming our World: The 2030 Agenda for Sustainable Development*, A/RES/70/1, 2015b.

United Nations Ethics Office e United Nation's Office of Human Resources Management, *Putting Ethics to Work: a Guide for UN Staff*, 2012.

World Medical Association, *Declaration of Helsinki: Ethical Principles for Medical Research Involving Human Subjects*, 2013.

Big Data e desafios éticos

Maria Helena Nazaré

Universidade de Aveiro

O tema deste artigo – *Big Data* – é de grande actualidade, sendo objecto de constante e rápido desenvolvimento científico e tecnológico, com consequências significativas a nível social, económico e naturalmente também de natureza ética. A abordagem deste texto não é especializada, não se visando discutir importantes questões técnicas relativas a processos de aquisição, tratamento e armazenamento dos registos designados por *Big Data.*

O que se entende por (1) *Big Data* e *Data Mining,* e (2) por Ética nesse contexto?

(1) Não existe uma definição precisa para o termo *Big Data,* que se aplica, de forma genérica, para designar a grande quantidade de dados, incluindo os pessoais, produzidos a nível global e cujo manuseamento requer técnicas complexas de processamento. Este processo de tratamento dos dados e extracção de informação e conhecimento a partir dos mesmos é muitas vezes designado por *Data Mining.*

Habitualmente e de modo simplista, define-se *Big Data* como um conjunto de dados caracterizado pela elevada dimensão dos três V respectivos, volume, velocidade e variedade: volume, referindo-se à dimensão do conjunto de registos; velocidade, referindo a elevada rapidez com que estes são adquiridos; variedade, a propósito da diversidade desses dados.

(2) Ética, neste contexto, refere-se aos conceitos de certo e errado, utilizados na decisão (certa ou errada) do procedimento a usar, guiada por deveres, direitos, custos e benefícios na óptica do ser.

Poder-se-ia considerar separar as áreas *Big Data* e construção de informação (*Data Mining*), tratando separadamente as questões éticas relacionadas com uma e outra. Considerou-se que tal separação não seria adequada no presente contexto, até porque se entende não ser possível fazê-la de forma clara e correcta.

Uma palavra ainda sobre as mais importantes questões técnicas e éticas, as quais são relativas aos recursos necessários para armazenamento dos dados. Não sendo esta capacidade infinita, há que decidir que dados guardar e por quanto tempo, quem decide e sob que princípios – perguntas ainda em aberto e sobre as quais o debate continua.

A decisão sobre que dados guardar e como proceder dependerá certamente da qualidade dos mesmos, da sua possível utilidade e utilização, o que nos conduz aos processos de manuseamento e tratamento desses mesmos dados, ou seja, *Data Mining*. Neste texto, usar-se-á o termo *Big Data* para englobar também e nomeadamente os processos de manuseamento e análise.

1. Da origem dos termos *Big Data* e *Data Mining* e migração do conceito para áreas do comportamento humano

No início do milénio, mercê do desenvolvimento de infra-estruturas de recolha e tratamento automático de dados, diversas áreas científicas (exemplos típicos são a astrofísica e a genómica) assistiram a um aumento enorme do volume de informação disponível para estudo. Nasceu desta forma a designação *Big Data*. Entretanto, os desenvolvimentos científico e tecnológico, que permitiram nomeadamente o aumento da capacidade de recolha e armazenamento bem como o da velocidade de processamento, fizeram que o termo começasse a ser usado com um significado mais abrangente, designando hoje não só o volume como a forma de aquisição, tratamento e até de utilização dos dados. Deste modo, são características típicas de *Big Data* o volume, a velocidade de aquisição e a diversidade dos dados. Essa evolução foi acompanhada pela migração do conceito para praticamente todas as áreas de conhecimento e, nomeadamente, para as respeitantes ao comportamento humano. Neste âmbito, o conceito *Big Data/Data Mining* pode ser traduzido como a interacção entre indivíduos, organizações e sociedade na qual dados originados por cada um destes elementos são recolhidos, extraídos, trocados, vendidos e processados com o propósito de predizer e modificar o comportamento humano com a finalidade de gerar valor social ou económico.

É hoje aceite o impacto que o fenómeno *Big Data* e a associada análise têm nas áreas da economia, segurança, ciência, educação, saúde (incluindo a saúde pública) e política, para nomear só as mais óbvias.

Estes dados a que nos vimos referindo podem ser estruturados – por exemplo, bases de dados resultantes dos censos populacionais – e não estruturados – como são os provenientes das redes sociais (por exemplo: Google, Twitter ou Facebook), de instrumentos digitais tais como telemóveis com indicação de localização, carros com sensores de velocidade, *e-mails* ou textos. É de notar que muitos destes dados não estruturados resultam de comunicação máquina a máquina sem intervenção humana directa.

2. Questões éticas decorrentes dos processos *Big Data* e *Data Mining*

As questões do foro da ética que se colocam decorrem dos possíveis usos da informação/conhecimento extraída/o da fonte *Big Data* usando sofisticados processos de análise, ao que acresce o facto de as utilizações potenciais serem desconhecidas da grande maioria das pessoas. Se no caso dos censos populacionais se tem conhecimento de que a informação fornecida será anonimizada para produção dos indicadores apropriados, o mesmo não se poderá afirmar de forma consistente a respeito de dados não estruturados. Todos nós deixamos uma pegada digital ao utilizar um computador, *tablet*, telefone… e isto mesmo que não tenhamos conta no Facebook, Instagram, Twitter e tantos outros. O simples uso da tecnologia fornece dados passíveis de serem transformados em informação sem que de tal nos apercebamos. Os sensores em telemóveis e carros geram enormes quantidades de dados sobre o comportamento individual que podem ser enviados para organizações interessadas na identificação de tipologias de comportamento que podem vir a ter valor monetário. Muita dessa informação é extraída por algoritmos funcionando em computadores sem nenhuma validação humana.

De um modo simplista, pode dizer-se que o método e as infra-estruturas usados no tratamento e investigação sobre *Big Data* são desenhados com a finalidade de obter correlações de um conjunto de dados com um outro qualquer conjunto, do que decorrem riscos de utilização incorrecta do ponto de vista ético bem como científico.

Algumas questões éticas, como a da privacidade, a que nos referiremos mais adiante, têm recebido muita atenção e análise de forma, pelo que se pode afirmar estarem actualmente bem estudadas e compreendidas. O mesmo não se verifica com outras como sejam, por exemplo, as decisões tomadas por algoritmos (*algorithmic decision-making*), perfil através da classificação de indivíduos em grupos que pode resultar em discriminação, controlo e vigilância e ainda a ausência de transparência em todo um processo construído por vários passos. Nestes casos, é notória a falta de um entendimento mais claro acerca das questões éticas envolvidas e das consequências da utilização dos resultados.

A tomada de decisão «algorítmica» (tradução à letra) processa dados provenientes de fontes diferentes, os quais são tratados com o objectivo de prever comportamento e inclinação de indivíduos (grupos) com base em situações do passado. O processamento foca-se na identificação de correlações entre grupos de dados e assume que tais correlações fazem sentido.

A monitorização e vigilância de comportamentos individuais é outra possibilidade que resulta do uso e análise de dados no contexto *Big Data* e que apresenta diversos desafios importantes de natureza ética. Várias organizações conseguem agora observar e monitorizar comportamentos individuais e de grupo, o que lhes permite, por exemplo, oferecer produtos e serviços personalizados, implicando que estes indivíduos e grupos sejam preferencialmente expostos às suas ofertas e não a todas as opções existentes no mercado. Em última análise, pode dizer-se que tal implica que os indivíduos não usufruam do seu direito básico de livre escolha, sendo vigiados e controlados por algoritmos com o objectivo de influenciar as suas decisões.

Podemos indicar alguns exemplos elucidativos dos conceitos *Big Data* e *Data Mining* e da utilização possível (bondosa ou não) do conhecimento obtido.

Exemplo: O caso do combate ao vírus H1N1
(extraído de Mayer-Schönberger, Viktor e Cukier, Kenneth, *Big Data: A Revolution That Will Transform How We Live, Work and Think*, 2017)

Em 2009, o vírus H1N1 alastrou rapidamente temendo-se uma pandemia de nível mundial. Sem vacina disponível, o combate focou-se em evitar o alastramento do surto, para o que seria condição indispensável a localização de novas incidências. Assim sendo, os médicos deviam informar os centros de combate e controlo da doença de todos os novos casos. Contudo, atendendo a que os doentes demoram a consultar o médico e a que a informação não é tratada imediatamente, tal procedimento implica sempre um atraso de cerca de uma a duas semanas na percepção da realidade, o que inviabiliza um combate eficaz ao alastramento da doença. Este problema foi parcialmente resolvido recorrendo à informação contida nas pesquisas realizadas pela Internet relacionadas com a gripe (ex.: que fazer em caso de febre alta?, características do vírus gripal, etc.), tendo sido possível estabelecer uma correlação entre um certo número de questões e a ocorrência (geográfica) de casos de gripe. Desta forma, a localização da doença pôde ser feita quase em tempo real, sem o habitual atraso de uma a duas semanas que os métodos mais convencionais implicam.

A extracção desta informação da Internet não é trivial, implicando um tratamento matemático complexo e o manuseamento de uma enormíssima quantidade de dados não estruturados. É também importante realçar que os resultados podem não estar correctos. Trata-se de predizer acontecimentos – muito apelativo para os *media* – tendo como base a análise de uma vastíssima quantidade de dados.

Este exemplo permite-nos realçar alguns aspectos importantes: os dados são fornecidos de modo involuntário, a informação é extraída através de modelos matemáticos e não há controlo eficaz sobre o modo como a informação é usada. No caso da gripe, a utilização da informação foi no interesse da saúde pública, mas podia não o ser. Neste âmbito, podíamos acrescentar que uma cadeia de distribuição de medicamentos adequados pode ser desenhada para responder (com ou sem lucro indevido) à ocorrência da pandemia.

Um outro aspecto que merece ser realçado é o de a análise fornecer informação sobre a ocorrência do fenómeno, mas não sobre as causas do mesmo. Na realidade, a previsão é baseada em correlações e não em hipóteses, não havendo, pois, necessidade de serem antecipados os termos usados na pesquisa sobre a gripe e bastando submeter os dados a uma análise de correlações. Deste modo, passamos de uma abordagem baseada em hipóteses para uma baseada no volume de dados não aferidos.

Não obstante, a utilização destes métodos está a tornar-se essencial em saúde pública.

Exemplo: O surto de Ébola e o risco de estigmatização de comunidades

O exemplo mais recente da utilidade da procura de correlação entre conjuntos de dados é a sua aplicação no caso do surto de Ébola na África Ocidental, o qual foi detectado por métodos *Big Data* antes dos relatórios oficiais. Além disto, a informação contida nas bases de dados pode ser usada com objectivos epidemiológicos, tais como a avaliação dos comportamentos sanitários e outros. Sendo inegáveis os benefícios sociais desta correlação, é igualmente inegável o risco potencial de uma utilização errada que poderá conduzir à estigmatização de comunidades.

3. Um novo paradigma na construção do conhecimento – o fim da formulação de hipóteses.

Tal como já referido anteriormente, o fenómeno *Big Data* tem a sua origem em três alterações dramáticas ocorridas no universo dos registos: o acesso a vastas quantidades de dados e à capacidade de os analisar, o que nos liberta da necessidade de construção de um conjunto mais pequeno e representativo de determinado tópico; a possibilidade de trabalhar com «todos» os dados, em vez de com uma amostra, leva-nos a aceitar a «desorganização» de registos não estruturados e a desenvolver metodologias para os manusear; a cada vez maior importância atribuída à ocorrência de correlações entre conjuntos de registos que nos conduz à procura das mesmas em vez da busca de uma causalidade. É comum dizer-se que *Big Data* é encontrar o quê e não o porquê. A ocorrência de uma correlação pode não nos dizer porque ocorre (e geralmente não o faz), mas dá-nos a informação de que existe uma correlação.

O acesso a um volume inaudito de dados transforma o modo como compreendemos e exploramos o mundo. Em vez da formulação de hipóteses a serem testadas através da recolha e análise de dados, é-se guiado pela abundância de dados e correlações. Será isto o fim da teoria?

Exemplo: A previsão do custo das passagens aéreas
(extraído de Mayer-Schönberger, Viktor e Cukier, Kenneth, *Big Data: A Revolution That Will Transform How We Live, Work and Think*, 2017)

As variáveis que influenciam os preços de uma passagem aérea são inúmeras, com pesos muito diferentes e apenas do conhecimento da companhia aérea. Tal torna impossível ao utente uma previsão razoavelmente próxima de quando comprar a passagem com o objectivo de minimizar o custo, se não tiver acesso a uma colecção de registos dos preços para uma determinada rota ao longo de alguns (poucos) meses. Sendo possível obter aquela informação, é também possível prever se os preços vão aumentar ou diminuir (e quanto) sem se ter em conta qualquer das variáveis que entram na decisão sobre o preço. Foi baseada nesta capacidade de análise e no acesso a bases de dados da indústria de reservas de voo que a companhia Farecast (primeira década do século XXI) foi criada e obteve enorme êxito. O consumidor passou a ter acesso a previsões (e ao grau de confiança das mesmas) sobre se o custo de determinada rota ia aumentar ou diminuir e quais os montantes envolvidos na alteração de preços.

Este exemplo ilustra ainda uma outra dimensão: a posse de registos tem elevado valor comercial.

4. Aplicabilidade dos códigos de ética e de conduta ao caso *Big Data*

Poderão estas correlações e, consequentemente, as previsões que resultam de algoritmos matemáticos depender ou ser restringidas por princípios éticos?

As ciências da vida, as ciências sociais e as ciências da engenharia têm já muito trabalho desenvolvido sobre questões do foro da ética, e os profissionais estão sujeitos ao cumprimento de códigos de ética e de conduta na condução da investigação e na aplicação dos resultados obtidos. Contudo, o mesmo não se pode dizer das áreas das ciências exactas e em particular da matemática, que tradicionalmente não é considerada como envolvendo a condição humana ou de vida. Ora, a construção de algoritmos é matemática, algoritmos cujo uso no tratamento de *Big Data* permite (exige) decisões tomadas por máquinas. Há assim uma disjunção entre os conceitos familiares das ciências e engenharia, por um lado, e a dinâmica epistemológica, social e ética da investigação em *Big Data* e aplicação dos resultados, por outro.

Big Data passa ao lado dos modos informais de regulamentação ética comuns às comunidades científicas e tecnológicas, porque, não sendo bases de dados de seres humanos, a questão nem é suscitada. Contudo, bases de dados acerca de buracos negros e redes sociais são, em termos matemáticos, tratadas de igual modo, e o problema ocorre porque a experiência sobre as práticas éticas a respeitar indica não serem estas nem as adequadas nem as entendidas pela comunidade que lida com *Big Data*, à qual faltam muitas vezes os recursos pedagógicos na área da ética. Isto não deve ser entendido como significando que os membros dessas comunidades não se preocupam com esse assunto, mas tão-somente que não têm os recursos e o treino necessários para lidar adequadamente com os possíveis problemas e para os antecipar.

O enquadramento conceptual – regulamentos e recursos institucionais sobre a investigação e ética – é baseado em práticas de investigação e tratamento de dados relativos a seres humanos e/ou seres vivos. Deste modo, é necessário debater se os métodos de investigação usados em *Big Data* devem ser excluídos das normas éticas existentes, forçados a obedecer às mesmas ou ainda se um enquadramento e requisitos completamente diferentes devem ser desenvolvidos.

Na Europa e nos EUA, os investigadores em ciências médicas, biologia e ciências sociais estão obrigados a obedecer aos códigos de ética constantes da regulamentação aplicável à investigação envolvendo seres humanos. De acordo com tais códigos, a utilização de dados públicos é permitida no entendimento de que, sendo os dados públicos, da sua utilização não advêm riscos elevados. Ora, como vimos, esta assunção sobre a ausência de risco não se verifica no ambiente da investigação usando os métodos característicos da investigação em *Big Data*, em que da combinação e correlação de diferentes conjuntos de dados resultam riscos elevados, sendo o mais típico o da identificação de grupos ou de indivíduos a quem são atribuídas elevadas probabilidades de exibirem determinados comportamentos. Muito embora haja que reconhecer que equacionar modos de ter em conta uma possível utilização é, pela própria natureza do problema, de muito difícil concretização, pergunta-se se a preocupação com o facto de os dados serem ou não públicos não deveria ser substituída pela preocupação com a sua possível utilização?

Esta e outras questões similares sobre as quais existe profundo debate não são retóricas. Avançamos com alguns outros exemplos elucidativos da problemática ética associada a *Big Data* e matérias do foro da ética.

4.1. Da ausência de consentimento ao consentimento informado

A questão relevante neste contexto e relacionada com as informações extraídas da Internet ou WWW (*World Wide Web*) reporta-se ao facto de a pessoa visada não ter conhecimento (1) de que a informação está a ser recolhida e/ou (2) de como vai ser usada, não podendo deste modo ter oportunidade de autorizar ou negar o seu uso. Este modo invisível de recolha de dados é comum e típico da Internet. Como se viu anteriormente no caso da propagação do vírus H1N1, pode haver (e haverá num grande número de instâncias) uma utilização bondosa da informação. Contudo, persiste o facto de não ter havido consentimento, além de que dos dados colhidos com uma intenção benevolente pode ser extraída uma grande variedade de informação de utilização imprevisível.

O problema mais grave surge, pois, quando os dados extraídos com um determinado objectivo são reanalisados e combinados com outros dados para uso num contexto completamente diferente do inicial, para o qual o consentimento terá sido obtido ou não. Mais uma vez, tal utilização pode conduzir à discriminação de indivíduos ou grupos e resultar em vigilância constante com a consequente falta de privacidade.

A utilidade da detecção de correlações não pode ser negada; as mesmas são essenciais em saúde, prevenção e tratamento, em economia e em planeamento, para nomear só algumas. Há então que prevenir uma utilização que resulte em danos para indivíduos ou para a sociedade em geral. Para tanto é necessário conduzir estudos no âmbito da ética aplicada. Às tradicionais preocupações com a dor física ou sofrimento psicológico dever-se-á adicionar as de ocorrência de vigilância permanente e discriminação individual ou de grupos, desenvolvendo uma capacidade de previsão de danos pessoais e sociais.

4.2. A vertente económica

Um impacto, com alguma dimensão, das brechas no comportamento ético surge em particular no uso de *Big Data* no domínio dos negócios e da obtenção de lucro.

A informação extraída da Internet, quando usada num contexto de negócio, permite a construção do perfil do consumidor orientando as companhias nas suas campanhas de vendas. Numa abordagem pouco exigente, poder-se-ia afirmar que este procedimento apenas suscita questões relativas ao consentimento informado e ao direito à privacidade dos dados pessoais, para as quais existirão já alguns procedimentos razoavelmente eficazes, apesar de não garantirem a utilização não combinada da informação extraída. É, porém, necessário considerar ainda a questão da pertença dos dados e das possíveis violações das leis da concorrência. Existem actualmente negócios de milhões relativos a transacções de informação obtidas por motores de busca criados/utilizados por diversas companhias.

O exemplo recente, que ilustra a complexidade do problema e os efeitos não antecipados de ausência de controlo, é a acusação dirigida à Google de tratamento diferenciado a favor de um motor de busca pertencendo à sua companhia. Esta acusação resultou numa condenação ao pagamento de uma «pequena» multa no valor de alguns milhões de euros. A decisão foi contestada. No entanto, o facto de um alto quadro da Google ter comparado o montante da sanção ao custo de uma multa por excesso de velocidade mostra *como o crime (a sê-lo) pode compensar.*

4.3. Considerações sobre governança, qualidade e confiança

Valerá ainda a pena acrescentar uma palavra sobre a qualidade dos métodos empregados, sobre a qualidade e consistência dos dados. Algoritmos são produtos matemáticos cuja qualidade não é somente um requisito científico, mas igualmente um requisito ético. Assim, algoritmos matematicamente excelentes quando utilizados com dados insuficientes ou de fraca qualidade resultaram em conclusões pouco fiáveis e potencialmente desastrosas, com óbvias implicações éticas graves. Como se garante a fiabilidade da informação final? Como se podem evitar os danos causados a grupos ou indivíduos pela divulgação de informação enganosa?

Ou ainda, por exemplo, como se evitam danos económicos a uma região turística se forem divulgados avisos sobre surtos de cólera ou alertas de tubarões nas praias, resultantes, uns e outros, de previsões feitas por métodos *Big Data* enfermando (ou não) de alguma deficiência no tratamento? São previsões com determinada probabilidade de ocorrência..., probabilidade elevada, mas não certezas. Estas são já questões de governança, qualidade e confiança.

4.4. Implicações socioeconómicas

Por fim, aborde-se a questão dos desequilíbrios sociais causados pelas diferentes capacidades no acesso e tratamento de enormes quantidades de dados que estão nas mãos de um conjunto restrito de grandes organizações e de países ditos avançados. Tal conduz a assimetrias profundas na distribuição de poder entre países e ao controlo exercido por grandes organizações sobre uma sociedade através da vigilância da mesma.

Apesar de a participação na sociedade se estar a tornar cada vez mais dependente do uso de aplicações (*apps*), da participação em redes sociais e de sensores, a evolução social e a consciência crítica relativas ao fenómeno *Big Data* desenvolvem-se muito mais lentamente. Os princípios actuais usados na protecção do direito à privacidade estão muito atrás dos desenvolvimentos tecnológicos. Do mesmo modo, não existem directrizes indicando como se podem e devem evitar as novas modalidades de discriminação.

Numa tentativa de síntese, dir-se-á que *Big Data* e *Data Mining* apresentam desafios relativos à compreensão e confiança pública do assunto e que as questões éticas fundamentais incidem sobre o direito à privacidade pessoal, consentimento informado, pertença dos dados, utilização de resultados e transparência de processos: a recolha dos dados não é sujeita a nenhuma validação, como as impostas pelas comissões de ética; o consentimento informado não é (quiçá por impossibilidade) implementado; os dados podem ser utilizados com propósitos muito diversos daquele para o qual foram recolhidos; e a possibilidade de combinações com outras fontes não é adequadamente controlada e restringida.

Não é de mais sublinhar a afirmação de que os processos de tratamento e análise dos dados assentam na procura de correlações (quaisquer que sejam) entre diferentes conjuntos de dados e não em questões formuladas à partida. A obtenção dessas correlações descontextualiza os conjuntos de dados que são tratados, procurando correlações entre dados obtidos em tempos e lugares diferentes e com finalidades diversas, sendo o foco na quantidade e não na qualidade. As consequências possíveis podem ser devastadoras. A este propósito, cite-se Viktor Mayer-Schönberger e Kenneth Cukier, cuja definição de *Big Data* é de «coisas impossíveis de serem feitas a não ser em grande escala, para extrair informação capaz de criar valor de modo a alterar mercados, organizações e relacionamento entre cidadãos e governos».

Também os conceitos de «privado» e «privacidade» são ambíguos no contexto *Big Data* e, a título de exemplo, formula-se a questão: os espaços dos *media* sociais são públicos ou privados? Sublinha-se ainda que as bases de dados não são classificadas como sujeitos humanos, sendo, deste modo, excluídas das restrições relacionadas com a privacidade. Os processos de anonimização não são ainda suficientemente robustos.

Além de tudo o que foi expresso, o valor económico das bases de dados e possíveis correlações é elevado, colocando assim problemas adicionais.

Entretanto, o trabalho e investigação em *Big Data*, métodos e técnicas de análise mostram-se hoje, mais do que nunca, essenciais na prevenção e combate ao terrorismo, antecipação de catástrofes naturais e prevenção e tratamento em saúde, pelo que estes assuntos exigem uma elevada prioridade nos investimentos científicos e técnicos. Esta exigência deve implicar igualmente o estudo constante e aprofundado na resolução das questões éticas emergentes e na diminuição de uma utilização nociva da informação recolhida por métodos *Big Data*.

A necessidade de desenvolvimento de normas éticas aplicadas à investigação e a instituições que trabalhem em *Big Data* tem vindo a ser identificada como imprescindível por vários *fora*, tendo sido identificado um número significativo de disjunções entre a epistemologia das ciências da informação e as normas éticas aplicadas em investigação. Ora, no centro de toda esta problemática encontra-se o ser humano, a pessoa, a ela respeitando os dados recolhidos e a ela se aplicando a informação derivada.

Do que fica dito se conclui pela necessidade de investir, de forma consistente, continuada e geral, em todos os sítios, comunidades e contextos, na educação para os princípios orientadores da nossa vida partilhada. Isto é, educar em casa, nas empresas, organizações, instituições, comunidades, para os referenciais éticos que devem estar presentes em qualquer momento das nossas vidas, em todo o lado onde se esteja, ou possa estar presente um ser humano.

Referências e leituras recomendadas

BISHOP, Libby, *Big Data and Data Sharing: Ethical Issues*, UK Data Service, UK Data Archive, 2017.

MAYER-SCHÖNBERGER, Viktor e CUKIER, Kenneth, *Big Data: A Revolution That Will Transform How We Live, Work and Think*, Londres, [*s.n.*], 2017.

METCALF, Jacob; KELLER, Emily F. e BOYD, Danah, *Perspectives on Big Data, Ethics and Society*, The Council for Big Data, Ethics and Society, 2016.

O'NEIL, Cathy, *Weapons of Math Destruction: How Big Data Increases Inequality and Threatens Democracy*, Nova Iorque, [*s.n.*], 2016.

ROYAL STATISTICAL SOCIETY, *The Opportunities and Ethics of Big Data*, 2015.

Someh, Ida Asadi [*et al.*], Ethical Implications of Big Data Analytics, *Research-in-Progress Papers*, 2016.

Ursic, Helena, *The Right to be Forgotten or the Duty to be Remembered? Twitter data reuse and implications for user privacy*, The Council for Big data, Ethics and Society, 2016.

Vayena, Effy [*et al.*], Ethical Challenges of Big Data in Public Health, *PLoS Computational Biology* 11, 2015.

Questões éticas no sistema de patentes resultantes de investigação científica

Paula Martinho da Silva

Advogada

Há um «antes» e um «depois» de Chakrabarty[1] na era das invenções biotecnológicas, o que equivale a dizer que 1980 é uma data-chave a partir da qual os seres vivos podem (em determinadas condições) ser susceptíveis de «protecção por patente», quando, naquela decisão, se entende que um microrganismo vivo feito pelo homem é uma composição não-natural e, portanto, pode ser patenteado. A célebre frase «anything under the sun made by man is patentable» foi proferida nesta discussão. Neste «passado histórico» das patentes de invenções biotecnológicas, outros marcos tiveram igual impacto e significado, como seja o de Oncomouse[2], por exemplo.

---

[1] Diamond *vs.* Chakrabarty 447 U.S. 303 (1980) discute e obtém a patente de um microrganismo geneticamente modificado capaz de decompor cadeias de hidrocarbonetos.

[2] O caso Oncomouse, também conhecido como Harvard Mouse, refere-se à patente de um rato transgénico, o qual foi desenvolvido através de técnicas de manipulação genética, constituindo a primeira patente de uma

Numa outra perspectiva desta realidade, quase como um percurso histórico desde 1998, destacamos a evolução do debate em torno da Directiva 98/44/EC[3] relativa à protecção jurídica das invenções biotecnológicas, que os peritos (*experts*) vulgarmente designam pela abreviatura *Biotech Directive*. A história desta discussão tem sido feita pela jurisprudência, quer pelos tribunais nacionais, quer sobretudo pelo Instituto Europeu de Patentes (IEP) e pelo Tribunal de Justiça da União Europeia (TJUE). Os casos aí discutidos mostram-nos a evolução dos tipos de matéria e de invento que se pretendem patentear e do debate também de natureza ética que aí decorre – o que nos possibilita uma melhor compreensão do intrincado mundo jurídico em torno do qual se discute a patenteabilidade das invenções biotecnológicas.

Assim, se o objectivo em 1998 era dotar os Estados da União Europeia (UE) de um quadro claro e harmonizado das invenções biotecnológicas que poderiam ou não ser patenteáveis, pretendendo assim atribuir estabilidade e certezas às entidades que desejavam investir em inovação, a verdade é que ainda hoje existem muitos «buracos negros» quanto ao que é possível patentear nesta matéria. De facto, a história desta Directiva é feita de análises éticas, grupos de peritos, notas interpretativas, pareceres e relatórios.

A partir da Directiva estavam criadas as condições de aliciamento para os investidores, uma vez que, tal como em outros domínios tecnológicos, o investimento numa invenção – neste caso, de um ser vivo com determinadas características utilitárias determinadas pelo Homem – podia ser recuperado pelo período de exclusivo de 20 anos proporcionado pelo direito

---

«forma superior de vida», concedida em 1988 pelo United States Patent and Trademark Office.

[3] A referência neste texto à «Directiva» reporta-se sempre à Directiva 98/44/EC.

de patente, através dos mecanismos de controlo das actividades dos concorrentes, definição das condições de preço do produto ou processo, e oportunidades proporcionadas pelo licenciamento.

Não obstante, a situação não é necessariamente simples, pois as possibilidades apresentadas abrem a porta à tentativa de patenteamento de realidades cada vez mais complexas, suscitando novas questões éticas e jurídicas.

Apesar do direito de patente ser de natureza negativa – não atribui um direito positivo de exploração de uma invenção, mas apenas impede terceiros de explorarem a mesma invenção –, na prática, a própria existência do direito é propícia à criação de condições para o desenvolvimento de actividades económicas. A imposição de restrições de natureza ética incorporadas na Directiva (à semelhança, aliás, do que já ocorria com a Convenção sobre a Patente Europeia) constitui, para muitos, um efeito dissuasor do incentivo e do investimento; por outro lado, a abrangência dos conceitos, tais como a aplicação do direito de patentes «no respeito dos princípios fundamentais que garantem a dignidade e a integridade da pessoa humana»[4], vem tornar mais fluida, menos precisa e, logo, mais difícil a sua aplicação.

---

[4] *Vide* Directiva 98/44/CE do Parlamento Europeu e do Conselho, de 6 de Julho de 1998, relativa à protecção jurídica das invenções biotecnológicas, considerando o ponto 16: «Considerando que o direito de patentes deverá ser aplicado no respeito dos princípios fundamentais que garantem a dignidade e a integridade da pessoa humana; que importa reafirmar o princípio segundo o qual o corpo humano, em todas as fases da sua constituição e do seu desenvolvimento, incluindo as células germinais, bem como a simples descoberta de um dos seus elementos ou de um dos seus produtos, incluindo a sequência ou a sequência parcial de um gene humano, não são patenteáveis; que esses princípios estão em conformidade com os critérios de patenteabilidade previstos pelo direito das patentes, segundo os quais uma simples descoberta não pode ser objecto de uma patente.»

Como compatibilizar estas restrições com o objectivo do sistema de patentes, indicado como adequado para lidar com problemas relacionados com a protecção do conhecimento e a disseminação da informação? Como encontrar um justo equilíbrio entre a protecção do conhecimento, a garantia dessa protecção exclusiva e o incentivo à inovação, à partilha do conhecimento? Será que a obrigatoriedade de aplicação do direito de patentes «no respeito dos princípios fundamentais que garantem a dignidade e a integridade da pessoa humana» (tal como consta do considerando 16.° da Directiva) ou o requisito de «contrariedade à ordem pública ou aos bons costumes» como critério de exclusão da patenteabilidade (como refere o artigo 6.°, n.° 1 da Directiva) continuam a ser encarados como entraves ao patenteamento das invenções biotecnológicas ou, pelo contrário, existirão outras razões de natureza diversa (designadamente científica, económica ou mesmo jurídica) que tornam este instrumento jurídico «menos interessante»? Por outras palavras, justificar-se-á a existência desta Directiva ou impõe-se a sua revisão ou substituição por outras formas de protecção da invenção?

Para muitos, esta Directiva permanece e deverá permanecer como uma caixa fechada, que devemos deixar inalterada, remetendo para os tribunais a interpretação de cada disposição em caso de conflito, pontualmente, para que continue misteriosa e com sobressaltos controlados. A sua revisão é, pois, frequentemente rejeitada. Aliás, esta é uma das considerações maioritárias apontadas logo na apresentação do relatório final do *Expert Group on the development and implications of patent law in the field of biotechnology and genetic engineering*[5], de 17 de Maio de 2016:

[5] *Expert Group on the development and implications of patent law in the field of biotechnology and genetic engineering* é um grupo de peritos da Comissão Euro-

No que se refere às conclusões do Grupo de Peritos, merece ser destacado que ao longo de todos os tópicos discutidos [...] a esmagadora maioria dos peritos não esteve a favor da revisão da Directiva Invenções Biotecnológicas[...]. Uma das razões apontadas por essa maioria foi que a revisão daquela directiva seria um passo para abrir a «caixa de Pandora» e os peritos duvidavam se tal seria no interesse da investigação, indústria e sociedade como um todo, para se mergulhar num novo e muito provavelmente longo processo de negociação para revisão e alteração da Directiva Invenções Biotecnológicas.

Este Grupo de Peritos apresentou, em Maio de 2016, um extenso e detalhado relatório com análises, pontos de vista e recomendações em dois dos temas mais relevantes na Directiva 98/44/EC: patenteabilidade das células estaminais humanas e o uso de embriões para fins industriais ou comerciais; e a patenteabilidade de variedades vegetais, com particular ênfase nos processos essencialmente biológicos para produção de plantas e nas plantas obtidas por esses processos bem como na isenção concedida ao obtentor[6].

Alguns exemplos deste debate poderão ilustrar essa discussão.

O embrião humano

Se a Directiva pode ser considerada vaga relativamente ao que se entende por «contrariedade à ordem pública e aos bons

peia (Directorate-General Internal Market, Industry, Entrepreneurship and SMEs – DG GROW), constituído em 7 de Novembro de 2012 com o objectivo de apresentar perícia, análise e comentários sobre a rápida evolução no campo das biotecnologias.

[6] O relatório final pode ser lido em: http://ec.europa.eu/DocsRoom/documents/16686/attachments/1/translations.

costumes» como critérios de exclusão da patenteabilidade (artigo 6.º, n.º 1), parece, no entanto, ser peremptória quanto à proibição de patenteamento, por eticamente inaceitável, no que respeita às «utilizações de embriões humanos para fins industriais ou comerciais» [artigo 6.º, n.º 2 c)][7]. Apesar de se considerar que o n.º 1 do artigo 6.º é deliberadamente vago – de modo a ser adaptável à evolução dos tempos e à moral social, suscitando assim grandes dúvidas acerca da sua pertinência prática –, a verdade é que, relativamente a casos mais concretos de exclusão da patenteabilidade, como o das «utilizações de embriões humanos para fins industriais ou comerciais», as dúvidas e incertezas também persistem. Na verdade, o legislador, em 1998, ao se reportar ao «embrião humano» não tomava em consideração (nem o podia fazer) um dado até então inexistente: as células estaminais[8]. A investigação em células

[7] Reproduz-se, aqui, para maior facilidade, o artigo 6.º da Directiva, na sua íntegra:

> artigo 6.º, 1., As invenções cuja exploração comercial seja contrária à ordem pública ou aos bons costumes são excluídas da patenteabilidade, não podendo a exploração ser considerada como tal pelo simples facto de ser proibida por disposição legal ou regulamentar. 2., Nos termos do disposto no n.º 1, consideram-se não patenteáveis, nomeadamente: a) os processos de clonagem de seres humanos; b) os processos de modificação da identidade genética germinal do ser humano; c) as utilizações de embriões humanos para fins industriais ou comerciais; d) os processos de modificação da identidade genética dos animais que lhes possam causar sofrimentos sem utilidade médica substancial para o Homem ou para o animal, bem como os animais obtidos por esses processos.

[8] «Células Estaminais: células com capacidade para se multiplicarem indefinidamente, de modo a manterem-se como estaminais e para se diferenciarem em diversos tipos de células, em função dos fatores indutores de diferenciação presentes no ambiente pericelular» (definição extraída do relatório ao parecer do Conselho Nacional de Ética para as Ciências da Vida, 47//CNECV/2005, de Novembro de 2005, disponível em: http://www.cnecv.pt//admin/files/data/docs/1273054467_P047_RelatorioCE_VersaoFinal.pdf.

estaminais ainda não era uma realidade e, consequentemente, não vamos encontrar na Directiva nenhuma referência que nos permita aferir se as células estaminais embrionárias estão ou não incluídas no conceito de «embrião humano», deixando, assim, à consideração de cada Estado-Membro a interpretação a dar ao artigo 6.º, n.º 2 c).

Nessa perspectiva, e como já dissemos acima, tem existido ao longo dos últimos anos uma construção dinâmica de preenchimento das lacunas detectadas e de actualização da Directiva, evitando revisões complexas e morosas. Esta construção é dada precisamente pela jurisprudência – em particular pelo Tribunal de Justiça da União Europeia (TJUE) –, a qual, aparentemente, tem sido suficiente, de tal forma que o Grupo de Peritos (embora com uma opinião contra) entendeu (e recomendou)[9] que nenhuma acção deveria ser tomada com vista à clarificação, no texto da Directiva, do termo «embrião humano»:

> Uma larga maioria dos membros do Grupo de Peritos recomendou que não deveria ser tomada nenhuma acção para analisar o termo «embrião humano», pese embora falte uma definição na directiva, o que conduziu a uma incerteza jurídica e disparidades entre os Estados-Membros. Contudo, a ambiguidade quase desapareceu em virtude das decisões subsequentes do TJUE. O que se deve entender por «embrião humano» foi clarificado no primeiro caso C-34/10 Brüstle *vs.* Greenpeace[10] como

[9] O relatório foi publicado em 12/09/2016.

[10] Decisão no Caso C-34/10 Oliver Brüstle *vs.* Greenpeace e.V. (18 de Outubro de 2011). O pedido de decisão prejudicial teve por objecto a interpretação do artigo 6.º, n.º 2, alínea c) da Directiva 98/44/CE do Parlamento Europeu e do Conselho, de 6 de Julho de 1998, relativa à protecção jurídica das invenções biotecnológicas. Este pedido foi apresentado no âmbito de uma acção intentada pela Greenpeace e.V. para anulação da patente alemã

um organismo «capaz de começar o processo de desenvolvimento de um ser humano». No caso C-364/13 International Stem Cell Cooperation Corporation *vs.* Comptroller General, uma maior clarificação sobre a noção de embrião foi alcançada, especificando que a primeira definição tem de ser entendida no sentido de que este organismo necessita de ter «em si próprio uma capacidade inerente de se desenvolver num ser humano»[11].

Na verdade, com o crescente interesse na investigação em células estaminais humanas – da qual mal se falava (nem investigava) quando aquela Directiva foi aprovada –, cedo se questionou qual seria o conceito de «embrião humano» para efeitos de interpretação daquela disposição da Directiva.

De tal forma que no recurso interposto por Oliver Brüstle, o Tribunal Federal de Justiça alemão questionou-se sobre a interpretação do conceito de «embrião humano», não definido na Directiva 98/44/CE. Tratava-se de saber se a exclusão da patenteabilidade do embrião humano abrangia todas as fases da vida embrionária, desde a fecundação do óvulo, ou se teriam de estar preenchidos outros requisitos, como por exemplo uma determinada fase de desenvolvimento.

A fim de avaliar a violação da disposição da lei alemã que transpõe a referida Directiva, o TJUE teve de interpretar a disposição do artigo 6.º n.º 2 c) e responder à questão de saber se as células estaminais embrionárias humanas, que servem de material de base para os processos patenteados, constituem «embriões» para efeitos daquela disposição e se os organismos a partir dos quais são obtidas constituem «embriões humanos» para efeitos da mesma Directiva.

---

detida por Oliver Brüstle, que tem por objecto células progenitoras neurais e processos destinados à sua produção a partir de células estaminais embrionárias, bem como a sua utilização para fins terapêuticos.

[11] *Vide* notas 6 e 7, p. 145 do relatório final.

Qual o significado de «embriões humanos» no contexto da Directiva? Qual o significado da expressão «uso de embriões humanos para fins industriais e comerciais»?

Importa sublinhar que, no contexto da Directiva, a primeira questão só é relevante para avaliar se a patente é, ou não, admissível. E obviamente, importa ter presente que o patenteamento implica, em princípio, a sua aplicação industrial ou comercial. A própria decisão sublinha que o objectivo da Directiva é circunscrito às patentes biotecnológicas, não se pretendendo com a mesma regular o uso de embriões no contexto da investigação científica.

Contribui para a complexidade da questão o facto de não existir nas legislações europeias uma definição uniforme de embrião humano. Aliás, este raramente é definido nas legislações nacionais pelas profundas controvérsias éticas que gera.

A deliberação no caso C-34/10 Oliver Brüstle *vs.* Greenpeace e.V. (18 de Outubro de 2011) constitui um marco muito significativo sobre a questão de saber se as células estaminais embrionárias integram o conceito de «embrião humano» para efeitos da Directiva, ao decidir que deve ser excluída da patenteabilidade uma invenção que, ao utilizar a recolha de células estaminais obtidas a partir de um embrião humano na fase blastocitária, provoca a sua destruição. Ficou igualmente decidido que a utilização de embriões humanos para fins terapêuticos ou de diagnóstico aplicável e em benefício do embrião humano pode ser objecto de uma patente, sendo que a sua utilização para fins de investigação científica não é patenteável[12].

---

[12] Transcreve-se a decisão:

O artigo 6.°, n.° 2, alínea c), da Directiva 98/44/CE do Parlamento Europeu e do Conselho, de 6 de Julho de 1998, relativa à protecção jurídica das invenções biotecnológicas, deve ser interpretado no sentido de que:

- constituem um «embrião humano» todo o óvulo humano desde a fase da fecundação, todo o óvulo humano não fecundado no qual foi implantado

Na interpretação dada por aquele Tribunal, partiu-se do princípio de que, com a citada disposição[13], a Directiva pretendeu excluir a possibilidade de patenteamento sempre que existisse uma violação do princípio da dignidade humana. Entendeu o Tribunal que o conceito de «embrião humano» deve ser considerado num sentido lato e, assim sendo, é também aplicado aos óvulos humanos desde fertilizados, com a condição de que se inicie um processo de desenvolvimento de um ser humano, especificamente no caso em apreço, à célula estaminal no estádio de blastocisto, antes de ser implantada.

Neste contexto, o Tribunal analisou ainda a questão da destruição de embriões humanos, quando a patente diz respeito a um produto obtido através de uma destruição prévia daqueles embriões ou de um processo que requeira um material de base obtido através da destruição de embriões humanos. Concluiu então que uma invenção é excluída da patenteabilidade quando a execução do processo técnico exige, previamente,

---

o núcleo de uma célula humana amadurecida e todo o óvulo humano não fecundado que foi estimulado para efeitos de divisão e desenvolvimento por via de partenogénese;

- cabe ao juiz nacional determinar, à luz dos desenvolvimentos científicos, se uma célula estaminal obtida a partir de um embrião humano na fase blastocitária constitui um «embrião humano» na acepção do artigo 6.°, n.° 2, alínea c), da Directiva 98/44.

A exclusão da patenteabilidade relativa à utilização de embriões humanos para fins industriais ou comerciais prevista no artigo 6.°, n.° 2, alínea c), da Directiva 98/44 abrange também a utilização para fins de investigação científica, só podendo ser objecto de uma patente a utilização para fins terapêuticos ou de diagnóstico aplicável ao embrião humano e que lhe é útil.

O artigo 6.°, n.° 2, alínea c), da Directiva 98/44 exclui a patenteabilidade de uma invenção quando a informação técnica objecto do pedido de patente implica a prévia destruição de embriões humanos ou a sua utilização como matéria-prima, independentemente da fase em que estas ocorram e mesmo que a descrição da informação técnica solicitada não mencione a utilização de embriões humanos.

[13] Do artigo 6.°, n.° 2 c) da Directiva Invenções Biotecnológicas.

tanto a destruição de embriões humanos como a sua utilização como matéria-prima, mesmo que, aquando do pedido da patente, a informação técnica não mencione a utilização de embriões humanos (como no caso sob análise).

Com a decisão de 18 de Outubro de 2011, o TJUE veio pronunciar-se, pela primeira vez, sobre esta polémica questão da interpretação a dar ao artigo 6.°, n.° 2 c) da citada Directiva. Não colocou, porém, um termo à discussão de mais de uma década. Afinal, o TJUE – conforme bem sublinhou – não foi chamado a pronunciar-se sobre o estatuto do embrião numa perspectiva médica ou ética, mas sim num ponto de vista «estritamente jurídico», numa decisão que, em todo o caso, pode seguramente vir a influenciar a estratégia da investigação europeia nesta matéria e o seu desenvolvimento futuro no espaço europeu.

Com o caso C-364/13 International Stem Cell Corporation *vs.* Comptroller General of Patents, Designs and Trade Marks, de 2014[14], o TJUE partiu também da definição de «embrião humano», tal como se encontra na Directiva, e analisou-a na perspectiva da activação de óvulos por via de partenogénese.

O que significava para o TJUE, naquele caso 34/10 Oliver Brüstle *vs.* Greenpeace e.V. a expressão «capaz de começar o processo de desenvolvimento de um ser humano»? O Tribunal contribui com mais uma clarificação ao decidir que «o artigo 6.°, n.° 2, alínea c), da Directiva 98/44/CE do Parlamento Europeu e do Conselho, de 6 de Julho de 1998, relativa à proteção jurídica das invenções biotecnológicas, deve ser interpretado no sentido de que um óvulo humano não fecundado que, por via de partenogénese, foi estimulado para efeitos de

---

[14] A decisão é de 18 de Dezembro de 2014 e encontra-se disponível em: http://curia.europa.eu/juris/document/document.jsf?docid=160936&doclang=PT.

divisão e desenvolvimento não constitui um "embrião humano", na aceção desta disposição, se, à luz dos conhecimentos atuais da ciência, não dispuser, enquanto tal, da capacidade intrínseca para dar origem a um ser humano, o que cabe ao órgão jurisdicional de reenvio verificar».

E pese embora seja uma fonte de células estaminais, o seu uso já pode ser patenteado desde que as tecnologias que delas derivam preencham os restantes critérios de patenteabilidade incluindo os da ordem e moral públicas.

É um dado adquirido que todos os processos envolvendo directa ou indirectamente o embrião humano são controversos, pela discussão em torno do estatuto ético e jurídico do embrião, sobre o começo de vida humana e a protecção que lhe é devida nos seus diferentes estádios de desenvolvimento. Mesmo entre os que consideram eticamente aceitável a investigação em embriões humanos, muitos há que sentem relutância em patentear o resultado das invenções.

As consequências destas decisões podem, de facto, ser muito importantes por várias razões: por um lado, na orientação jurisprudencial dada ao conceito de embrião e às suas consequências em futuros pedidos de patente em que as células estaminais embrionárias humanas sejam utilizadas; por outro lado, no reacender do debate sobre o estatuto do embrião humano, mesmo fora do âmbito da discussão sobre patenteabilidade. É possível também que desincentive alguma investigação europeia cujas invenções se pretendesse proteger através da obtenção de patente.

Mesmo que a investigação não seja por si só proibida (o que não foi analisado neste caso), a verdade é que, ao impedir a patenteabilidade do resultado de uma determinada linha de investigação, esta pode vir a ser desincentivada, uma vez que inviabiliza a possibilidade de o investidor poder retirar os proveitos que a concessão da patente lhe confere. Consequentemente, a investigação nesta área desloca-se para países ou continentes onde a legislação, mais permissiva, premeia o investimento.

Fica ainda por esclarecer completamente o que se entende por «uso» na expressão «uso de embriões humanos para fins industriais ou comerciais», o que continua a gerar controvérsia, sobretudo limitando exclusivamente o uso que implique a destruição do embrião e não os usos que não lhe causem dano[15].

Ainda no âmbito das invenções biotecnológicas, poderíamos também referir a polémica em torno da patente de genes humanos e o célebre caso norte-americano Assoc. for Molecular Pathology *vs.* Myriad Genetics, Inc., 569 US – (2013)[16], com a impugnação de patentes concedidas ao laboratório de biotecnologia Myriad Genetics e à Research Foundation da Universidade do Utá sobre dois genes ligados ao cancro de mama e ovário. As acções contra a concessão de patente referem-se ao ADN isolado contendo todas as partes da sequência dos genes BRCA1 e BRCA2 e os métodos para «comparar» ou «analisar» as sequências daqueles genes, com o objectivo de identificar a presença de mutações relacionadas com a predisposição para o cancro de mama e ovário. Uma vez válidas, as patentes dariam à Myriad o direito exclusivo de isolar os genes BRCA1 e BRCA2 de um indivíduo pelo método descrito, dando ainda o direito exclusivo de criar ADNc do BRCA sinteticamente.

---

[15] *Vide* O'Sullivan, Ella, International Stem Cell Corp v Comptroller General of Patents: The debate regarding the definition of the human embryo continues, *EIPR – European Intellectual Property Review* 36, Sweet & Maxwell, 2014: pp. 155–163.

[16] *Vide* https://supreme.justia.com/cases/federal/us/569/12-398/. Leia-se a este propósito Perera, Asanka e Sudgen, Paul, Myriad Genetics Inc: Patenting of Isolated Human DNA – A Missed Policy Opportunity or Judicial Interpretation Supporting a Judicial Minimalist Status Quo (Part 1), *EIPR – European Intellectual Property Review* 39, Sweet & Maxwell, 2017.

Referindo-nos a patentes resultantes de investigação científica na área das invenções biotecnológicas, não podemos ignorar pelo menos duas realidades muito importantes: biologia sintética e CRISP, sobre as quais nada ainda está definitivamente escrito.

A biologia sintética é um novo campo de pesquisa no âmbito do qual sobretudo cientistas e engenheiros procuram modificar organismos existentes desenhando e sintetizando artificialmente genes ou proteínas, com o objectivo de conhecer os mecanismos moleculares básicos de organismos biológicos para encontrar funções novas e úteis[17]. Quando, em 2010, Craig Venter anunciou a sua intenção de patentear a sua bactéria sintética[18], o mundo tecnológico estremeceu de novo. Um dos argumentos éticos e políticos de maior peso contra o desejado patenteamento foi formulado pelo britânico John Sulston, Nobel da Medicina em 2002. Se a patente for aceite, afirmava, «deixaria a engenharia genética sob o controlo do Instituto Craig Venter, que teria o monopólio sobre uma série de técnicas, o que impediria que outros laboratórios tivessem

---

[17] Optámos pela definição constante do parecer do European Group on Ethics in Science and New Technologies to the European Commission, *Ethics of synthetic biology*, Parecer n.º 25 de 17 de Novembro de 2009, disponível em: http://ec.europa.eu/archives/bepa/european-group-ethics/publications/opinions/index_en.htm, de que a autora foi co-relatora; «A biologia sintética procura desenhar e obter, mediante engenharia, produtos com base biológica, instrumentos e sistemas novos, assim como redesenhar sistemas biológicos naturais já existentes», definição da Royal Academy of Engineering, 2009, retirada do parecer do Conselho Nacional de Ética para as Ciências da Vida 61/CNECV/2011 sobre «Biologia Sintética» de 24/10/2011, disponível em: http://www.cnecv.pt/admin/files/data/docs/1320431400_BiologiaSintetica_CBE-CNECV%20Aprovado.pdf.

[18] A primeira célula sintética criada por Craig Venter, designada por *Mycoplasma mycoides* JCVI-syn1.0. Para uma leitura mais aprofundada: http://www.jcvi.org/cms/research/projects/minimal-cell/overview/.

acesso ao achado para avançar na investigação científica»[19], com a agravante de que o Instituto de Craig Venter é actualmente privado. Venter terá aprendido a afastar-se da enorme desvantagem económica que lhe havia trazido anteriormente a descodificação do genoma humano no consórcio público em que se integrava para desenvolvimento deste projecto: então, os dados foram tornados públicos e todos os interessados passaram a ter acesso livre e gratuito.

Além do evidente monopólio que Craig Venter agora obteria, outros aspectos igualmente pertinentes relativamente ao patenteamento no domínio da biologia sintética foram suscitados. O mais importante tem que ver com o facto de o que se pretende patentear – segundo alguns – ser precisamente a cópia de um ser vivo. Argumenta-se, então, faltar um dos requisitos essenciais da patente: o da invenção. O *Mycoplasma mycoides* JCVI-syn1.0[20] não era uma invenção, mas sim uma cópia e, como tal, insusceptível de ser patenteada.

Retomando a história do patenteamento de matéria biológica, prévia ao advento da biologia sintética, verificamos que está repleta de patentes de microrganismos, bactérias ou células transgénicas. Afinal, «basta» introduzir pequenas alterações específicas no genoma para diferenciarem estas bactérias das suas irmãs naturais... ou, em alternativa, optar pela patente do processo usado para sintetizar o ADN usado nesta técnica.

Na perspectiva das patentes biotecnológicas, que introduz o critério ético como requisito de patenteabilidade, este pode constituir-se como aferidor da possibilidade de patenteamento, consoante as finalidades em que se pretende aplicar.

No caso da patente da bactéria sintética, algo mais está em causa: as finalidades não imediatas da sua utilização. Na

---

[19] *El País*, 29 de Maio de 2010.

[20] Vide nota 21.

verdade, o ADN agora criado e sintetizado letra a letra possibilita a escolha da sequência de genes que se pretende incluir.

O Grupo de Peritos da Comissão Europeia (*vide* nota 6) refere-se ao *Clustered Regularly Interspaced Short Palindromic Repeats* (CRISP), uma técnica de edição do genoma (*gene editing*) com alguma tranquilidade. Esta técnica procede à alteração deliberada de uma sequência de ADN seleccionada de uma célula viva, podendo ser também usada para suprimir secções de ADN ou alterar as funções do gene.

Como refere o recente parecer do Nuffield Council on Bioethics, de 2016, sobre *Genome Editing (an ethical review)*, se a maioria dos usos da edição de genoma se tem desenvolvido, até ao presente, na investigação de modelos de doenças, a verdade é que o potencial das suas aplicações é muito mais vasto, permitindo a alteração de sequências de ADN em bactérias, plantas, animais ou seres humanos, com um número de aplicações quase ilimitado[21].

Em 2014, foi anunciada a patente do CRISPR-Cas9[22], sem que a Europa manifestasse significativa inquietude[23]. De facto,

---

[21] Disponível em: http://nuffieldbioethics.org/report/genome-editing-ethical-review/genome-editing.

[22] United States Patent 8 697 359 – «CRISPR-Cas systems and methods for altering expression of gene products»: «The invention provides for systems, methods, and compositions for altering expression of target gene sequences and related gene products. Provided are vectors and vector systems, some of which encode one or more components of a CRISPR complex, as well as methods for the design and use of such vectors. Also provided are methods of directing CRISPR complex formation in eukaryotic cells and methods for utilizing the CRISPR-Cas system.» Disponível em: http://patft.uspto.gov/netacgi/nph-Parser?Sect1=PTO2&Sect2=HITOFF&p=1&u=%2Fnetahtml%2FPTO%2Fsearch-bool.html&r=1&f=G&l=50&co1=AND&d=PTXT&s1=8,697,359.PN.&OS=PN/8,697,359&RS=PN/8,697,359.

[23] *Vide* Relatório do Expert Group, pp. 174–176.

actualmente, as modificações da linha germinal[24] estão proibidas em mais de 40 países[25] e igualmente consideradas contrárias à dignidade humana na Declaração Universal de Genoma Humano da UNESCO[26] e na Convenção sobre os Direitos do Homem e a Biomedicina do Conselho da Europa[27]. Por outro lado, também em sede de exclusão de patenteabilidade, a Directiva 98/44/EC é clara ao excluir a patenteabilidade nos «processos de modificação da identidade genética germinal do ser humano» [artigo 6.º, n.º 2 b)].

Deixamos aqui uma certeza e duas perguntas. A certeza refere-se ao facto de, apesar das restrições apontadas, a edição genética vir reabrir o debate sobre as intervenções na linha germinal do ser humano. Entretanto, perguntamo-nos também: tendo em conta que a tecnologia CRISP é de custo bastante reduzido (pouco mais de 30 dólares), sendo considerada pelo biólogo molecular James Haber, em artigo recente na *Nature*, como tendo democratizado a tecnologia[28], até quando se manterão as actuais restrições.

---

[24] Células da linha germinal são os espermatozóides e os óvulos e as suas células precursoras, bem como as células dos primeiros estádios do embrião humano, antes da diferenciação da linha germinal (*vide* Archer, Luís, *Da Genética à Bioética*, [*s.l.*], Gráfica de Coimbra 2, Maio de 2006, p. 205).

[25] Os argumentos que servem de fundamento são vários. Salientam-se sobretudo os científicos, como a escassez de conhecimentos, segurança e estudos científicos, bem como de natureza ética, como, entre outros, a contrariedade à dignidade humana e o risco de imposição de determinadas características às gerações futuras.

[26] Artigo 24.º.

[27] Artigo 13.º.

[28] «That effectively democratized the technology so that everyone is using it. It's a huge revolution», Haber, James, *apud* Ledford, Heidi, CRISP: the disruptor, *Nature*, Junho de 2015. Disponível em: http://www.nature.com/news/crispr-the-disruptor-1.17673.

A segunda pergunta é um «retorno às origens» e pode ser também o começo de uma nova controvérsia em torno da Directiva 98/44/EC: se a proibição de patenteabilidade dos processos de modificação genética germinal se restringe ao ser humano, quando conseguiremos chegar a um consenso sobre se os embriões humanos estão ou não abrangidos pela definição de «ser humano»? Poderá haver aqui, ou não, uma brecha para a patenteabilidade, mas há seguramente espaço para uma boa discussão sobre, uma vez mais, como se define o embrião humano.

Embora rejeitando uma alteração da Directiva, o Grupo de Peritos apela para a necessidade de clarificação das noções de «ordem pública» e «moralidade» na legislação europeia de patentes, de acordo com os propósitos e intenções do legislador europeu[29]. Como dar sentido prático a esta recomendação? Um caminho poderá ser o de implementar o disposto no artigo 7.º da Directiva, ou seja, a avaliação de todos os aspectos éticos ligados à biotecnologia pelo Grupo Europeu de Ética para as Ciências e Novas Tecnologias da Comissão (EGE), sua primeira razão de existência. Seria uma interpretação fundamentada e uniformizada, e que ainda não foi feita por ausência de pedidos. Aliás, é nesse sentido uma das conclusões do próprio EGE, no seu parecer sobre Biologia Sintética, aqui já citado: «Este é o único artigo da Directiva que ainda não foi implementado nos regulamentos do Instituto Europeu de Patentes ou dos

---

[29] Relatório *op. cit.*, p. 177: «There is a strong need for a better balance to secure the proper interpretation of the *ordre public* and morality exemption in European patent law in accordance with the purposes and intentions of the European legislator and with the EU's Charter of Fundamental Rights. This requires the Commission to take the initiative in strengthening the patent exclusions in Articles 5 and 6.»

Institutos de Patentes dos Estados-Membros»[30]. A implementação da directiva Invenções Biotecnológicas é um exemplo da necessidade da existência de coerência de princípios éticos a nível europeu, numa Europa de valores partilhados.

Referências e leituras recomendadas

CONSELHO NACIONAL DE ÉTICA PARA AS CIÊNCIAS DA VIDA e COMITÉ DE BIOÉTICA DE ESPANHA, parecer 61/CNECV/2011 sobre «Biologia Sintética», Outubro de 2011. Disponível em: http://www.cnecv.pt/admin/files/data/docs/1320431400_BiologiaSintetica_CBE-CNECV%20Aprovado.pdf.

EUROPEAN COMMISSION, *Final Report of the Expert Group on the development and implications of patent law in the field of biotechnology and genetic engineering*, Directorate-General Internal Market, Industry, Entrepreneurship and SMEs (DG GROW), 2016. Disponível em: http://ec.europa.eu/DocsRoom/documents/16686/attachments/1/translations.

EUROPEAN GROUP ON ETHICS IN SCIENCE AND NEW TECHNOLOGIES TO THE EUROPEAN COMMISSION, *Ethics of synthetic biology*, Parecer n.º 25, Luxemburgo, European Commission, 17 de Novembro de 2009. Disponível em: http://ec.europa.eu/archives/bepa/european-group-ethics/publications/opinions/index_en.htm.

LEDFORD, Heidi, CRISP: the disruptor, *Nature*, Junho de 2015. Disponível em: http://www.nature.com/news/crispr-the-disruptor-1.17673.

---

[30] Tradução livre da autora a partir do texto original: «This is the only article of the Directive that has not been implemented in the rules implementing the Directive of the EPO or the patent offices of the Member States.»

NUFFIELD COUNCIL ON BIOETHICS, *Genome Editing (an ethical review)*. Disponível em: http://nuffieldbioethics.org/report/genome-editing-ethical-review/genome-editing.

O'SULLIVAN, Ella, International Stem Cell Corp v Comptroller General of Patents: The debate regarding the definition of the human embryo continues, *EIPR – European Intellectual Property Review* 36, Sweet & Maxwell, 2014: pp. 155–163.

PERERA, Asanka e SUDGEN, Paul, Myriad Genetics Inc: patenting of Isolated Human DNA – A Missed Policy Opportunity or Judicial Interpretation Supporting a Judicial Minimalist Status Quo (Part 1), *EIPR – European Intellectual Property Review* 39, Sweet & Maxwell, 2017.

REGATEIRO, Fernando [*et al.*], *Relatório sobre Investigação em Células Estaminais*, parecer 47/CNECV/2005, Conselho Nacional de Ética para as Ciências da Vida, Novembro de 2005. Disponível em: http://www.cnecv.pt/admin/files/data/docs/1273054467_P047_RelatorioCE_VersaoFinal.pdf.

TRIBUNAL DE JUSTIÇA DA UNIÃO EUROPEIA, Caso C-34/10 Oliver Brüstle *vs.* Greenpeace e.V., 18 de Outubro de 2011. Disponível em: http://curia.europa.eu/juris/document/document.jsf?docid=111402&doclang=en.

TRIBUNAL DE JUSTIÇA DA UNIÃO EUROPEIA, International Stem Cell Corporation *vs.* Comptroller General of Patents, Designs and Trade Marks, 18 de Dezembro de 2014. Disponível em: http://curia.europa.eu/juris/document/document.jsf?docid=160936&doclang=PT.